Ulrich Vetter
Lutz Hoffmann

Leistungsmanagement im Krankenhaus: G-DRGs

Schritt für Schritt erfolgreich: Planen – Gestalten – Steuern

Ulrich Vetter (Herausgeber)

Lutz Hoffmann (Herausgeber)

Leistungsmanagement im Krankenhaus: G-DRGs

Schritt für Schritt erfolgreich:
Planen – Gestalten – Steuern

Mit 17 Abbildungen und 18 Tabellen

 Springer

Prof. Dr. Ulrich Vetter
Diakonieförderungsgesellschaft mbH
Hilgardstr. 26
67346 Speyer

Dr. Lutz Hoffmann
LBK Hamburg
Krankenhaus AK Barmbek
Rübenkamp 148
22291 Hamburg

ISBN 3-540-21475-5
Springer Medizin Verlag Heidelberg

Bibliografische Informationen der Deutschen Bibliothek
Die Deutsche Bibliothek verzeichnet diese Publikation in der Deutschen Nationalbibliografie;
detaillierte bibliografische Daten sind im Internet über (http://dnb.ddb.de) abrufbar.

Springer Medizin Verlag.
Ein Unternehmen von Springer Science+Business Media
springer.de
© Springer Medizin Verlag Heidelberg 2005
Printed in The Netherlands

Planung: Ulrike Hartmann, Heidelberg
Projektmanagement: Ulrike Niesel, Heidelberg
Redaktion: Claus Munder, Heidelberg
Design: deblik, Berlin

SPIN 10990124
Satz: Stürtz GmbH, Würzburg
Druck: Krips bv, Meppel
Verarbeitung: Litges & Dopf, Heppenheim

Gedruckt auf säurefreiem Papier 26/3160/SM–5 4 3 2 1 0

Vorwort

Am Beginn des 21. Jahrhunderts stehen alle postindustriellen Gesellschaften vor den gleichen Herausforderungen: Die Nachfrage nach Gesundheitsdienstleistungen steigt und gleichzeitig sind die Mittel begrenzt, die die Staaten und die gesetzlichen Krankenversicherungen zur Finanzierung bereitstellen können. Die sich immer weiter öffnende Schere zwingt die Politik in diesen Ländern dazu, bisher gewohnte Leistungen in Frage zu stellen und vor allem die Produktivität des jeweiligen Gesundheitssystems zu steigern. Deshalb ist eine zunehmende Bereitschaft zu erkennen, auch die Anbieter von Gesundheitsdienstleistungen einem erweiterten Wettbewerb auszusetzen. Eine zwingende Voraussetzung dafür ist die Einführung eines leistungsbezogenen Entgeltsystems. Es gibt somit für alle Berufsgruppen in der Gesundheitsbranche kein Entrinnen mehr. Sie müssen sich den neuen Anforderungen an Planung, Gestaltung und Steuerung des Behandlungsprozesses stellen. Nur so können sie der schrittweisen Anwendung des Fallpauschalensystems erfolgreich begegnen.

Die ökonomiegetriebene Debatte der vergangenen Jahre hat viele Beteiligte verleitet, das zentrale Thema des Wandels aus den Augen zu verlieren. Gesundheitsdienstleister verkaufen keine »kleinen Geldscheine«, sondern große Medizin. Deshalb müssen immer Leistung und Qualität Ausgangspunkte aller Veränderungen sein. Es ist sehr zu begrüßen, dass zwei Mediziner Herausgeber dieser Veröffentlichung sind, belegen sie damit doch die so wichtige Bereitschaft zur Veränderung auch in der Ärzteschaft.

Rationalisierung heißt auch »schneller arbeiten«. Wenn aber damit die Qualität in Frage gestellt wird, ist »anders arbeiten« angesagt. Unverzichtbares Element dazu ist eine moderne Leistungsplanung. Sie muss an den Interessen der Patienten ansetzen. Bestimmen doch in allen Wirtschaftsbereichen die Kunden von morgen und nicht so sehr die Gesetze von heute die Zukunftsentscheidungen innovativer Betriebe. Gestaltung ohne Beachtung ethischer Grundsätze wäre fatal. Gerade im Gesundheitssektor ist Vertrauen zwingend erforderlich, aber auch leicht verspielt. »Gute Medizin zu bezahlbaren Preisen für alle« muss deshalb das zentrale Unternehmensziel sein.

Ich wünsche dem hier vorgelegten Buch eine interessierte Leserschaft. Indem es klare Ziele aufzeigt und gangbare Wege beschreibt, ist es sehr geeignet, den Mut zur Veränderung zu stärken.

Heinz Lohmann

Inhaltsverzeichnis

Autorenverzeichnis

Dr. Michael Greiling
Institut für Workflow-
Management im Gesundheits-
wesen IWiG GmbH,
Gertrudenstraße 29
48149 Münster

Dr. Lutz Hoffmann
LBK Hamburg –
Krankenhaus AK Barmbek,
Rübenkamp 148
22291 Hamburg

Prof. Heinz Lohmann
Sprecher des Vorstands
des LBK Hamburg,
Friedrichsberger Landstr. 56
22081 Hamburg

Dr. Manfred Primke
Service Center DRG
und Dokumentation
des LBK Hamburg,
Friedrichsberger Landstr. 56
22081 Hamburg

Christian A. Raible
Lehrstuhl für Gesundheitsökonomie und Management
im Gesundheitswesen
der Ludwig-Maximilians-
Universität,
Ludwigstr. 28
80539 München

Theo Riegel
Abteilungsleiter
Stationäre Einrichtungen
beim Verband der
Angestellten-Krankenkassen,
Frankfurter Str. 84
53721 Siegburg

Dr. Konrad Rippmann
Managementcenter
für Innovative Medizin
des LBK Hamburg,
Lohmühlenstr. 5
20099 Hamburg

Dr. Achim Rogge
LBK Hamburg –
Krankenhaus AK Harburg,
Medizin Controlling
Eißendorfer Pferdeweg 52
21075 Hamburg

Dr. Brunhilde Seidel-Kwem
Vorstand des LBK Hamburg,
Friedrichsberger Landstr. 56
22081 Hamburg

Marco Tergau
Service Center Qualitäts-
management
des LBK Hamburg,
Friedrichsberger Landstr. 56
22081 Hamburg

Prof. Dr. Ulrich Vetter
Diakoniefördergesellschaft
mbH, Hilgardstr. 26
67346 Speyer

Andreas Wrabel
Service Center DRG
und Dokumentation
des LBK Hamburg,
Friedrichsberger Landstr. 56
22081 Hamburg

Einführung

Ulrich Vetter und Lutz Hoffmann

1

Das deutsche Krankenhauswesen steht am Beginn von tief greifenden Veränderungsprozessen. Die Leistungsfähigkeit deutscher Krankenhäuser steht auf dem Prüfstand. Veränderungen im Leistungsangebot, die Verbesserung von Arbeitsabläufen und das Erreichen von Qualitätsstandards sind nur einige Beispiele für Herausforderungen, denen sich Krankenhäuser im Wandlungsprozess stellen müssen. Treiber des Wandlungsprozesses ist die Finanzierungskrise im Gesundheitswesen.

Die Einführung eines Fallpauschalensystems (G-DRG-System) zur Finanzierung von Krankenhausleistungen in Deutschland ist ein Versuch, die zur Verfügung stehenden Ressourcen leistungsgerechter zu verteilen. Das G-DRG-System schafft Transparenz für die Leistung am Patienten, macht diese in einem immer stärker wettbewerblich orientierten Krankenhauswesen vergleichbar und wird eine immer präzisere Bepreisung der Krankenhausleistung ermöglichen.

> **Planung, Gestaltung und Steuerung der Patientenbehandlung, der Kernleistung im Krankenhaus, gewinnen eine neue Gewichtung für die Wettbewerbsfähigkeit von Krankenhäusern. Das komplexe Zusammenspiel aus Planung, Steuerung und Umsetzung der Patientenbehandlung, nennen wir Leistungsmanagement im Krankenhaus.** Das Leistungsmanagement unterliegt externen und internen Einflüssen und hat Schnittstellen zum Qualitätsmanagement und legt die Grundlage für ein erfolgreiches Kostenmanagement.

Waren im bisherigen System der Krankenhausfinanzierung über tagesgleiche Pflegesätze, Sonderentgelte und Fallpauschalen Planung und Steuerung der Krankenhausleistung mehr oder weniger auf Fallzahlen, Pflegetage und Auslastungsgrad beschränkt, steht mit der Einführung des G-DRG-Systems allen deutschen Krankenhäusern eine komplette Neuorientierung in der Planung, Gestaltung und Steuerung von Krankenhausleistungen bevor. Ein Krankenhaus der Schwerpunktversorgung findet seine Leistungen in einem Preissystem von etwa 450 bis 650 DRG-Fallpauschalen und 15 bis 30 Zusatzentgelten abgebildet. Die Krankenhäuser stehen jetzt vor einem bisher unbekannten Komplexitätsgrad in der Planung, Umsetzung und Steuerung ihres »Produktionsprozesses«, der zudem wegen weiterer Einflussfaktoren wie dem Katalog der ambulanten Operationen und stationsersetzenden Maßnahmen und den Katalog der Mindestmengen neu ausgerichtet werden muss.

In Zukunft wird der Planungsprozess der Patientenbehandlung nicht mit Eintritt des Patienten in das Krankenhaus beginnen können. Eine vorausschauende und rationale Leistungsplanung wird das Marktpotential im Einzugsgebiet des Krankenhauses analysieren, mit den Behandlungsschwerpunkten des Krankenhauses vergleichen und Ziele der Mobilisierung dieses Potentials definieren. Dafür ist Voraussetzung, die regionale Bevölkerungsentwicklung und deren Altersstruktur zu kennen sowie die Morbiditätsveränderungen der Bevölkerung in mittelfristige Überlegungen einzubeziehen.

Fortschritte in der Medizin und daraus resultierende Änderungen von Behandlungsstrategien können auch kurzfristig Anpassungen und Änderungen im Leistungsprozess erforderlich machen.

In einem sich in Wandlung befindendem Gesundheitssystem werden sich auch die Einflüsse der staatlichen Krankenhausplanung auf die Leistungsplanung und die Entwicklung des Leistungsportfolios eines Krankenhauses verändern. **Erste Ansätze der Krankenhausplanung in verschiedenen Bundesländern weg von der reinen Bettenplanung hin zur Festlegung inhaltlicher Leistungsschwerpunkte sind zu erkennen.**

Ohne Frage werden in den nächsten Jahren integrierte Versorgungsangebote, Disease-Management-Programme und direkte Vereinbarungen zwischen Kostenträgern und Krankenhäusern die Leistungsplanung und Leistungsgestaltung im Krankenhaus stärker bestimmen als heute.

Einen bedeutenden Einfluss auf die Leistungsplanung und Leistungsgestaltung im Krankenhaus wird die Einführung des G-DRG-Systems als Finanzierungssystem für Krankenhausleistungen in den kommenden Jahren haben. Die weitere strukturelle und preisliche Gestaltung des deutschen DRG Systems wird nicht wenige Krankenhäuser zwingen, ihre Leistungsgestaltung dem System anzupassen. Wegen der rasch sinkenden Krankenhausverweildauer werden drastische Kapazitätsanpassungen die Folge sein. Soweit erkennbar, sind im G-DRG-System auch deutliche strukturbildende Komponenten über die Finanzierung spezieller Leistungen wie die Frührehabilitation, Transplantationsmedizin, Onkologie, Intensivmedizin etc. enthalten. **Die Ausgestaltung des G-DRG-Systems als Preissystem erfordert längerfristige Anstrengungen als nur eine vierjährige Konvergenzphase, die vordergründig zu gleichen Preisen für gleiche Leistungen führen soll.**

Weitere Änderungen der Rahmenbedingungen wie der Katalog der ambulanten Operationen und Stationsersetzenden Maßnahmen oder neue Vorgaben zur Prüfung von Fehlbelegung (AEP) und die Mindestmengenregelung werden zu einem Fallzahlrückgang und verstärktem Kapazitätsabbau im vollstationären Bereich führen.

Wenn die Vergütung der Behandlung eines jeden Patienten wie im DRG-System entsprechend seiner Diagnose, des operativen Eingriffs und seiner Krankheitsschwere erfolgt, wird sich die Leistungsplanung und -gestaltung sehr eng am Behandlungsprozess ausrichten müssen. Behandlungsstufen und geplante Behandlungsabläufe werden, wo immer möglich, jedem einzelnen Patienten entsprechend seiner DRG-Fallpauschale zugeordnet und unterstützen den Behandlungsprozess des Patienten und die Allokation der möglichen und notwendigen Ressourcen. Die bisherige Bedeutung der Fachabteilungen wird sich verringern. **Gezieltes Fallmanagement für einen jeden Patienten wird in naher Zukunft Teil des Krankenhausalltages sein.**

Für das Leistungsmanagement und somit für ihre Leistungsplanung, Leistungsgestaltung und Leistungssteuerung benötigen Krankenhäuser Werkzeuge wie sie derzeit in verschiedenen Ansätzen des Medizin- und Finanzcontrollings erarbeitet werden. Sie unterscheiden sich in wichtigen Punkten stark von bisherigen Controlling Ansätzen und stellen die Steuerung von Abläufen und Prozessen bei der Behandlung des Patienten ganz in den Vordergrund.

Die Einführung des G-DRG-Systems bringt aber auch eine bis heute nicht gekannte Transparenz und Vergleichbarkeit von Krankenhausleistungen sowohl innerhalb als auch zwischen den Krankenhäusern. **Krankenhäuser sind heute sehr viel einfacher in ihrem Leistungsvolumen und in ihrem Leistungsspektrum zu vergleichen.** Diese Transparenz und der ökonomische Druck werden zu einer Konzentration von Leistungen und Krankenhäusern führen. Zukünftig werden gesetzlich vorgeschrieben Mindestmengen von komplexen Behandlungsleistungen pro Krankenhaus zwischen Kostenträgern und Krankenhäusern zu vereinbaren sein.

Die Ergebnisqualität in der Patientenbehandlung wird in den nächsten Jahren ganz im Vordergrund der Diskussion stehen. Krankenhäuser werden in ihrem vom Gesetz vorgeschriebenen Qualitätsbericht ihre Behandlungsergebnisse darstellen und der Öffentlichkeit zugänglich machen.

Die Auseinandersetzung mit dem komplexen Thema der Qualitätsmessung und das Erreichen von bestimmten Behandlungsergebnissen wird so ein neuer und wichtiger Bestandteil des Leistungsmanagements im Krankenhaus werden.

Behandlungsergebnisse eines Krankenhauses, die über die externe Qualitätssicherung (EQS) erhoben werden, stehen heute schon mit vergleichenden Bundesdaten zur Verfügung. Diese und eigene Auswertungen von Behandlungsergebnissen und ihr Vergleich mit Daten aus der Literatur werden Grundlage zur Beurteilung der Ergebnisqualität eines Krankenhauses in naher Zukunft sein.

Mit der Einbeziehung der Ergebnisqualität in das medizinische Leistungsmanagement lässt sich der Kreis von Planung, Umsetzung und Steuerung von Behandlungsleistungen schließen. Die angestrebte Ergebnisqualität einer Behandlung ist Voraussetzung für rationale Entscheidungen in Diagnostik und Therapie. Für die Patienten werden so bestmögliche Behandlungsergebnisse sichergestellt. Das Krankenhaus wird von einem solchen Vorgehen durch eine konstant hohe Nachfrage nach seinen qualitativ hervorragenden Behandlungsleistungen ökonomisch profitieren.

Ein rationales an den Behandlungsmöglichkeiten und den Ansprüchen des Patienten ausgerichtetes Leistungsmanagement wird zum bestimmenden Erfolgsfaktor für ein Krankenhaus. Die Grundlagen hierfür werden in diesem Buch aus verschiedenen Blickpunkten und für die Segmente Patient, Krankenhaus und Umfeld beschrieben.

Die Planung, Gestaltung, Steuerung des Behandlungsprozesses und die Messung der Erfolgsqualität werden an praktischen Beispielen dargestellt. Mögliche externe Einflussfaktoren und Regularien, die das Leistungsmanagement im Krankenhaus berühren, werden kritisch diskutiert.

Neuerkrankungsrate und Vorkommen chronischer Erkrankungen

Ulrich Vetter

2

Wohlstand und Alterung der Bevölkerung haben in allen westlichen Ländern dazu geführt, dass sowohl in der Krankenhausmedizin als auch in der ambulanten Betreuung von Patienten ein Großteil der verfügbaren Ressourcen für Diagnostik und Therapie von Patienten mit chronischen Erkrankungen eingesetzt wird. Aufwendungen für Patienten mit akuten Erkrankungen wie Verletzungen, Unfällen oder mit Infektionserkrankungen sind trotz des Auftretens neuer Infektionskrankheiten wie HIV/AIDS und SARS hingegen rückläufig. Schätzungen gehen davon aus, dass bis zu 40% einer Bevölkerung eines Landes der westlichen Hemisphäre an einer oder mehreren chronischen Krankheiten leiden können.

> **Für die strategische und operative Leistungsplanung im Krankenhaus ist es unablässig, die Neuerkrankungsraten von bestimmten häufigen Erkrankungen (Inzidenz) und das Vorkommen von häufigen Erkrankungen (Prävalenz) zu kennen, zukünftige Entwicklungen abzuschätzen und aus diesen Informationen die richtigen Schlüsse zu ziehen.**

In Deutschland werden derzeit etwa 16 Mio. Patienten pro Jahr in 2200 Krankenhäusern vollstationär (Stundenfälle ausgeschlossen) behandelt. Laut Gesundheitsberichterstattung des Bundes sind 800.000 von ihnen psychiatrische Patienten und werden entweder in psychiatrischen Abteilungen oder Kliniken behandelt (www.gbe.de).

Die für die Leistungsplanung und Leistungsgestaltung eines Schwerpunktkrankenhauses an Fallzahl und Ressourcenaufwand bedeutenden Erkrankungen lassen sich in sieben große, in der Regel organorientierte Gruppen einordnen:

- Herz-Kreislauf-Erkrankungen
- Neurologische Erkrankungen
- Erkrankungen des Magen-Darm-Traktes und von Leber, Galle und Bauchspeicheldrüse
- Lungenerkrankungen und Erkrankungen der oberen Luftwege
- Erkrankungen des Skelettsystems
- Krebserkrankungen
- Psychiatrische Erkrankungen.

Krebserkrankungen werden wegen ihrer besonderen Bedeutung im Behandlungsaufwand als eigenständige Gruppe aufgeführt und werden nicht im Zusammenhang mit dem jeweils betroffenen Organ diskutiert (z. B. das Dickdarmkarzinom in der Gruppe der Magen-Darm-Erkrankungen etc.). Psychiatrische Erkrankungen, deren Ressourcenverbrauch in der Krankenhausbehandlung in den letzten Jahren bei steigender Nachfrage besonders stark zugenommen hat, verdienen an dieser Stelle besondere Aufmerksamkeit.

Patienten mit chronischen Krankheiten aus diesen sieben Gruppen repräsentieren etwa 60 bis 70% der Patienten eines Schwerpunktkrankenhauses.

> **Angaben zur Neuerkrankungsrate (Inzidenz) und Vorkommen (Prävalenz) von Erkrankungen werden zur besseren Veranschaulichung an einem virtuellen Krankenhaus mit einem Einzugsgebiet von 100.000 Einwohnern dargestellt.**

Würde dieses Krankenhaus sein Einzugsgebiet zu 100% ausschöpfen, müsste es entsprechend der heutigen Inanspruchnahme von vollstationären Krankenhausleistungen etwa 19.750 vollstationäre Patienten im Jahr behandeln. 1000 dieser Patienten wären psychiatrische Patienten. Mit diesen Angaben lassen sich relativ einfach für verschiedene Erkrankungen zu erwartende vollstationäre Fallzahlen für jedes Krankenhaus errechnen. Die Größe des Einzugsgebietes des jeweiligen Krankenhauses lässt sich heute aus Daten der amtlichen Bevölkerungsstatistik mit kommerziell verfügbaren technischen Mitteln (EDV-Programmen) bestimmen. Entsprechend des Einzugsgebietes ihres Krankenhauses kann eine Klinikleitung ihr »virtuelles Krankenhaus« errichten und Zielvorstellungen entwickeln.

In ◘ Abb. 2.1 ist die Verteilung der 19.750 Patienten unseres virtuellen Krankenhauses auf die MDC Gruppen (Hauptdiagnosegruppen) im DRG-System dargestellt. Die Patienten von sieben MDCs und die psychiatrischen Patienten umfassen mehr als 60% aller vollstationären Patienten unseres virtuellen Krankenhauses. Patienten mit Herz-Kreislauf-Erkrankungen (MDC 05), mit Muskel- und Skeletterkrankungen (MDC 08), mit Erkrankungen des Verdauungsorgane, Leber und Gallenblase (MDC 06 und 07), mit Erkrankungen der Atemwege und im HNO-Bereich (MDC 04 und 03) sowie mit Erkrankungen des Nervensystems (MDC 01) dominieren noch vor Patienten mit Psychischen Erkrankungen.

In den weiteren Abschnitten dieses Kapitels und in weiteren Kapiteln dieses Buches werden wir immer wieder auf dieses virtuelle Krankenhaus mit seinen 19.750 Patienten und seinem Einzugsgebiet von 100.000 Einwohnern eingehen und unsere Ausführungen so verdeutlichen.

2.1 Herz-, Kreislauf- und Gefäßerkrankungen

Die *koronare Herzerkrankung* (KHK, ischämische Herzkrankheit, Angina pectoris) steht von allen chronischen Erkrankungen an der Spitze der Erkrankungen und ist die häufigste Todesursache in Deutschland. Etwa 21% der Deutschen versterben an akuten oder chronischen Folgen der KHK. Ähnlich wie in den USA, wo valide Zahlen über die letzten 50 Jahre vorliegen (Cooper R. et al.), ist auch in Deutschland die Sterblichkeit an der KHK in den letzten Jahrzehnten zurückgegangen (Bruckenberger E.).

Die Genese der KHK ist multifaktoriell. Die KHK führt stets zu einem Missverhältnis zwischen Sauerstoffbedarf und -angebot im Herzmuskel. Die

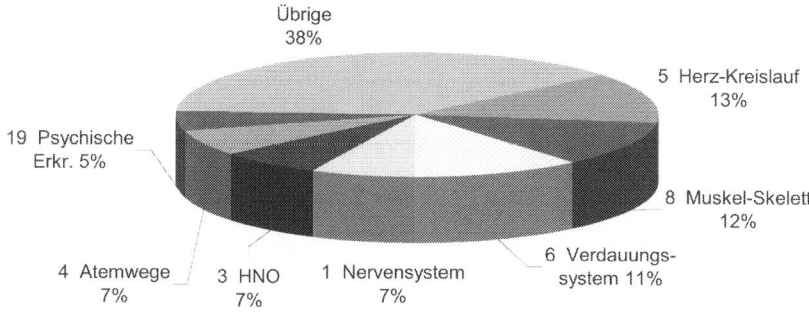

◘ Abb. 2.1. Relative Verteilung nach MDCs im virtuellen Krankenhaus mit 20.000 Fällen

der KHK zugrunde liegende Arteriosklerose der Gefäßwand wird durch genetische Ursachen, Begleiterkrankungen wie Diabetes mellitus und Fettstoffwechselstörungen und exogene Einflüsse wie Rauchen und Bewegungsarmut gefördert. Neuerdings wird stark diskutiert, ob die KHK nicht auch als entzündlicher Prozess oder als Resultat einer Entzündung der Gefäßwand zu sehen ist.

Rechnet man die aus den USA bekannten Zahlen zum Vorkommen der KHK auf Deutschland um, so müssen in Deutschland etwa 4 Mio. Bürger an einer KHK leiden. Im Einzugsgebiet unseres virtuellen Krankenhauses würden damit etwa 5000 Patienten mit einer koronaren Herzerkrankung leben und Krankenhausleistungen nachfragen.

In deutschen Krankenhäusern werden jährlich 570.000 Patienten wegen einer KHK behandelt Damit würden unser virtuelles Krankenhaus etwa 600 bis 700 Patienten mit KHK zur Behandlung aufsuchen. Die hohe Zahl von Patienten mit KHK stellt eine **große ökonomische Belastung** für die Kostenträger dar. Die akute Folge der KHK sind das akute Koronarsyndrom und der Herzinfarkt.

Für Deutschland muss man von 200.000 akuten *Herzinfarkten* pro Jahr ausgehen. Danach würden im Einzugsgebiet unseres virtuellen Krankenhauses etwa 250 Patienten an einem akuten Herzinfarkt pro Jahr erkranken; davon sind etwa 40% der Fälle Re-Infarkte (Cooper R. et al.). Die Zahl der Patienten, die das Krankenhaus erreichen, dürfte aber um 20 bis 30% niedriger liegen, da ein Teil der Patienten außerhalb des Krankenhauses am akuten Herztod verstirbt. Damit ist in unserem virtuellen Krankenhaus mit der Akutversorgung von 200 Herzinfarktpatienten pro Jahr zu rechnen. In Deutschland wird ähnlich wie in anderen Industrienationen seit Anfang der 80er Jahre ein langsamer Rückgang der Zahl der akuten Myokardinfarkte beobachtet.

Für die Führung eines Krankenhauses ist es wichtig, die aktuellen Entwicklungen der Akuttherapie des Herzinfarktes zu kennen und in die eigene Leistungsplanung und Leistungsgestaltung in der Kardiologie aufzunehmen. Mehrere große Studien der letzten Jahre haben gezeigt, dass die interventionelle Therapie (d. h. die Wiedereröffnung des verschlossenen Herzkranzgefäßes mittels Angioplastie) der konventionellen Lyse-Therapie (d. h. der Wiedereröffnung des verschlossenen Gefäßes mit einem Blutgerinnsel auflösenden Medikament) in allen Belangen überlegen ist. (Keeley E.C. et al.)

Würden in Konsequenz dieser Ergebnisse alle Patienten mit akutem Myokardinfarkt nur noch in Krankenhäusern mit kardiologischen Fachabteilungen und der Möglichkeit einer interventionellen Therapie behandelt, würde dies für diese Krankenhäuser eine deutliche Mehrbelastung an Fallzahlen und Ressourcenaufwand bedeuten. Eine Lyse-Therapie wäre dann nur noch für Patienten adäquat, die wegen Kontraindikationen wie hohes Alter und Multimorbidität von einer interventionellen Therapie auszuschließen wären.

Wenn der Anteil der Patienten, die in Deutschland bei einem akuten Myokardinfarkt interventionell behandelt werden, von heute etwa 25% auf 70% steigen würde, müssten in den deutschen Krankenhäusern schätzungsweise **zusätzliche** 70.000 Angioplastien in der Akutphase eines Herzinfarktes durchgeführt werden. Heute werden in deutschen Krankenhäusern rund 145.000 Angioplastien an den Herzkranzgefäßen durchgeführt, weniger als 20% davon bei Patienten mit akuten Herzinfarkten.

Eine Änderung im therapeutischen Vorgehen in der Herzinfarktversorgung ist ohne einen Konzentrationsprozess bei den Leistungsanbietern nicht zu leisten. Zu einer optimalen Versorgung des Patienten mit Herzinfarkt gehört heute, die Angioplastie rund um die Uhr anzubieten und die Zahl von 400 Angioplastien pro Jahr zu erreichen. Ab dieser Zahl von Interventionen wird in der Fachwelt von einer hohen Ergebnisqualität ausgegangen. Unser virtuelles Krankenhaus würde diese Zahl an Angioplastien nur erreichen, wenn es sein Einzugsgebiet mehr als verdoppeln würde und 70 bis 80% seiner Patienten mit akuten Herzinfarkten interventionell behandelte.

In den letzten Jahren wurde in Dänemark die Versorgung von Patienten mit akuten Herzinfarkten auf wenige Zentren mit der Möglichkeit der interventionellen Therapie konzentriert; im Ergebnis wurde eine Reduktion der Sterblichkeit nach Herzinfarkt beobachtet. Dies galt sogar für Patienten, die aus peripheren Krankenhäusern mit Zeitverzögerung in die Herzzentren zur Angioplastie verlegt worden waren (Andersen H.R. et al.).

Patienten mit Sick Sinus Syndrom, Bradykardie-Taxchykardie Syndrom, AV-Block III.Grades und Vorhofflimmern leiden an lebensbedrohlichen *Herzrhythmusstörungen*. Deshalb werden bei ihnen jährlich 50.000 Herzschrittmacher implantiert. Unser virtuelles Krankenhaus müsste demnach bei 60 Patienten einen Herzschrittmacher implantieren. Diese Zahl wird in den nächsten Jahren zunehmen, da vermehrt auch Patienten mit Herzinsuffizienz zur Verbesserung ihrer Herzleistung mit einem Herzschrittmacher bzw. mit einem Herzschrittmacher, der mit einem Defibrillator kombiniert ist, versorgt werden.

Die *Herzinsuffizienz* das chronische Versagen der Pumpleistung des Herzens ist in der Regel Folge entweder einer KHK oder einer Hochdruckerkrankung. In Deutschland geht man von 1 bis 1,5 Mio. Patienten mit Herzinsuffizienz aus. Damit würden im Einzugsgebiet unseres virtuellen Krankenhauses etwa 1200 bis 1800 Patienten mit einer Herzinsuffizienz leben, von denen etwa 20 bis 25% jährlich stationär behandelt werden. Die Mehrzahl der Patienten ist älter als 65 Jahre.

Mehrere epidemiologische und Interventionsstudien aus den USA zeigen, dass die Neuerkrankungsrate von Patienten mit Herzinsuffizienz bei rückläufiger Sterblichkeit in den letzten Jahrzehnten praktisch unverändert geblieben ist (Levy D. et al.). Neuerdings gibt es Hinweise, dass die Adipositas ein unabhängiger, aber wichtiger Risikofaktor für die Ausbildung einer Herzinsuffizienz ist und die über Jahre rückläufige Sterblichkeit an Herzerkrankungen bei Bevölkerungsgruppen mit hoher Prävalenz von Adipositas und Typ II Diabetes mellitus wieder anzusteigen droht (Kenchaiah S. et al.).

Wenn sich diese Entwicklung bewahrheitet, wäre auch in Deutschland mit einer vergleichbaren, wenn auch zeitlich verzögerten Entwicklung zu rechnen. Neueste Daten aus Deutschland zeigen, dass heute etwa 20% der Kinder und 30% der Jugendlichen übergewichtig sind.

Mittelfristig wäre also nicht nur durch die zahlenmäßige Zunahme älterer Patienten mit steigenden Patientenzahlen mit KHK, Herzinfarkt und Herzinsuffizienz zu rechnen, sondern die Fallzahlzunahme würde durch die

2

zunehmende Übergewichtigkeit der Bevölkerung noch verstärkt. Schätzungen für die nächsten zehn Jahre gehen von einer **Zunahme** der Patienten mit Herzinsuffizienz um 70% aus.

Die *arterielle Hypertonie* ist neben der KHK der klassische Risikofaktor für kardiovaskuläre und zerebrovaskuläre Ereignisse. In Deutschland geht man davon aus, dass etwa 20–30% der erwachsenen Patienten an einer Hochdruckerkrankung leiden. Dies bildet sich auch in der Häufigkeit der Nebendiagnose Hochdruck bei der klinischen Dokumentation in den meisten deutschen Krankenhäusern ab. Es sind große Defizite in der Therapie und Compliance der Hypertonie bekannt. Nach einer großen amerikanischen Studie beendet zwischen 29 und 56% der Patienten je nach Medikation ihre Therapie innerhalb von 12 Monaten nach Beginn. Somit besteht ein erhebliches Defizit in der Sekundärprävention von kardiovaskulären Erkrankungen, wenn wir auf deren größten Risikofaktor blicken.

Die *periphere arterielle Verschlusskrankheit (pAVK)* ist bei Personen vor Erreichen des 50. Lebensjahres selten. Geschätzt wird, dass etwa 2 Mio. Deutsche an einer peripheren arteriellen Verschlusskrankheit leiden. Die Prävalenz bei 75-jährigen Männern ist hoch und dürfte bei etwa 20% liegen. Nach diesen Zahlen würden etwa 2500 Patienten mit einer pAVK im Einzugsgebiet unseres virtuellen Krankenhauses leben. Häufig bleibt die chronische Extremitätenischämie aufgrund der pAVK über Jahre stabil und man kann davon ausgehen, dass nur 5% der Patienten jemals eine signifikante Extremitätenischämie entwickeln.

Die Inzidenz der kritischen Extremitätenischämie, die zu radiologischen oder gefäßchirurgischen Interventionen zwingt, wird auf 80.000 Patienten jährlich geschätzt. Danach würden in unserem virtuellen Krankenhaus jährlich etwa 100 Patienten wegen kritischer Extremitätenischämie gefäßchirurgisch oder durch Angioplastie behandelt werden müssen. Bei weiteren 12 bis 25 Patienten mit pAVK muss eine Majoramputation als Endtherapie durchgeführt werden.

Wegen der hohen Komorbidität der Patienten mit arterieller Verschlusskrankheit ist deren Krankenhausbehandlung äußerst ressourcenträchtig. Nicht selten sind diese Patienten MRSA-Träger, was den Aufwand der Behandlung weiter erhöht. Die Mortalität nach diagnostizierter pAVK ist hoch und geht meist auf die begleitende KHK zurück.

Gefäßerkrankungen kennen eine Reihe von Risikofaktoren wie Alter, Rauchen, Übergewicht aber auch die Erkrankung *Diabetes mellitus*. Wir wollen deshalb an dieser Stelle einige wichtige Daten zu dieser Erkrankung vorstellen und in Bezug auf einen möglichen Einfluss auf die Leistungsplanung und Leistungsgestaltung im Krankenhaus diskutieren. Derzeit leben 5 Mio. Patienten mit einer Diabetes Erkrankung in Deutschland. Davon sind etwa 300.000 sog. jugendliche Diabetiker (Typ I Diabetes mellitus) mit einem Insulinmangel aufgrund des Untergangs der Inselzellen, die in der Bauchspeicheldrüse Insulin produzieren. Die übrigen 4,7 Mio. Patienten leiden an einem Typ II Diabetes mellitus (Altersdiabetes), der sich in Folge von Überernährung und Bewegungsarmut entwickelt und auf eine periphere Insulinresistenz, also das Nichtansprechen der Zellen auf Insulin zurückgeht.

Jährlich ist in Deutschland mit 350.000 Neuerkrankungen an Typ II Diabetes mellitus zu rechnen. Im Einzugsgebiet unseres virtuellen Krankenhauses würden deshalb 350 bis 400 Patienten neu an einem Typ II Diabetes mellitus erkranken, die allerdings nur selten einer stationären Behandlung bedürfen, da die Ersteinstellung dieser Patienten ambulant erfolgt. Etwa 2000 Kinder und Jugendliche erkranken jährlich neu an einem Typ I Diabetes mellitus. Sie bedürfen beim Auftreten ihrer Erkrankung stationärer Behandlung. Unser virtuelles Krankenhaus würde deshalb im Jahr 2 bis 3 neu erkrankte Kinder und Jugendliche mit Typ I Diabetes mellitus pro Jahr behandeln.

Die Konsequenzen des gestörten Zuckerstoffwechsels führen sowohl bei Patienten mit Typ I als auch Typ II Diabetes mellitus zu Spätkomplikationen im Sinne von Schädigungen des Gefäßsystems und Nervensystems. Ein Diabetes mellitus ist ein wichtiger Risikofaktor für die koronare Herzkrankheit, den Schlaganfall und periphere Gefäßkrankheiten sowie Erkrankungen der Gefäße von Augenhintergrund und Niere und der peripheren Nerven.

Mehr als die Hälfte der 57.000 Dialyse pflichtigen Patienten in Deutschland sind Patienten mit einem Diabetes mellitus. Die diabetische Mikro- und Makroangiopathie führt jährlich zu 1800 Erblindungen und 28.000 Beinamputationen. Demnach hätte unser virtuelles Krankenhaus jährlich zwischen 30 und 40 Amputationen bei Patienten mit einem Diabetes mellitus vorzunehmen.

Der wichtigste Risikofaktor für die Entwicklung eines Typ II Diabetes mellitus sind Übergewicht und Bewegungsarmut. Da wir in den nächsten Jahren mit einer deutlichen Zunahme des Körpergewichtes weiter Bevölkerungsschichten zu rechnen haben, ist anzunehmen, dass sich die Zahl der Patienten mit Typ II Diabetes mellitus bis 2010 aufgrund der erhöhten Inzidenz und der demographischen Entwicklung auf 10 Mio. Patienten **verdoppeln** wird.

Die Konsequenzen für die Nachfrage spezieller stationärer Behandlungsleistungen dieser Patienten sind absehbar. Die Zahl der Patienten mit Spätkomplikationen wird parallel zur Zunahme von Inzidenz und Prävalenz des Typ II Diabetes mellitus wenn auch zeitversetzt zunehmen.

2.2 Neurologische Erkrankungen

Der *Schlaganfall* (Apoplex) ist nach der KHK und den malignen Neubildungen die dritthäufigste Todesursache (11,4%) in Deutschland. Etwa 20% der Patienten sterben innerhalb der ersten 4 Wochen nach dem akuten Ereignis. Über die Zahl der in Deutschland jährlich neu auftretenden Schlaganfälle herrscht Unklarheit. Schätzungen streuen von 120.000 bis 350.000 Schlaganfällen pro Jahr. Nimmt man die DRG-Benchmark-Daten der Firma 3 M HIS aus dem Jahre 2001 zu Hilfe, die etwa 30% aller Krankenhausfälle repräsentieren, so errechnen sich aus ihnen die Zahl von etwa 250.000 Patienten mit einem Schlaganfall, die in 2001 in Deutschland ein Krankenhaus erreicht haben und dort behandelt wurden (Kolominsky-Rabas P.L. et al.). Diese Zahl deckt sich auch in etwa mit den Zahlen, die von der deutschen Schlaganfallstiftung publiziert werden.

Unser virtuelles Krankenhaus mit seinem Einzugsgebiet von 100.000 Einwohnern müsste deshalb etwa 300 akute Schlaganfälle pro Jahr stationär behandeln. Außerdem werden weitere 100 Patienten mit einer sog. *transi-*

torischen ischämischen Attacke (TIA) oder »Schlägelchen« unser virtuelles Krankenhaus zur Diagnostik und Therapie aufsuchen.

In Deutschland dürften etwa 1 bis 1,5 Mio. Menschen an den Folgen eines Schlaganfalles leiden. Bezogen auf eine Stadt mit 100.000 Einwohnern wären dies 1200 bis 1800 Personen, aus denen sich auch die Patienten rekrutieren, die mit einem rezidivierenden Schlaganfall das Krankenhaus erreichen oder deren Krankenhausbehandlung einer Zweiterkrankung durch die zurückliegende Schlaganfallerkrankung kompliziert und aufwändiger wird.

Das medizinische Vorgehen beim akuten Schlaganfall hat sich in den letzten Jahren deutlich verändert. Heute wird gefordert, dass Patienten mit akuten Schlaganfällen in sog. Stroke units zu behandeln sind. Dies sind Einheiten, die über intensivmedizinische, neurologische und frührehabilitative Kompetenz verfügen, eine Lysetherapie durchführen können. Sie können diagnostische Möglichkeiten, wie ein Computertomogramm, MRT, Dopplersonographie und Echokardiographie in der Regel rund um die Uhr abrufen und arbeiten mit interdisziplinären Therapeutenteams. Leider erreichen Patienten mit akutem Schlaganfall diese Einheiten auch heute noch nicht rechtzeitig, da für gezielte Interventionen zur Beseitigung des Verschlusses der Hirnarterie nur ein Zeitfenster von wenigen Stunden bleibt. Ob die Mortalität oder der Grad der Behinderung nach einem Schlaganfall durch Behandlung in Schlaganfalleinheiten verbessert wird, ist für Deutschland momentan nicht mit Studien belegt.

Bei Patienten mit transitorischen ischämischen Attacken (TIA) und Schlaganfällen ist zu klären, ob eine behandlungsbedürftige *extrakranielle Stenose der A. carotis externa* vorliegt. Man schätzt, dass etwa bei einem Viertel der Patienten mit einer TIA oder eines Schlaganfalles eine Thrombarteriektomie oder Angioplastie der A. carotis indiziert ist, um das Risiko einer erneuten TIA oder eines Schlaganfalles zu senken (Rothwell P.M. et al.). Bei den Patienten unseres virtuellen Krankenhauses müssten 30 solcher Eingriffe im Jahr durchgeführt werden.

An *Epilepsien* (Krampfleiden) leiden in Deutschland etwa 400.000 bis 800.000 Patienten. Jährlich sollen in Deutschland etwa 40.000 bis 100.000 Patienten neu erkranken. Im Einzugsgebiet unseres virtuellen Krankenhauses würden deshalb schätzungsweise jährlich etwa 50 bis 120 neu erkrankte Patienten zu versorgen sein.

In Deutschland leben etwa 150.000 bis 200.000 Patienten mit *M. Parkinson* (Schüttellähmung) einer degenerativen Erkrankung des Nervensystems des höheren Alters. Jährlich erkranken zwischen 12.000 und 15.000 Patienten neu an dieser Erkrankung. Damit würden etwa 200 Patienten mit M. Parkinson im Einzugsgebiet unseres virtuellen Krankenhauses leben, wovon etwa 15 Patienten im Jahr am M. Parkinson neu erkranken. Aufgrund der demographischen Entwicklung ist in den nächsten 10 Jahren mit einer deutlichen Zunahme von Parkinson-Kranken zu rechnen.

Die *multiple Sklerose (MS)* ist die häufigste entzündliche Erkrankung des Nervensystems. In Deutschland sind davon etwa 80.000 bis 100.000 Patienten betroffen. Jährlich erkranken etwa 2500 bis 3500 Patienten neu an multipler Sklerose. Unser virtuelles Krankenhaus müsste deshalb 3 bis 5 neu erkrankte Patienten versorgen. Weitere 100 bis 120 Patienten mit multipler Sklerose würden in seinem Einzugsgebiet leben. Die Erkrankung verläuft in Schüben und macht häufigere Krankenhausaufenthalte notwendig. Genaue Zahlen zur Krankenhaushäufigkeit der Patienten sind nicht bekannt. Die multiple Sklerose ist eine Erkrankung des jüngeren Erwachsenenalters. Aufgrund der demographischen Entwicklung ist damit zu rechnen, dass die Zahl der neu erkrankten Patienten in den nächsten Jahren zurückgehen wird.

2.3 Lungenerkrankungen

Chronisch obstruktive Lungenerkrankungen, wie das Asthma bronchiale im Kindesalter und die chronisch obstruktive Lungenerkrankung (COLD oder COPD) des Erwachsenen, nehmen an Zahl in den letzten Jahren zu.

Die Prävalenz des *Asthmas bronchiale* bei Kindern wird auf etwa 10% geschätzt. Damit würden in Deutschland etwa 1 Mio. Kinder und Jugendliche an einem Asthma bronchiale leiden. Im Einzugsgebiet unseres virtuellen Krankenhauses würden also etwa 1200 bis 1500 Kinder und Jugendliche mit Asthma bronchiale leben. Die genaue Krankenhaushäufigkeit von ihnen ist jedoch nicht bekannt. Auslöser sind genetische Ursachen und im weitesten Sinn ein westlicher Lebensstil, der eine Exposition gegenüber Allergenen im frühen Kindesalter reduziert. Im Erwachsenenalter spielen bei bis zu 10% der Patienten mit Asthma bronchiale eine berufliche Exposition gegenüber Noxen als Auslöser für ein Asthma bronchiale eine Rolle.

Im Erwachsenenalter leiden etwa 5% der Bevölkerung oder 3 Mio. Patienten an einer *COLD* (Chronisch obstruktive Lungenerkrankung mit progredienter Lungenfunktionseinschränkung). Damit würden etwa 3500 Patienten mit COLD im Einzugsgebiet unseres virtuellen Krankenhauses leben, ohne dass wir genau wissen, wie viele dieser Patienten eine vollstationäre Behandlung jährlich benötigen.

In Deutschland dürften, wenn US-amerikanische Daten übertragbar sind, im Jahr etwa 600.000 bis 1,2 Mio. Patienten an einer sog. *ambulant erworbenen Pneumonie* (Community acquired Pneumonia) erkranken, wovon etwa 150.000 bis 180.000 meist ältere Patienten stationär behandelt werden müssen. Unser virtuelles Krankenhaus würde demnach im Jahr ungefähr 200 bis 225 Patienten mit einer außerhalb des Krankenhauses erworbenen Lungenentzündung behandeln. Die Zahl der jährlich im Krankenhaus erworbenen (nosokomialen) Pneumonien soll bei 5 bis 15 Fällen pro 1000 stationär behandelter Patienten liegen.

Die *zystische Fibrose (CF)* ist eine seltene angeborene Erkrankung der exokrinen Drüsen (Schleim- und Schweißdrüsen). Durch Eindickung des Bronchialschleims kommt es zu schweren Lungenschäden, auch die Funktion der Bauchspeicheldrüse und des Magen-Darm-Traktes ist durch die Erkrankung betroffen. Jährlich werden 260 Kinder mit dieser Erkrankung geboren. Insgesamt dürften derzeit etwa 5000 Patienten mit dieser Erkrankung in Deutschland leben. Damit leben etwa 6 Patienten mit einer zystischen Fibrose im Einzugsgebiet unseres virtuellen Krankenhauses, von denen die meisten wegen der Schwere der Erkrankung 2 bis 3 stationäre Behandlungen pro Jahr benötigen.

Das Beispiel zeigt, dass bei seltenen angeborenen Erkrankungen auch von einem Krankenhaus mit einem relativ großen Einzugsgebiet nur sehr geringe Fallzahlen zu erreichen sind.

2

2.4   Magen-,Darm-, Leber- und Gallenblasenerkrankungen

Die *entzündlichen Darmerkrankungen* M. Crohn und Colitis ulcerosa sind zwar seltene, aber wegen ihrer Rezidivneigung zu häufigen Krankenhausaufenthalten führende entzündliche Darmerkrankungen. Neuerkrankungsraten sind für den *M. Crohn* nicht bekannt. Seine Prävalenz wird auf 40.000 Erkrankte in Deutschland geschätzt, von denen jeder zweite einmal pro Jahr zur Behandlung ins Krankenhaus eingewiesen wird. Damit würde unser virtuelles Krankenhaus etwa 25 Patienten mit einem M. Crohn im Jahr stationär behandeln.

Mit einer *Colitis ulcerosa* sollen in Deutschland 40.000 bis 70.000 Patienten leben, jährlich sollen 4000 bis 8000 Patienten neu erkranken. Wenn wir von den denselben Annahmen zur Krankenhaushäufigkeit wie beim M. Crohn ausgehen, würde unser virtuelles Krankenhaus jährlich 25 bis 40 Patienten stationär behandeln.

An einer *Leberzirrhose* (bindegewebiger Umbau der Leber) erkranken in Deutschland jedes Jahr etwa 200.000 Patienten neu. Zwei Drittel der Patienten leiden an einer alkoholischen Leberzirrhose. Im Einzugsgebiet unseres virtuellen Krankenhauses erkranken so etwa 240 Patienten neu an einer Leberzirrhose im Jahr. Die Mortalität dieser Patientengruppe ist hoch. Sie versterben am Coma hepaticum und an den Folgen einer Ösophagusvarizenblutung.

Jährlich erkranken 50.000 Patienten an *Hepatitiden* (Leberentzündungen), damit würden im Einzugsgebiet unseres virtuellen Krankenhauses etwa 50 bis 70 Patienten an einer Hepatitis jährlich neu erkranken.

Die *Appendizitis* (Blinddarmentzündung) ist die neben der Gastroenteritis (Brechdurchfall) die häufigste akute gastroenterologische Erkrankung des Kindes- und Jugendalters. Heute werden deswegen etwa 140 Appendektomien pro 100.000 Einwohnern durchgeführt. In den nächsten Jahren ist wegen der weiter rückläufigen Kinderzahl in Deutschland mit einer Abnahme von Appendektomien zu rechnen.

Gallensteine sind häufig. Im Alter von 65 Jahren sollen 15 bis 25% der Bevölkerung Gallensteinträger sein. In Deutschland werden jährlich deswegen etwa 150.000 Cholezystektomien (Gallenblasenentfernungen) durchgeführt. Unser virtuelles Krankenhaus müsste demnach etwa 180 Cholezystektomien durchführen (Neubrand M. et al.).

Inguinalhernien (Leistenbrüche) haben ihre Häufigkeitsgipfel im Kindes- und mittleren Erwachsenenalter. Unser virtuelles Krankenhaus müsste entsprechend der für Deutschland bekannten Zahl von Leistenbruchoperationen etwa 280 Herniotomien pro Jahr durchführen.

2.5   Muskel- und Skeletterkrankungen

Rheumatische Erkrankungen sind chronisch entzündliche Erkrankungen der Gelenke und der Wirbelsäule und dürfen nicht mit Arthrosen, den degenerativen Erkrankungen der Gelenke, verwechselt werden. Rheumatische Erkrankungen dürften eine Prävalenz von 1% in der Bevölkerung haben. Damit würden im Einzugsgebiet unseres virtuellen Krankenhauses etwa 1000 Patienten mit einer rheumatischen Erkrankung leben.

Bandscheibenleiden und *Rückenschmerzen* sind vermutlich in Deutschland das am häufigsten auftretende Beschwerdebild. 30 bis 40% aller Erwachsenen, so wird geschätzt, klagen einmal im Jahr über Rückenbeschwerden. Die Lebensprävalenz dürfte doppelt so hoch sein. An chronischen Rückenschmerzen sollen 8 bis 10% aller Deutschen leiden.

Die Prävalenz von Ischiasschmerzen mit Radikulopathie (Nervenschädigung) liegt deutlich niedriger, vermutlich unter 1%. Unser virtuelles Krankenhaus würde also etwa 1000 Patienten, die eine stationäre Behandlung benötigen können, in seinem Einzugsgebiet vorfinden.

In Deutschland werden im Jahr etwa 70.000 bis 75.000 *Laminektomien* (Bandscheibenoperationen) durchgeführt. Diese Zahl stimmt in etwa auch mit der Zahl der in den USA durchgeführten Bandscheibenoperation überein. In unserem virtuellen Krankenhaus würden so etwa 90 Operationen im Jahr durchgeführt werden. Somit müsste sich etwa jeder zehnte Patient mit Ischiasschmerzen und Radikulopathie im Einzugsgebiet unseres virtuellen Krankenhauses einer Bandscheibenoperation unterziehen.

Arthrosen (Gelenkverschleiß) sind häufige chronische Erkrankungen. Wegen der schwierigen Festlegung auf die klinische Diagnose Arthrose gibt es keine genauen Zahlen zur Inzidenz und Prävalenz dieser Erkrankung. Man schätzt, dass bis zu 8,5% aller über 50-Jährigen an einer Arthrose leiden. Wegen Arthrosen des Hüft- und Kniegelenkes werden jährlich in Deutschland zwischen 100.000 und 180.000 Hüft- und etwa 60.000 bis 100.000 Knieendoprothesen implantiert. In unserem virtuellen Krankenhaus würden deshalb etwa 120 bis 200 Hüft- und 75 bis 120 Knieendoprothesen im Jahr implantiert. Aufgrund der demographischen Entwicklung ist in den nächsten 10 Jahren mit einer 50% Zunahme der Fälle zu rechnen.

Die *Osteoporose* (Knochenschwund) ist eine im Alter häufig vorkommende Erkrankung, die besonders Frauen betrifft. Etwa 30% aller Frauen sollen nach der Menopause eine Osteoporose entwickeln.

In Folge einer Osteoporose und von Stürzen treten in Deutschland jedes Jahr bei älteren Patienten 90.000 bis 110.000 Schenkelhalsfrakturen auf (Becker et al.) Unser virtuelles Krankenhaus müsste demnach 110 bis 130 Patientinnen und Patienten nach *Schenkelhalsfrakturen* in der Regel operativ versorgen. Nach Schätzungen geht man von weiteren 150.000 Krankenhausbehandlungen wegen anderer Folgerkrankungen der Osteoporose wie Ober- und Unterarmfrakturen und Wirbelkörperfrakturen aus. Aufgrund der demographischen Entwicklung ist mit einer 50% Zunahme der Fälle in den nächsten 10 Jahren zu rechnen.

Die ◘ Tabelle 2.1 gibt einen Überblick über ausgewählte operative Eingriffe pro Jahr, die aus einem Einzugsgebiet von 100.000 Einwohnern zu erwarten sind.

2.6 Krebserkrankungen

Nach den in der Gesundheitsberichterstattung des Bundes veröffentlichten Zahlen wird von 340.000 Neuerkrankungen an Krebs in Deutschland pro Jahr (164.900 bei Männern und 173.400 bei Frauen) ausgegangen, wo-

2

◘ **Tabelle 2.1.** Häufigkeit von ausgewählten operativen und nichtoperativen Eingriffen in deutschen Krankenhäusern

Operativer Eingriffe	Zahl der Operationen oder Eingriffe pro 100.000 Einwohner
Appendektomie	140–170
Cholezystektomie	180
Herniotomie	170–200
Hüftendoprothese	120–200
Knieendoprothese	75–120
Laminektomie	90
Hysterektomie	130–150
Transuretrale Prostataresektion (TURP)	80
Schrittmacherimplantation	60
Onkochirurgische Eingriffe (Ersteingriffe)	**Zahl der Operationen oder Eingriffe pro 100.000 Einwohner**
Radikale Prostatektomie	25–30
Eingriffe am Dickdarm	60
Eingriffe an der Mamma	50–60
Eingriffe an der Lunge	15–20
Eingriffe am Uterus und kleinen Becken	7–9
Eingriffe am Kehlkopf	12
Nichtoperative Eingriffe	**Zahl der Operationen oder Eingriffe pro 100.000 Einwohner**
Angioplastien an den Koronarien	175
Diagn. Herzkatheteruntersuchungen	500

bei mehr als die Hälfte der *Neuerkrankungen* nach dem 75. Lebensjahr auftritt.

Da im nächsten Jahrzehnt die Zahl der über 70-jährigen Männer zunehmen wird (Vorkriegs- und Kriegsjahrgänge weisen eine Unterrepräsentanz von Männern gegenüber Frauen auf, Nachkriegsjahrgänge tun dies nicht), ist mit einer Zunahme der männertypischen Krebserkrankungen wie des Prostata-Karzinoms zu rechnen. Es gibt insgesamt etwa 170 verschiedene Krebserkrankungen.

▢ Tabelle 2.2. Die sechs häufigsten Krebserkrankungen	
Karzinomtyp	Neuerkrankungen pro Jahr
Dickdarmkarzinom	50.000
Mammakarzinom	46.000
Bronchialkarzinom	37.000
Prostatakarzinom	22.000
Kehlkopfkarzinom	10.000
Zervixkarzinom	7.000

In ▢ Tabelle 2.2 wollen wir uns auf die sechs häufigsten Krebserkrankungen konzentrieren, die von der Fallzahl etwa 50% aller Krebserkrankungen repräsentieren.

Krebserkrankungen stellen für die Krankenhausmedizin eine immer größer werdende Herausforderung dar. Zum einen stellen diese Patienten hohe Ansprüche an die operativen Abteilungen eines Krankenhauses und tragen u. a. zur ständig steigenden Zahl operativer Eingriffe in deutschen Krankenhäusern erheblich bei. Allerdings tragen Krebsoperationen höchsten Anteil an kurativen Erfolgen in der Krebsbehandlung bei. Strahlentherapie und Zytostatikatherapie bleiben hinter den Ergebnissen der operativen Therapie zurück. Insgesamt dürfte die Heilungsrate bei Krebserkrankungen gemessen an der 5-Jahres-Überlebensrate bei knapp unter 50% liegen. Nach den Herzerkrankungen stellen die Krebserkrankungen die zweithäufigste Todesursache dar und sind jährlich für 220.000 Todesfälle in Deutschland verantwortlich.

Für eine Stadt mit 100.000 Einwohnern, die von unserem virtuellen Krankenhaus versorgt wird, muss man mit 400 bis 450 Neuerkrankungen an Krebs pro Jahr rechnen. Weitere 2000 bis 2500 Patienten mit bekannten Krebserkrankungen dürften im Einzugsgebiet unseres virtuellen Krankenhauses leben. Neben Aufenthalten bei der Diagnosestellung stehen bei den onkologischen Patienten Krankenhausaufenthalte zur Durchführung von Operationen, längere intensive Chemotherapiezyklen und die Behandlung von Komplikationen und interkurrenter Erkrankungen im weiteren Verlauf der Erkrankung im Vordergrund. Bezogen auf die Zahl der Neuerkrankungen pro Jahr liegt die Zahl der behandelten onkologischen Fälle pro Jahr in einem Krankenhaus mit einem Einzugsgebiet von 100.000 Einwohnern etwa vier- bis achtmal höher, ist aber stark von der Vernetzung des Krankenhauses mit ambulanten onkologischen Praxen abhängig.

> **Ein Schwerpunktkrankenhaus wie unser virtuelles Krankenhaus ohne speziellen onkologischen Schwerpunkt weist einen Anteil von etwa 10% onkologischer Patienten auf. Ist das Krankenhaus als onkologisches Zentrum ausgewiesen, erreicht der Anteil der onkologischen Patienten leicht 20%.**

Etwa 10% der Fälle der Krankenhäuser des Landesbetrieb Kranken-häuser Hamburg sind onkologische Patienten. Dabei liegt der Anteil der Krebspatienten, die operativ behandelt werden und bei denen aufwändige diagnostische und therapeutische Prozeduren (interventionelle Verfahren) durchgeführt wurden bei 40%. Etwa 15% aller operativen Eingriffe werden im LBK Hamburg bei Patienten mit Krebserkrankungen durchgeführt.

Das *Kolonkarzinom* (Dickdarmkarzinom) ist mit etwa 50.000 Neuer-krankungen pro Jahr der häufigste Tumor und unser virtuelles Krankenhaus würde pro Jahr etwa 60 Patienten mit einem neu entdeckten Kolonkarzinom operativ versorgen.

Durch gezielte Vorsorgeuntersuchungen mittels Koloskopie und endo-skopischer Therapie von Frühformen des Kolonkarzinoms besonders bei Risikogruppen mit familiärer Belastung soll in den nächsten Jahren erreicht werden, die Zahl der Neuerkrankungen an Kolonkarzinomen zu halbieren. Inwieweit es gelingt ein solches Vorsorgeprogramm in Deutschland in den nächsten Jahren einzuführen und umzusetzen, bleibt abzuwarten. Tendenzi-ell ist jedoch mit einem Rückgang der Neuerkrankungen an Kolonkarzino-men zu rechnen.

In Deutschland erkranken jährlich etwa 46.000 Frauen an einem *Mam-makarzinom* (Brustkrebs). Das Mammakarzinom stellt mit 26% aller Krebserkrankungen bei der Frau noch vor dem Kolonkarzinom die häufigs-te Tumorerkrankung dar. Die 5-Jahres-Überlebensrate beträgt heute 73%. Die Brustkrebserkrankung ist in Deutschland wie in anderen Ländern leicht zunehmend. Als defizitär wird die Brustkrebsfrüherkennung angesehen, wo-bei derzeit in Deutschland in verschiedenen Regionen gemäß den Europä-ischen Leitlinien Pilotprojekte zum Mammographie Screening durchgeführt werden. Von ihnen verspricht man sich eine frühere Diagnose bei der Ziel-gruppe der 50- bis 70-jährigen Frauen und in Konsequenz eine Senkung der Mortalität. Internationale Studien zeigen eine Mortalitätssenkung um 20 bis 30%.

Unser virtuelles Krankenhaus müsste zwischen 50 und 60 Patientinnen mit einem neu diagnostizierten Mammakarzinom pro Jahr versorgen. We-gen des bei über 70 Jahren liegenden Altersgipfels der Erkrankung wird die Zahl der Neuerkrankungen in den nächsten Jahren noch zunehmen.

Zur Verbesserung der Versorgung von Frauen mit Mammakarzinom wird die Einrichtung von »Brustzentren« empfohlen, die – basierend auf Mindestfallzahlen und mit einem integrativen Ansatz aller an Diagnostik und Therapie des Mammakarzinoms beteiligten Ärzte und Institutionen – ein verbessertes Behandlungsergebnis für die Patientinnen erreichen sollen (► s. a. Kap. 3 sowie Kap. 13). Damit soll eine standardisierte operati-ve Behandlung, eine Chemotherapie nach Leitlinien und eine adjuvante Strahlentherapie sichergestellt werden. In solchen Zentren sollen pro Jahr mindestens 150 an einem Mammakarzinom neu erkrankte Frauen operativ behandelt werden (Perry N.M.)

Unser Beispielkrankenhaus müsste zur Erreichung dieser Fallzahlen sein Einzugsgebiet verdreifachen und es voll ausschöpfen. Wenn in den nächsten Jahren flächendeckend in Deutschland Brustzentren und Disease Management Programme für die Behandlung des Mammakarzinoms einge-führt werden, wird dies zu einer Konzentration des Leistungsgeschehens auf deutlich weniger gynäkologische Abteilungen und Krankenhäuser als heute führen.

Am Beispiel des Mammakarzinoms lässt sich auch zeigen, dass eine Überversorgung für Patientinnen nicht nützlich, sondern sogar schädlich sein kann. Inzwischen besteht kein Zweifel mehr, dass beim lokalen Mammakarzinom eine Mastektomie gegenüber einer Brust erhaltenden Operation keine Vorteile bietet (Vernesi U. et al.). Damit ist die weniger radikale Methode heute das operative Vorgehen der Wahl. Eine für einige Zeit propagierte Hochdosis-Chemotherapie mit Knochenmarktransplantation erwies sich beim metastasierenden Mammakarzinom für das Überleben der Patientinnen nicht von Vorteil und bleibt weiterhin eine experimentelle Therapie (Elfenbein G.J.).

Beim Mann werden derzeit 28.000 Neuerkrankungen an *Bronchialkarzinom* mit leicht rückläufiger Tendenz beobachtet. Das Bronchialkarzinom ist für 27% der Tumorerkrankungen des Mannes verantwortlich. 8900 Frauen erkranken jährlich an einem Bronchialkarzinom, jedoch mit jährlich steigenden Zahlen. Die 5-Jahres-Überlebensrate ist schlecht und liegt unter 10%. Unser virtuelles Krankenhaus würde zwischen 40 und 50 neu erkrankte Patienten und Patientinnen mit Bronchialkarzinom diagnostizieren, aber davon aufgrund des Tumortyps weniger als die Hälfte operativ im Jahr versorgen.

Das *Prostatakarzinom* ist nach dem Kolonkarzinom und dem Bronchialkarzinom das dritthäufigste Karzinom des Mannes. 22.000 Männer erkranken jährlich neu an einem Prostatakarzinom. Unser virtuelles Krankenhaus hätte danach 25 bis 30 Patienten mit einem neu entdeckten Prostatakarzinom operativ zu versorgen. Allerdings fordern Patienten zunehmend alternative Behandlungsmethoden wie die Strahlentherapie, um Kontinenz und Potenz nicht zu verlieren.

Erwartungsgemäß viel häufiger werden Männer wegen einer benignen Prostatahyperplasie (BPH) operiert. Im Jahr werden etwa 65 000 transuretrale Resektionen der Prostata (TURP) in Deutschland durchgeführt. Unser virtuelles Krankenhaus würde deshalb neben den radikalen Prostatektomien bei Patienten mit Prostatakarzinom noch 80 TURP bei Patienten mit BPH durchführen. Wegen der Zunahme der Zahl älterer Männer in den nächsten 10 Jahren wird es sowohl zu einer Zunahme von Prostatakarzinomen als auch von benignen Prostatahyperplasien kommen.

In Deutschland erkranken jährlich 7000 Frauen an einem *Zervixkarzinom*. Die Neuerkrankungsrate liegt damit etwa 6- bis 7-mal niedriger als beim Mammakarzinom. Unser virtuelles Krankenhaus müsste somit jährlich 7 bis 9 Patientinnen mit einem Zervixkarzinom operativ behandeln. Wenn es gelingt, in den nächsten Jahren einen Impfstoff für das Humane Papilloma Virus, den Auslöser des Zervixkarzinoms zu entwickeln, wird ein Rückgang des Zervixkarzinoms innerhalb einer Generation zu erwarten sein.

Hysterektomien bei Patientinnen mit gutartigen Veränderungen des Uterus wie Myomen werden sehr viel häufiger durchgeführt. In einem Einzugsgebiet von 100.000 Einwohnern gehen Schätzungen von etwa 140 Hysterektomien pro Jahr aus.

An einem *Kehlkopfkarzinom* erkranken jährlich 10.000 Patienten mit einem hohen Anteil von männlichen Patienten. Unser virtuelles Krankenhaus hätte demnach jährlich etwa 12 Patienten zu versorgen. Andere Tumoren im

2

Hals-Nasen-Ohren-Bereich liegen in ihrer Inzidenz teilweise deutlich unter der des Kehlkopfkarzinoms, zeigen aber ähnlich wie das Kehlkopfkarzinom eine kontinuierliche Zunahme in der Häufigkeit über die Jahre.

2.7   Psychiatrische Erkrankungen

Depressionen sind eine der häufigsten Erkrankungen in Deutschland. So rechnet man mit etwa 3,1 Mio. Erkrankten oder 6,3% der erwachsenen Bevölkerung, die im Jahr mindestens eine depressive Episode durchleiden. Das Suizidrisiko ist die höchste Gefährdung für einen Patienten mit Depression. Bei stationär behandelten Patienten wird das Suizidrisiko auf 15% eingeschätzt. Im Einzugsgebiet unseres virtuellen Krankenhauses würden deshalb etwa 3500 bis 4000 Patienten mit einer depressiven Erkrankung leben. Wegen der hohen Prävalenz der Erkrankung werden nicht wenige Patienten auch in somatischen Abteilungen oft mit hohem diagnostischen und therapeutischen Aufwand behandelt.

Ein hohes Risiko an einer Depression zu erkranken haben ältere Menschen. **Aufgrund des weiteren Ansteigens der Lebenserwartung der deutschen Bevölkerung in den nächsten Jahren ist mit einem Ansteigen um bis zu 50% der Fallzahlen depressiver Patienten zu rechnen.**

Die *Schizophrenie* ist die häufigste psychiatrische Erkrankung des jungen Erwachsenen. Jährlich erkranken etwa 20.000 bis 25.000 Patienten zwischen der Pubertät und dem 30.Lebensjahr neu an dieser Krankheit. Man nimmt an, dass etwa 550.000 bis 600.000 Patienten mit einer Schizophrenie in Deutschland leben.

Unser virtuelles Krankenhaus hätte so im Jahr 30 neu erkrankte Patienten zu versorgen und in seinem Einzugsgebiet würden weitere 700 Patienten mit einer Schizophrenie leben, die unterschiedlich stark je nach Verlaufstyp der Erkrankung eine stationäre psychiatrische Behandlung benötigen. Aufgrund der demographischen Entwicklung der nächsten Jahre ist von einem Rückgang der Neuerkrankungen um 20 bis 30% auszugehen.

Die *Alkoholkrankheit* ist die häufigste Suchterkrankung. Schätzungen gehen von 1,7 Mio. Alkoholabhängigen und weiteren 2,7 Mio. Personen, die Alkoholmissbrauch treiben in Deutschland aus. Im Einzugsgebiet unseres virtuellen Krankenhauses würden also 2100 alkoholkranke Patienten leben, etwa 10 bis 12% von ihnen werden wegen ihrer Alkoholkrankheit oder einer Alkoholpsychose jährlich stationär behandelt. Der zusätzliche Aufwand, den ein Krankenhaus wegen der Komorbidität Alkoholkrankheit bei somatischen Behandlungen dieser Patienten zu leisten hat, ist unbekannt.

***Demenzen* als typische psychiatrische Alterskrankheiten werden vor dem Hintergrund der alternden deutschen Bevölkerung zu einem zunehmenden Problem.** Liegt die Prävalenz der Demenz bei 65-Jährigen bei 6%, steigt sie bei den 90-Jährigen auf 30% an. Nach Diagnosestellung der verschiedenen Formen der Demenz (M. Alzheimer, vaskuläre Demenz), liegt die Lebenserwartung bei 7 bis 10 Jahren. Mit steigender Lebenserwartung werden wegen der hohen Prävalenz der Erkrankung immer mehr ältere Patienten in den Krankenhäusern behandelt werden müssen. Dabei wird es die besondere Herausforderung sein, auch die chronischen somatischen Erkrankungen dieser Patienten zu therapieren. Nur enge Kooperationsformen zwi-

◘ Tabelle 2.3. Neuerkrankungsrate (Inzidenz) von ausgewählten Erkrankungen

Art der Erkrankung	Neuerkrankungen pro 100.000 Einwohner
Myokardinfarkt	200–250
Herzinsuffizienz	150
Apoplex	300
Leberzirrhose	240
Diabetes mellitus Typ II	350–400
Kolonkarzinom	60
Mammakarzinom	50–60
Bronchialkarzinom	40–0
Demenz	100
Schizophrenie	30

schen gerontopsychiatrischen und geriatrischen Abteilungen werden eine adäquate und Ressourcen schonende Behandlung dieser schwierigen und an Zahl in den nächsten Jahren zunehmenden Patientenklientel sicherstellen

Heute dürften etwa 1,5 Mio. Patienten mit unterschiedlichen Schweregraden einer Demenz in Deutschland leben. Die Neuerkrankungsrate wird auf 100 Fälle pro 100.000 Einwohner und Jahr geschätzt. Im Einzugsgebiet unseres virtuellen Krankenhauses würden so etwa 1800 Patienten mit einer Demenz leben. Es ist nicht bekannt, wie viele von ihnen eine gerontopsychiatrische stationäre Behandlung wegen ihrer Demenz benötigen. Werden diese Patienten wegen somatischer Erkrankungen stationär behandelt, stellt die Komorbidität der Demenz einen erheblichen Mehraufwand für die Krankenhausbehandlung dar.

> Der ökonomische Aufwand für die Krankenhausbehandlung psychiatrischer Erkrankungen hat einen Anteil von 15% aller Ausgaben für Krankenhausbehandlungen. Damit sind diese Aufwendungen höher als alle Aufwendungen, die zur vollstationären Behandlung von pädiatrischen Patienten notwendig sind.

  Fazit

Wer sich mit der strategischen Planung von Leistungen oder Schwerpunkten seines Krankenhauses beschäftigt, muss mit Neuerkrankungsraten und Vorkommen der häufigsten Erkrankungen sowie dem Einzugsgebiet des eigenen Krankenhauses vertraut sein (◘ Tabelle 2.3). Inzidenz und Prävalenz von Erkrankungen sind keine statischen Größen; sie sind demographischen und epidemiologischen Einflüssen unterworfen. Die hier vorgestellten Daten zur Inzidenz und Prävalenz von Erkrankungen lassen sehr gute und ausreichend genaue Rückschlüsse auf die Marktdurchdrin-

▼

gung und Marktausschöpfung des eigenen Krankenhauses zu. Die Einzugsgebiete deutscher Krankenhäuser variieren je nach Größe zwischen 30.000 und 150.000 Einwohnern. Einzugsgebiete von über 200.000 Einwohnern sind seltene Ausnahmen.

Literatur zu Kap. 2

Andersen HR, Nielsen TT, Vesterlund T et al (2003) Danish multicenter randomized study on fibrinolytic therapy versus acute coronary angioplasty in acute myocardial infarction: rationale and design of the danish trial in acute myocardial infarction-2 (DANAMI-2). Am Heart Journal146: 234–241

Becker C, Gebhard F, Fleischer S, Hack A, Kinzl L, Nikolaus T, Muche R (2003) Prädiktion von Mortalität und soziofunktionellen Einschränkungen nach proximalen Femurfrakturen bei nicht institutionalisierten Senioren. Der Unfallchirurg 106: 32–38

Bruckenberger E (2000) Herzbericht 2000. 13. Bericht des Krankenhausausschusses der Arbeitsgemeinschaft der obersten Landesgesundheitsbehörden der Länder(AOLG)

Cooper R, Cutler J, Desvigne-Nickens P et al (2000) Trends and disparities in coronary heart disease, stroke and other cardiovascular diseases in the United States. Circulation 19: 3137–3147

Elfenbein GJ (2003) Stem-cell transplantation for high-risk breast cancer. NEJM 349: 80–81

Keeley EC, Boura JA, Grines CL (2003) Primary angioplasty vs. intravenous thrombolytic therapy for acute myocardial infarction: a quantitative review of 23 randomised trials. Lancet 361: 13–20

Kenchaiah S, Evans J, Levy D, Wilson P, Benjamin E, Larson M, Kannel W, Vasan R (2002) Obesity and the risk of heart failure. NEJM 347: 305–313

Kolominsky-Rabas PL, Heuschmann PU (2002) Inzidenz, Ätiologie und Langzeitprognose des Schlaganfalls. Fortschr Neurol Psychiat 70: 657–662

Levy D, Kenchaiah S, Larson M, Benjamin E, Kupka M, Ho KKL, Murabito J, Vasan R (2002) Long-term trends in the incidence of and survival with heart failure. NEJM 347: 1397–1402

Neubrand M, Sackmann N, Caspary W et al (2003) Leitlinien der Deutschen Gesellschaft für Verdauungs- und Stoffwechselkrankheiten zur Behandlung von Gallensteinleiden

Perry NM (2001) Quality assurance in the diagnosis of breast disease. Eur J Cancer 37: 159–172

Rothwell PM, Eliasziw M, Gutnikov SA, Fox AJ, Taylor DW, Mayberg MR, Warlow CP, Barnett HJ (2003) Analysis of pooled data from randomised controlled trials of endaterectomy for symptomatic carotid stenosis. Lancet 361 (9352): 107–116

Vernesi U, Cascinelli N, Mariani L, Greco M, Saccozzi R, Lenini A, Aguilar M, Marubini E (2002) Twenty year follow up of a randomized study comparing breast-conserving surgery with radical mastectomy for early breast cancer. NEJM 347: 1227–1232

Gesellschaftliche und demographische Einflüsse auf die Leistungsplanung im Krankenhaus

Ulrich Vetter

Literatur zu Kap. 3   —26

3

Die Krankenhausmedizin ist in ihrer Leistungsplanung und Leistungsgestaltung nicht unabhängig von gesellschaftlichen Einflüssen. Die Absicherung medizinischen Handelns vor dem Hintergrund möglicher Vorwürfe von fehlerhaftem Handeln durch einen erhöhten Aufwand an Diagnostik und Therapie ist hierfür ein Beispiel.

Teilweise aus diesen Überlegungen heraus ist die *Kaiserschnittrate* in vielen deutschen Kliniken in den letzten zwei Jahrzehnten kontinuierlich angestiegen und liegt heute zwischen 20 und 25%. Auch die freie und bewusste Entscheidung von Frauen für eine Kaiserschnittentbindung hat diese Entwicklung gefördert. Diese Entwicklung wird nicht mehr umkehrbar sein. Daran werden auch Studienergebnisse nichts ändern, die zeigen, dass eine erhöhte Rate von Kaiserschnittentbindungen weder für die Mütter z. B. durch eine Senkung der Inkontinenzrate noch für die Kinder durch eine Senkung der Rate von Zerebralparesen einen Vorteil bringt. Nachteile einer erhöhten Kaiserschnittrate für Mutter und Kind konnten ausgeschlossen werden. **Allein der Wille der Frau,** der durch andere Faktoren als durch medizinische Überlegungen bestimmt ist, ist mit zur **entscheidenden Determinante der Leistungsplanung und -gestaltung** in der operativen Geburtshilfe geworden (Minkoff H. et al.).

Wenig beachtet wird heute, dass Krankenhäuser je nach gesellschaftlichem und demographischem Umfeld und ihren medizinischen Schwerpunkten unterschiedlich stark mit der Aufgabe »*Sterben im Krankenhaus*« belastet sein können. Die Mortalitätsraten von Patienten mit onkologischen Erkrankungen oder bestimmten Herzerkrankungen sind in Krankenhäusern von Metropolregionen teilweise doppelt so hoch wie dies im Bundesvergleich zu erwarten wäre. Die Unterschiede sind nur teilweise durch den höheren Spezialisierungsgrad dieser Krankenhäuser zu erklären. Einen wichtigen Einfluss haben die hohe Zahl von Einzelhaushalten und die ungünstige Altersstruktur in den Metropolregionen.

In den letzten 20 Jahren hat die mittlere *Lebenserwartung* in Deutschland um gut 5 Jahre zugenommen. So haben Männer heute eine Lebenserwartung von über 75 Jahren und Frauen eine Lebenserwartung von über 80 Jahren. Die Zunahme der Lebenserwartung wird sich in den nächsten Jahren noch fortsetzen. Schätzungen gehen heute bis in das Jahr 2050 von einer Zunahme der Lebenserwartung um 0,5 bis 1 Jahr pro Jahrzehnt aus. Mit der Zunahme der Lebenserwartung im letzten Jahrzehnt ist gleichzeitig die Geburtenrate in diesem Zeitraum auf heute 1,21 Kinder pro Frau zurückgegangen (Statistisches Taschenbuch Gesundheit 2002). Diesen Vorgang, d. h. das Älterwerden der Bevölkerung bei gleichzeitigem Verlust an Kindern, Jugendlichen und jungen Erwachsenen, nennt man auch »**double aging**«.

Diese Entwicklung bildet sich schon heute in der sich ändernden Altersstruktur der Patienten eines Krankenhauses bzw. einer Krankenhausgruppe wie dem Landesbetrieb Krankenhäuser Hamburg (LBK Hamburg) ab Für jedes Krankenhaus bedeutet dies, dass es nicht nur jeden Tag mehr ältere Patienten mit einer höheren Komorbidität und schlechten Risiken zu versorgen hat, sondern dass es gleichzeitig auch täglich junge Patienten mit einer guten Risikostruktur verliert (◻ s. Abb. 3.1).

In den nächsten 10 Jahren wird besonders die Zahl der über 65-jährigen Männer zunehmen, da diese nicht mehr wie in der vorangehenden

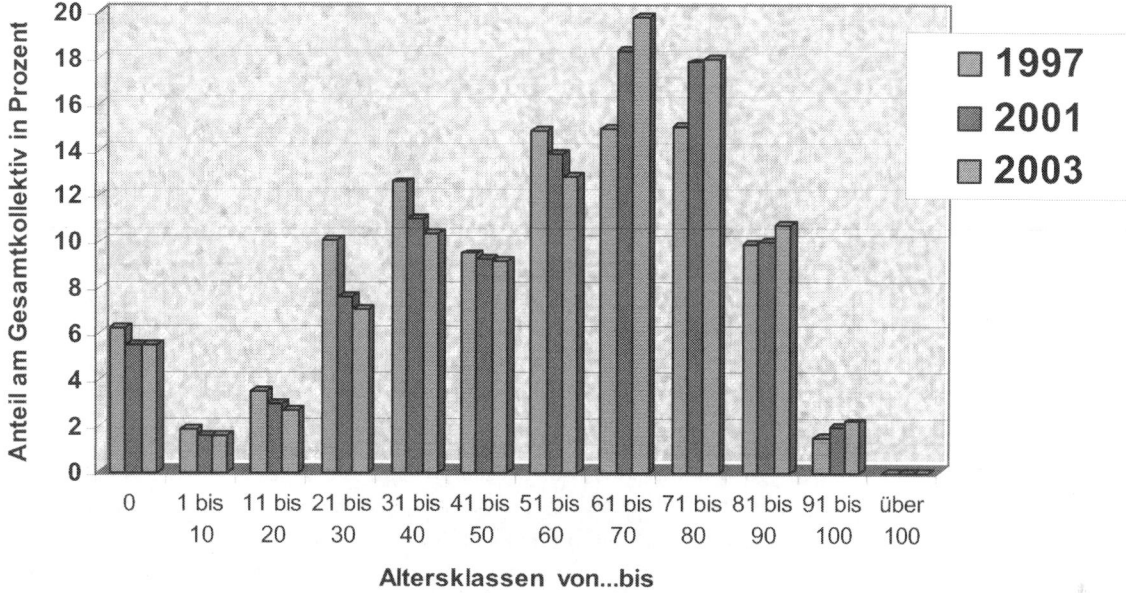

■ **Abb. 3.1.** Altersstruktur der Patienten des LBK Hamburg in 1997, 2001 und 2003; Relativer und absoluter Verlust junger Patienten wird durch relativen und absoluten Zuwachs von älteren Patienten ausgeglichen

Generation durch Tod in einem Weltkrieg an Zahl dezimiert sind. Durch die Reduktion der Zahl junger Erwachsener werden einzelne Fachgebiete, die hohe Versorgungsanteile bei jüngeren Patienten haben, erheblich betroffen sein, dazu gehören die Geburtshilfe, die Allgemeinpsychiatrie und Suchtpsychiatrie, die Hals-Nasen-Ohren-Heilkunde, die Mund-Kiefer-Gesichtschirurgie und die Unfallchirurgie, deren Patientengut deutlich jünger ist als z. B. in der Inneren Medizin oder Neurologie.

In Verbindung mit dem medizinischen Fortschritt, der immer aggressivere Behandlungen älterer multimorbider Patienten zulässt, wird sich der Anteil operativer Patienten in den Kliniken erhöhen. Diese Patienten sind zu einem Großteil onkologische Patienten, da 50% der Tumorerkrankungen bei Patienten ab dem 75. Lebensjahr auftreten. So beobachten viele Kliniken schon seit Jahren eine relative und absolute Zunahme operativer Patienten um bis zu 1% pro Jahr. Operative Patienten bedeuten aber einen deutlich höheren Ressourcenaufwand als konservativ zu behandelnde Patienten.

Nach Untersuchungen aus den USA kann man davon ausgehen, dass der Aufwand für die Krankenhausbehandlung der immer älter werdenden Patienten nicht proportional oder überproportional zum Älterwerden der Bevölkerung ansteigt, da die »oldest old« (Patienten über 85 Jahre) weniger Ressourcen für die Krankenhausbehandlung verbrauchen als jüngere »ältere« Patienten (Spillmann B. et al.). Dies ist auch aus den Kostendaten deutscher Privatversicherer und gesetzlicher Krankenkassen abzulesen, da die »oldest old« deutlich seltener ins Krankenhaus eingewiesen werden, da sie bei akuten Erkrankungen entweder im Kreis der Familie oder in Pflegeheimen behandelt werden. Die »oldest old« stellen heute 7% der Fälle unseres virtuellen Krankenhauses.

Wer gehofft hätte, Vitalität und Gesundheit im Alter senke die Kranken-
hauskosten, wird enttäuscht. Langlebende relativ gesunde ältere Patienten
verbrauchen genau so viele Ressourcen wie ältere Patienten mit denselben
Erkrankungen, die aber früher verstarben (Lubitz J. et al.), da sie während
ihres längeren Lebens in Summe genau so viele Leistungen in Anspruch nehmen wie früher verstorbene Schwerkranke mit derselben Erkrankung.

 Fazit

Eine Veränderung in der Zusammensetzung des Patientenklientels eines
Krankenhauses kann auf ein geändertes Nachfrageverhalten von Patienten, den einweisenden Ärzten, Eintreten von neuen Mitbewerbern, aber
auch auf veränderte medizinische Behandlungsstrategien und , demographische und gesellschaftliche Verränderungen im Umfeld eines Krankenhauses zurückgehen. Ein Trend für die nächsten Jahre lässt sich bereits
heute erkennen: Heute dominieren Herz-Kreislauf- und Gefäßerkrankungen sowie Krebserkrankungen die Krankenhausmedizin. Im nächsten
Jahrzehnt werden wir eine Verschiebung hin zu Demenzerkrankungen
und anderen neurodegenerativen Erkrankungen, Altersdepressionen,
Altersdiabetes und Osteoporose und ihren jeweiligen Komplikationen
beobachten. Die Nachfrage nach akutmedizinischen Leistungen wie der
Versorgung von Verletzungen, nach Leistungen der Geburtshilfe, der Pädiatrie, der Allgemein- und Suchtpsychiatrie, der HNO und MKG wird weiter zurückgehen. Wenn sich das Spektrum der Erkrankungen aufgrund
der zunehmenden Alterung der Patienten ändert, wird sich auch die
Krankenhausmedizin verändern. Die organzentrierte Akutmedizin wird
gegenüber einer mehr auf Dauerbehandlung, Wiedergewinnung und Er-
haltung von Alltagsfunktionen ausgerichteten Medizin und Pflege etwas
zurücktreten.

Literatur zu Kap. 3

Lubitz J, Liming C, Kramarow E, Lentzner H (2003) Health, life expectancy, and health care
    spending among the elderly. NEJM 349: 1048–1055
Minkoff H, Chervenak FA (2003) Elective primary cesarean delivery. NEJM 348: 946–950
Spillmann B, Lubitz J (2000) The effect of spending for acute and long-term care. NEJM
    342: 1409–1415
Statistisches Taschenbuch Gesundheit (2002) Bundesministerium für Gesundheit (Hrsg)

Fortschritte der Medizin und Medizintechnik und ihre Einflüsse auf die Leistungsplanung im Krankenhaus

Lutz Hoffmann

Literatur zu Kap. 4 —30

In der jüngsten Vergangenheit gibt es eine Reihe von hervorragenden Beispielen, die jedes für sich zeigen, wie grundlegend Fortschritte in der Medizin und der Medizintechnik die Leistungsgestaltung und damit die Patientenbehandlung im Krankenhaus innerhalb von nur wenigen Jahren tief greifend verändert haben.

- Ohne die Einführung der Schnittbildverfahren wie der Computertomographie und der Magnetresonanztomographie vor 30 Jahren und daraus abgeleiteter Verfahren wie der Neuronavigation hätten Neurologie und Neurochirurgie nicht den Quantensprung in diagnostischen und therapeutischen Standards erreichen können, der für die Patienten den großen Vorteil der deutlich reduzierten Belastung und höheren Sicherheit gebracht hat.

- Die Erkenntnis, dass das Bakterium Helicobacter pylori Auslöser der Ulkuserkrankung ist, hat innerhalb von nur wenigen Jahren dazu geführt, dass die »Ulkuschirurgie« des Magens verschwand und durch eine ambulante Antibiotikatherapie ersetzt wurde. Damit entfielen mehrere zehntausend operative Eingriffe in den chirurgischen Abteilungen deutscher Krankenhäuser und lange stationäre Krankenhausaufenthalte.

- Die Einführung minimal invasiver Operationstechniken in nahezu allen operativen Disziplinen in den letzten zehn Jahren hat zu einer signifikanten Reduktion der Verweildauer in diesen Fachabteilungen und auch zur Verlagerung von operativen Leistungen aus dem vollstationären Bereich in den Bereich des ambulanten Operierens geführt.

- Eine neue Diagnostikmethode, die Einführung des PSA (Prostata spezifisches Antigen)-Testes zur Früherkennung des Prostatakarzinoms Anfang/Mitte der 90er Jahre, führte zu einer signifikanten Zunahme von radikalen Prostatektomien bei Patienten mit positivem Testergebnis. Dass unter den operierten Patienten auch solche waren, die an »irrelevanten« Prostatakarzinomen litten, ist bekannt. Inzwischen ist die Zahl der radikalen Prostatektomien wieder rückläufig. Inkontinenz und Impotenz können Folgen einer radikalen Prostatektomie und damit für die betroffenen Männer sehr belastend sein. Deshalb geht ein starker Druck von den Patienten aus, weniger invasive Methoden in der Therapie des Prostatakarzinoms wie die Brachytherapie oder die HEIFU anzuwenden. Ihre Wertigkeit für die Behandlung de Prostatakarzinoms ist derzeit noch nicht zu beurteilen. Ob durch den PSA-Test und die mögliche Übertherapie von Patienten mit Prostatakarzinom die Zahl der Todesfälle an Prostatakarzinom verringert wird, kann erst die »European Randomized Screening for Prostate Cancer«-Studie zeigen, deren Ergebnisse für 2007/2008 erwartet werden.

Sind in den nächsten Jahren ähnliche Entwicklungen, die ebenso stark in die Leistungserbringung von Krankenhäusern eingreifen werden, in anderen Gebieten der Medizin zu erwarten? Die Therapie der Verengungen und Verschlüsse der extrakraniellen Gefäße, die auf eine Vermeidung von Schlaganfällen zielt, mag vor einer grundlegenden Änderung stehen. War bisher die Karotis-Chirurgie der Goldstandard, zeigen erste Ergebnisse aus laufenden Studien (CREST-, SAPPHIRE- und SPACE-Studie), dass perkutan-transluminale Methoden wie die Stent-gestützte Angioplastie gleichwertige oder bessere Ergebnisse bringen als die operative Thrombarteriektomie. Bestätigen sich diese Ergebnisse, würde in vielen gefäßchirurgischen Abteilungen ein nicht geringer Anteil von operativen Eingriffen in Zukunft entfallen (etwa 20% der Fälle).

Die Behandlung von Patienten mit akutem Herzinfarkt wird in den nächsten Jahren eine Wendung weg von der medikamentösen Lysetherapie und hin zur Stent-gestützten Angioplastie nehmen. Werden heute noch schätzungsweise 70% aller Patienten mittels medikamentöser Lyse behandelt, dürften in Kürze 70% der Patienten und Patientinnen mit akutem Herzinfarkt mit einer Stent-gestützten Angioplastie versorgt werden. (Andersen H.R. et al.). Bei der Stent-gestützten Angioplastie wird der Einsatz der beschichteten Stents rasch zunehmen, da alle heute veröffentlichten Studien zeigen, dass Patienten mit diesen Stents eine minimale Restenoserate der Koronargefäße aufweisen (Park S.-J. et al.). In Konsequenz könnte sich dadurch die Zahl der Bypass-Operationen um bis zu 50% verringern.

Bei der *Arteriosklerose* wird seit Jahren vermutet, sie ginge auf eine Entzündung oder entzündlichen Prozess zurück. Jetzt zeigen Befunde, dass bei einer kleinen Gruppe von Patienten mit Arteriosklerose die Veränderung ihres 5-Lipoxygenase-Gens mit dem Auftreten ihrer Arteriosklerose zusammenhängt (Dwyer et al.). Das veränderte 5-Lipogenase-Gen führt bei den betroffenen Patienten zu einer verstärkten Leukotrien-mediierten Entzündungsrektion in der Arterienwand. Diese Leukotrien vermittelte Entzündung der Gefäßwand kann durch aus der Nahrung aufgenommene mehrfach ungesättigte n-6-Fettsäuren verstärkt und durch n-3-Fettsäuren aus Fischen (Fischöl) gehemmt werden.

Wenn sich diese Befunde bestätigen, wäre eine relativ einfache diätetische Beeinflussung der Arteriosklerose dieser Patienten möglich und der Weg geöffnet auch bei anderen Patientengruppen die Mechanismen der entzündlichen Basis ihrer Arteriosklerose zu entschlüsseln. **Eine gezielte prophylaktische antientzündliche Therapie könnte für künftige Patientengenerationen die heutige symptomatische Therapie mit Stent-gestützter Angioplastie und/oder Bypass-Operation ersetzen.**

Heute ist schon erkennbar, dass die weitere Entwicklung der modernen Schnittbildverfahren wie der Computertomographie und der Magnetresonanztomographie innerhalb der nächsten 2 bis 3 Jahre invasivere Untersuchungsmethoden wie die Angiographie in der Angiologie und Kardiologie und die Endoskopie und herkömmliche Kontrastmitteluntersuchungen bei der Dickdarmdiagnostik komplett ersetzen werden. Damit wird u. a. die Screening-Untersuchung zur Früherkennung des Dickdarmkarzinoms erheblich vereinfacht werden.

Haben Patienten in den letzten 50 Jahren vom medizinischen Fortschritt profitiert? Die Lebenserwartung hat in dieser Zeit, also in den Jahren, die durch technische Fortschritte in der Medizin geprägt waren, in allen westlichen Ländern um mehrere Jahre zugenommen. Allein zwischen 1990 und 2000 kam es in den meisten Ländern zu einer weiteren Zunahme der Lebenserwartung um 1 bis 1,5 Jahre.

Analysen zeigen, dass die gestiegene Lebenserwartung zu mehr als 50% auf eine reduzierte Sterblichkeit bei den kardiovaskulären Erkrankungen zurückzuführen ist. Verbesserte Behandlungsstrategien und eine konsequente Sekundärprävention bei Herz-Kreislauf- und zerebrovaskulären Erkrankungen sind überwiegend für den Zugewinn an Lebenserwartung verantwortlich.

Fortschritte in der Therapie der Krebserkrankungen trugen weniger als 10% zur Verbesserung der Lebenserwartung bei (Lenfant C.). Vermutlich wird die Krebsmedizin in den nächsten Jahren an der weiteren Zunahme der Lebenserwartung einen steigenden Anteil haben. Voraussetzung hierfür ist allerdings neue Wege zur Behandlung von Metastasen (Tochtergeschwüren) bei Diagnosestellung zu entwickeln.

  Fazit

> Fortschritte in der Medizin und Medizintechnik waren in den letzten 50 Jahren mit verantwortlich für die gestiegene Lebenserwartung in den westlichen Ländern. Sie haben es ermöglicht, dass besonders akut verlaufende Erkrankungen diagnostizierbar und in Folge behandelbar wurden. Es wundert nicht, dass die beobachtete Verlängerung der Lebenserwartung großenteils auf eine reduzierte Sterblichkeit bei den kardiovaskulären Erkrankungen zurückgeht. Für die nächsten Jahre wird mit einem weiteren Ansteigen der Lebenserwartung in den industrialisierten Ländern gerechnet. Andererseits mehren sich die Stimmen, dass sich aufgrund der in allen industrialisierten Ländern beobachteten Zunahme der Fettleibigkeit und Bewegungsarmut der Gesundheitszustand der nächsten Generationen verschlechtern werde und daher die Lebenserwartung dieser Generationen zumindest nicht weiter steige.

Literatur zu Kap. 4

Andersen HR, Nielsen TT, Vesterlund T et al (2003) Danish multicenter randomized study on fibrinolytic therapy versus acute coronary angioplasty in acute myocardial infarction: rationale and design of the danish trial in acute myocardial infarction-2 (DANAMI-2). Am Heart Journal 146: 234–241

Dwyer JH, Allayee H, Dwyer KM, Fan J, Wu H, Mar R, Lusis AJ., Mehrabian M (2004) Arachidonate 5-Lipoxygenase promoter genotype, dietary arachidonic acid, and atherosclerosis. NEJM 350: 29–37

Lenfant C (2003) Clinical research to clinical practice – lost in translation? NEJM 349: 868–874

Park SJ, Shim WH, Ho D, Raizner AE, Park SW, Hong MK, Lee CW, Choi W, Jang Y, Lam R, Weissman NJ, Mintz GS (2003) A Paclitaxel-eluting stent for the prevention of coronary restenosis. NEJM 348: 1537–1545

Krankenhausfallzahlen, Verweildauer und Krankenhaushäufigkeit in Deutschland

Ulrich Vetter

Literatur zu Kap. 5   —35

Bevor in den nächsten Kapiteln auf verschiedene Aspekte der Leistungsplanung im Krankenhaus unter den neuen Bedingungen der DRG basierten Vergütung und dem sich abzeichnenden Aufbau integrierter Versorgungsformen wie Disease Management Programmen zuwenden, sei ein kurzer Rückblick auf die Entwicklung der Zahl von Krankenhausbehandlungen in Deutschland im letzten Jahrzehnt erlaubt: **Die Gesamtzahl der Krankenhausbehandlungen in Deutschland hat von 1994 bis 1999 von 14,5 Mio. auf 16,2 Mio. Behandlungen oder um +12,06% zugenommen** (Statistisches Bundesamt).

Im Zeitalter der DRG-basierten Krankenhausfinanzierung wird sich die Darstellung der Krankenhausfallzahlen in den nächsten Jahren an der DRG-Systematik orientieren. In ◙ Abb. 5.1 ist dargestellt, dass wie erwartet Patienten mit Herz-Kreislauf-Erkrankungen (MDC 05) die größte Patientengruppe darstellen; gefolgt werden sie von Patienten mit Muskel- und Skeletterkrankungen (MDC 08), Erkrankungen des Verdauungssystems (MDC 06), Erkrankungen des Nervensystems (MDC 01), von Patientinnen, die wegen Schwangerschaftsproblemen oder zur Geburt im Krankenhaus sind (MDC 14), sowie von Patienten mit Erkrankungen im HNO-Bereich (MDC 03) und Patienten mit Erkrankungen der Atemwege (MDC 04).

Die Darstellung von Krankenhausfallzahlen auf DRG-Basis weist den Nachteil auf, dass Patienten mit onkologischen Erkrankungen und pädiatri-

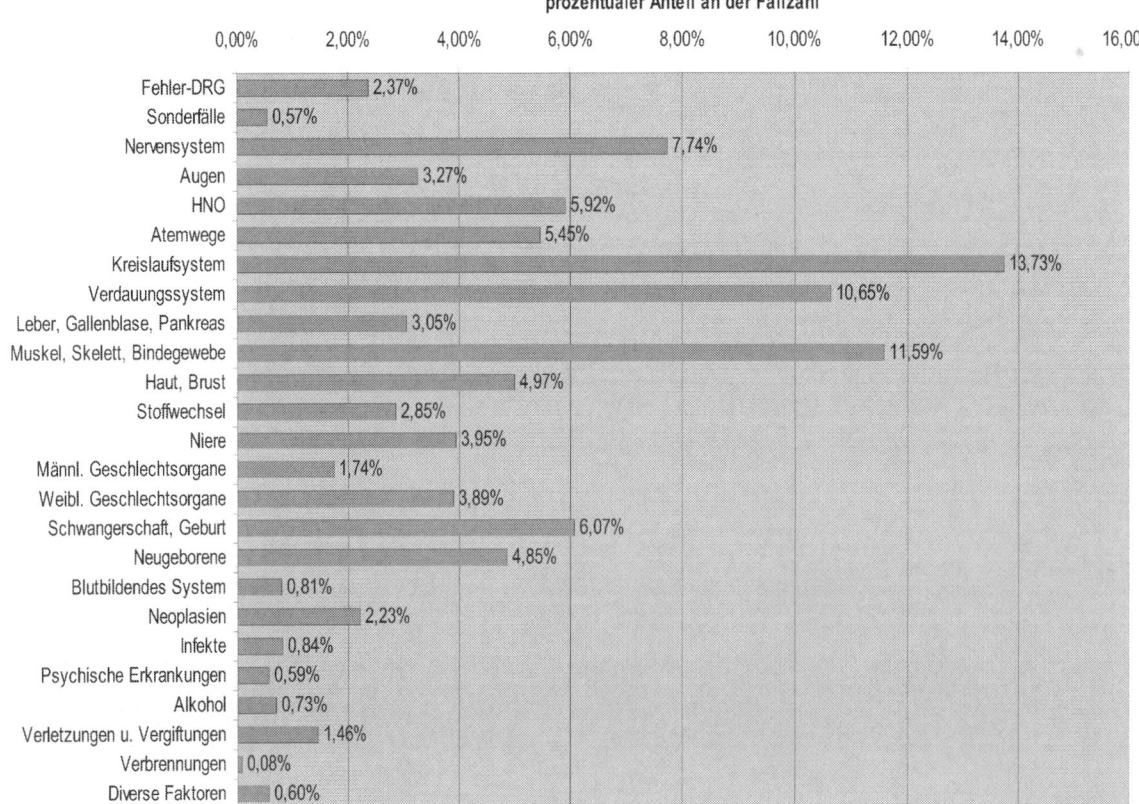

◙ **Abb. 5.1.** Relative Verteilung der Krankenhausfälle Deutschlands geordnet nach Organ bezogenen Hauptkategorien (MDC). (Bundesdaten 3M HIS, 2001)

sche Patienten nicht erkennbar dargestellt sind. Da psychiatrische Patienten nicht über das DRG-System abgerechnet werden, werden sie in einer DRG-basierten Darstellung ebenfalls nicht abgebildet.

Die Nachfrage nach Krankenhausleistungen lässt sich wie in den vorangegangenen Ausführungen in Absolutzahlen oder als Anzahl von Krankenhausaufenthalten bezogen z. B. auf 1000 Einwohner als Krankenhaushäufigkeit darstellen. In ◘ Tabelle 5.1 sind vergleichend die Bevölkerungsstrukturen, die Geburtenzahl, die Krankenhaushäufigkeit und die Verweildauern in Deutschland, den USA und Australien in diesen Ländern dargestellt (OECD).

Auch wenn diese Länder wegen ihrer unterschiedlichen Gesundheitssysteme und der differenten demografischen Struktur nur bedingt vergleichbar sind, liegt Deutschland mit seiner Krankenhausbettendichte und seiner Krankenhaushäufigkeit weit an der Spitze. Die Verweildauer der Patienten in deutschen Krankenhäusern ist ebenfalls vergleichsweise lang, obwohl hier seit 2001 also noch vor der Einführung des DRG-Systems ein deutlicher Rückgang zu verzeichnen ist. Gleichwohl sind die meisten Krankenhäuser in Deutschland noch deutlich von international üblichen Verweildauern um die 5 oder 6 Tage Verweildauer pro Krankenhausaufenthalt entfernt. Im Jahr 2004 erreichen aber schon einige sehr gut in ihren Prozessabläufen organisierte Krankenhäuser in Deutschland Verweildauern zwischen 5,5 und 6,5 Tagen.

Kritiker sehen im sich abzeichnenden Rückgang der Krankenhausverweildauer und der Verlagerung von Patienten in ambulante Behandlungsangebote und den damit verbundenen Kapazitätsabbau vollstationärer Betten eine Gefährdung der medizinischen Versorgungsqualität. Doch nicht nur in Deutschland werden Anpassungen der Bettenkapazität in Krankenhäusern vorgenommen. Die amerikanische Veterans Administration (VA) zuständig für die Gesundheitsversorgung ehemaliger amerikanischer Soldaten hat 1995 begonnen, innerhalb von 4 Jahren die Zahl der von ihr betriebenen

◘ **Tabelle 5.1.** Übersicht über Verweildauer, Krankenhausbettendichte und Bevölkerungsstruktur von drei Industrienationen. (OECD)

	Deutschland	Australien	USA
Einwohner	83 Mio.	19,3 Mio.	278 Mio.
Einwohner 0–14 Jahre	15,6%	20,0%	21,1%
Einwohner >65 Jahre	16,6%	12.5%	12.6%
Geburten pro 1000 Einwohner	9,16	12,86	14,2
Statistik Krankenhausfälle aus dem Jahre	2001	2000	2001
Krankenhausbetten pro 1000 Einwohner	6,3	3,8	2,9
Krankenhausfälle ohne Stundenfälle pro 1000 Einwohner	198,6	153,9	114,0
Krankenhausverweildauer (Tage)	9,3	6,1	5,8

5

Krankenhausbetten von 52.315 um 55% auf 23.612 Betten zu reduzieren und ein komplementäres ambulantes Angebot aufzubauen. In diesem Zeitraum stieg gleichzeitig die Zahl der zu versorgenden Veteranen von 2,6 Mio. auf 3,1 Mio. In einer begleitenden Untersuchung konnte gezeigt werden, dass die Nachfrage nach Krankenhausleistungen sich um 50% reduzierte, ohne dass sich die Ergebnisse in der Versorgung der über 65-jährigen Versicherten mit chronischen Erkrankungen verschlechterten. Im Gegenteil, bei fünf Krankheitsgruppen verbesserten sich die Überlebensraten der Patienten und blieben bei den übrigen vier untersuchten Krankheitsgruppen unverändert (Ashton C.M. et al.).

Auch wenn es nicht direkt auf Deutschland und den derzeit stattfindenden Veränderungsprozess übertragbar ist zeigt das Beispiel, dass eine auch relativ schnell umgesetzte Reduktion des Angebotes stationärer Bettenkapazität die Qualität der Versorgung von älteren chronisch kranken Patienten nicht negativ beeinträchtigen muss.

Eine ähnliche Beobachtung war in den letzten Jahren auch in der Psychiatrie zu machen. Noch Anfang der 90er Jahre lagen die Verweildauern in vielen psychiatrischen Abteilungen und Kliniken bei 40 bis 50 Tagen, um dann kontinuierlich auf derzeit 18 bis 25 Tage zurückzugehen. Kritiker sahen in diesem Verweildauerrückgang eine Verschlechterung der Versorgung der Patienten und gingen davon aus, dass die Patienten in einem sich immer schneller drehenden Kreislauf entlassen und wieder aufgenommen würden. Dafür wurde der Begriff »Drehtürpsychiatrie« geprägt. Eigene Untersuchungen und die Beobachtungen anderer zeigten jedoch, dass sich die Wiederaufnahmerate bei den Patienten nicht erhöhte (Hill J. et al.).

Verschiedene Untersuchungen geben weitere Hinweise, dass ein höherer Ressourceneinsatz in und für die Krankenhausmedizin in erster Linie zur erhöhten Nutzung der bereitgestellten Krankenhauskapazitäten führt. In der Konsequenz wird vor allem die ungezielte Diagnostik ausgeweitet, die auch zu falsch positiven Testresultaten und zur Diagnose von Pseudoerkrankungen führen kann, was dann zur weiteren Steigerung der Nachfrage von Krankenhausleistungen führt (Fisher E.S.).

Mit Einführung des G-DRG-Systems sowie flankierender Maßnahmen wie des Kataloges der ambulanten Operationen und stationsersetzenden Maßnahmen und des zunehmenden Kostendrucks auf die Krankenhäuser ist es fraglich, ob sich die Zunahme der Zahl der Krankenhausbehandlungen im vollstationären Bereich in Deutschland so weiterentwickeln wird wie im letzten Jahrzehnt (Müller U. et al.). **Ein Rückgang der Krankenhaushäufigkeit um bis zu 30% wurde in anderen Ländern bei der Einführung von DRG Systemen beobachtet und ging dort auf geänderte Abrechnungsregeln bei Wiederaufnahmen und Verlegungen sowie die Verlagerung von ehemals stationären Leistungen in den ambulanten Bereich zurück.**

  Fazit

Krankenhaushäufigkeit und Verweildauer im Krankenhaus werden in Deutschland im Laufe der Einführung des G-DRG-Systems zurückgehen, vergleichbar zu anderen Ländern, die in den letzten Jahrzehnten DRG-Systeme eingeführt haben. Ob allein die Einführung des G-DRG-Systems

▼

und die knappen Finanzmittel die Treiber der Entwicklung sind oder ob nicht auch sich ändernde Ansprüche der Patienten vergleichbare Entwicklungen angestoßen hätten, darf diskutiert werden.

Literatur zu Kap. 5

Ashton CM, Souchek J, Petersen NJ, Menke T, Collins T, Kizer K, Wright S, Wray N (2003) Hospital use and survival among veterans affairs beneficiaries. NEJM 349: 1637–1646

Fisher ES (2003) Medical Care – is more always better? NEJM 349: 1665–1666

Hill J, Vetter U (2002) Fallzahl, Diagnosen, Verweildauer und Wiederaufnahmerate allgemeinpsychiatrischer Patienten im Klinikum Nord-Ochsenzoll von 1988–2001, Jahresbericht des Klinikum Nord, Hamburg

Müller U, Offermann M (2001) Entwicklung der Krankenhausfallzahlen. Das Krankenhaus 9: 766–771

OECD health data (2002) Comparative data of 30 countries, Organisation of Economic Co-operation and Development

Statistisches Bundesamt (2000) Fachserie 12, Reihe 6.1

Krankenhausplanung – weiterhin Grundlage für die Leistungsplanung im Krankenhaus oder bald Geschichte im Zeitalter der DRGs?

Ulrich Vetter

6

Die Krankenhausplanung wird von den Bundesländern verantwortet. Sie hat in vielen Bundesländern besonders in den 80er Jahren und bis zur Mitte der 90er Jahre das Leistungsgeschehen eines Krankenhauses durch eine enge Festlegung von Fachgebieten und ihren Subspezialitäten sowie die jeweilige Zuordnung von Bettenzahlen im Versorgungsauftrag stark beeinflusst. Erst in den letzten Jahren war zu beobachten, dass sich der von der staatlichen Krankenhausplanung ausgesprochene Versorgungsauftrag allein auf das gesamte Fachgebiet Chirurgie oder Innere Medizin bezieht und so dem Krankenhaus die Möglichkeit eröffnete, im Rahmen dieser übergeordneten Fachgebiete Spezialangebote zu entwickeln und diese in Budgetverhandlungen mit den Kostenträgern einzubringen.

Mit Einführung des G-DRG-Systems hat in Deutschland eine Diskussion um die weitere Funktion der staatlichen Krankenhausplanung begonnen (Clade H.). Erwartungsgemäß sind die Positionen kontrovers. Kritiker der staatlichen Krankenhausplanung fordern ihre ersatzlose Streichung, da die bisherige *Planungsgrundlage »Krankenhausbett«* mit Einführung eines leistungsorientierten Vergütungssystems entfallen ist. Ihrer Meinung nach wird der Markt über Angebot und Nachfrage z. B. mittels direkter Verträge zwischen Leistungsanbietern und Kostenträgern die notwendigen Versorgungsleistungen für die Patienten sicherstellen. Entsteht durch Patienten und/oder Krankenversicherungen eine Nachfrage nach neuen und innovativen Leistungen, wird ein Leistungsanbieter diese Leistung vor dem Hintergrund möglicher Gewinnerwartung auch anbieten. Dabei übersehen die Kritiker allerdings, dass ein Krankenhaus noch nicht Teilnehmer an einem »normalen« Markt ist, sondern von vielfältigen sich dynamisch ändernden sozialrechtlichen Rahmenbedingungen abhängig ist.

Inzwischen hat in vielen Bundesländern eine sachliche Diskussion zur zukünftigen Entwicklung staatlicher Krankenhausplanung begonnen (Baumgart-Elms C.) und findet ihren Niederschlag in Entwürfen zu Krankenhausplänen und in aktuellen Krankenhausplänen einiger Bundesländer. Jedoch ist absehbar, dass die bisherige Rolle der staatlichen Krankenhausplanung aus ganz unterschiedlichen Gründen sich in den nächsten Jahren ändern wird.

6.1   Gesetzliche Grundlagen und Auftrag der Krankenhausplanung

Noch ist das **deutsche Krankenhauswesen ein höchst regulierter Sektor**, in dem die Mengen- und Erlöskomponenten fast unverrückbar festgelegt sind. Dies gilt auch für Inhalte der Behandlungsleistungen eines Krankenhauses, da in der Krankenhausplanung die Planungsgrundlage »Krankenhausbett« an eine Fachabteilung gebunden war. Erst in den letzten Jahren sind die engen Grenzen der Fachabteilungen aufgehoben worden.

- Im Krankenhausgesetz (KHG) werden *Ziele der staatlichen Krankenhausplanung* in § 1 Abs. 1 beschrieben:
  - wirtschaftliche Sicherung der Krankenhäuser.
  - Gewährleistung einer bedarfsgerechten Versorgung der Bevölkerung (mit leistungsfähigen, eigenverantwortlich wirtschaftenden Krankenhäusern).
  - Beitrag zu sozial tragbaren Pflegesätzen.

- § 1 Abs. 2 KHG enthält Auflagen für die staatliche Krankenhausplanung und deren Zielsetzung:
  - Die zuständigen Behörden haben die Vielfalt der Krankenhausträger zu beachten, die wirtschaftliche Sicherung freigemeinnütziger und privater Krankenhäuser hat Vorrang.
- In der wirtschaftlichen Sicherung der Krankenhäuser dürfen Auflagen nur gemacht werden, wenn die Planung dies erfordert. Die Selbständigkeit und Unabhängigkeit von Krankenhäusern und deren wirtschaftliche Betriebsführung darf ansonsten nicht beeinträchtigt werden. Das Hauptziel wirtschaftliche Sicherung wird durch § 4 KHG präzisiert und soll durch folgende Maßnahmen erreicht werden:
  - durch öffentlich geförderte Investitionen für Krankenhäuser.
  - durch leistungsgerechte Erlöse für Krankenhäuser.
- Im Weiteren wird in den §§ 6 und 7 KHG beschrieben, mit welchen Instrumenten das Ziel der wirtschaftlichen Sicherung der Krankenhäuser erreicht werden soll:
  - Krankenhausplan.
  - Investitionsprogramm.

In der Umsetzung der staatlichen Krankenhausplanung auf Ebene der Bundesländer sind Krankenhäuser und Kostenträger verpflichtet, einvernehmliche Lösungen zu finden. Diese Verpflichtung ist von den meisten Bundesländern durch die Bildung von *Landesplanungsausschüssen* formalisiert worden. Aufgabe dieser Ausschüsse ist es, unter Führung der staatlichen Krankenhausplanung turnusgemäß – in der Regel in Fünfjahresperioden – den Krankenhausplan eines Bundeslandes aufzustellen.

Nach Abschluss dieser Arbeit wird dem *Plankrankenhaus* von der staatlichen Krankhausplanung ein Feststellungsbescheid zugesandt, der einen Versorgungsauftrag für Fachgebiete, die zu betreibende Bettenzahl (das bis heute geltende Maß für Leistungsplanung), die Großgeräteausstattung und den Auftrag zur Teilnahme an der Not- und Unfallversorgung beinhaltet. Neben den Plankrankenhäusern gibt es *Krankenhäuser mit Versorgungsvertrag gemäß § 108 SGB V.* Sie sind nur nachrichtlich im Krankenhausplan ausgewiesen. Ihre Verträge sind direkt mit den Krankenkassen abgeschlossen. Es handelt sich dabei in der Regel um Belegkrankenhäuser oder Spezialkliniken ohne Teilnahme an der Not- und Unfallversorgung.

Der Versorgungsauftrag eines Plankrankenhauses hat oder hatte zwei wichtige inhaltliche Konsequenzen für die Krankenhäuser:

- Zum einen waren die Kostenträger gehalten, entsprechend des Feststellungsbescheides leistungsgerechte Pflegesätze mit dem Krankenhaus in Budgetverhandlungen zu vereinbaren.
- Zum anderen ging die Länderbehörde die Verpflichtung ein, mit entsprechenden Investitionsmitteln einem Krankenhaus eine wirtschaftliche Betriebsführung zu ermöglichen.

Mit Aufhebung des *Kostendeckungsprinzips* im Jahr 1992 und der Finanzierungskrise der Krankenkassen ist die Kongruenz zwischen Planung und Vergütung aufgehoben worden. Die finanzielle Schieflage vieler Länderhaushalte hat auch den zweiten Punkt stark ausgehöhlt. In Konsequenz ist die Eigenfinanzierungsquote im investiven Bereich in den letzten Jahren in manchen Krankenhäusern stark angestiegen, was zu erheblichen Zinsbelastungen geführt hat.

6.2   Vorgehen bei der Erstellung eines Krankenhausplans

Die Aufstellung eines Krankenhausplanes muss in einem Flächen- und einem Stadtstaat unterschiedlich aussehen. So besteht der Planungsprozess in Nordrhein-Westfalen aus drei voneinander abhängigen Teilen:

- *Rahmenvorgaben*: Unter Rahmenvorgaben versteht man die Grundsätze der Planung, also wie ein Krankenhausplan erarbeitet und entschieden wird.
- *Schwerpunktfestlegung*: Das Letztentscheidungsrecht der staatlichen Behörde ist im Planungsprozess verankert. Rahmenvorgaben beinhalten aber auch, wie und welche quantitativen Eckwerte zur Schwerpunktbildung ermittelt werden.
- *Regionales Planungskonzept*: Ein regionales Planungskonzept wird allein in Flächenstaaten erarbeitet.

In der Aufstellung der Landeskrankenhauspläne lassen sich Landeskrankenhausplanungs-Ausschüsse durch externe Gutachter beraten, die aufgrund der Morbidität der Bevölkerung, der demographischen Entwicklung und dem zu erwartenden medizinischen Fortschritt eine Prognose zur zu erwartenden Krankenhausfallzahl und daraus abgeleitet eine Prognose zur Bettenbedarfszahl abgeben. Grundlage der Berechnung ist die Formel nach Burton Hill.

6.2.1   Inhalte und Vorgehen der Krankenhausplanung in einem Stadtstaat

Für den Planungszeitraum 2000 bis 2005 hat das IGES Institut für Gesundheits- und Sozialforschung ein Gutachten zur *»Stationären Versorgung der Freien und Hansestadt Hamburg 1998 bis 2005«* erstellt, dessen wesentliche Inhalte als **Entwicklung bis 2005** sich wie folgt zusammenfassen lassen:

- Die Zahl der vollstationären Behandlungsfälle wird von 1998 bis 2005 um etwa 4,7% zunehmen.
- Trotz der Zunahme der Fallzahlen insgesamt werden in den Fächern Chirurgie, Gynäkologie/Geburtshilfe und Kinderheilkunde die Fallzahlen zurückgehen.
- Die Zahl der prä-, post- und tagesklinischen Fälle wird sich in etwa verdoppeln.
- Die Verweildauer wird von 8,8 Tage auf 7,2 Tage in 2005 zurückgehen.
- Aus den Daten zur Fallzahlentwicklung und zum Verweildauerrückgang lässt sich eine Verringerung der benötigten Betten in Hamburg bis 2005 von 2796 Betten ableiten.

Die Betrachtung der Verweildauerprognose des IGES-Gutachtens zeigt, dass bereits heute in den Fachgebieten Augen, Pädiatrie, Geriatrie und Neurologie die prognostizierte Verweildauer in Hamburger Krankenhäusern erreicht bzw. unterschritten ist (◘ Tabelle 6.1). Damit sind aber auch die aus den Prognosewerten abgeleiteten Bettenzahlen nicht mehr korrekt, liegen in der Tendenz zu hoch und werden sich, wie in den Vorjahren, weiter reduzieren. Auch die Annahme einer fast fünfprozentigen Fallzahlsteigerung im Planungszeitraum hat sich durch die Einführung des G-DRG-Systems und des Kataloges für ambulante Operationen und stationsersetzende Maßnahmen selbst ad absurdum geführt.

6.2.2 Inhalte und Vorgehen der Krankenhausplanung in einem Flächenstaat

In einem Flächenland beschränkt sich die Krankenhausplanung auf eine *strukturierte Rahmenplanung* (§ 18 KHG). Unter Beteiligung des Landeskrankenhausausschusses werden durch das Land Planungsziele festgelegt. Das Land entwickelt den Planbettenbedarf nicht für das einzelne Krankenhaus, sondern für Regionen. Den regionalen Krankenhauskonferenzen obliegt es, regionale Planungskonzepte zu entwickeln und Bettenzahlen für Krankenhäuser und Fachabteilungen festzulegen.

Der Krankenhausplan Hessen legt neben allgemeinen Planungszielen eine Reihe von *speziellen Zielen* fest, die sich aus der Demographie, der medizinischen Entwicklung oder besonderen Bedarfen ableiten lassen. So wird die Weiterentwicklung der Geriatrie, der Neurologie, der Psychosomatik, der plastischen Chirurgie und der Not- und Unfallfallversorgung im Einzelnen genannt. Der Entwurf des Krankenhausplans Hessen 2005 führt erstmals das strukturbildende Merkmal die Mindestabteilungsgröße ein und verweist dabei auf den Zusammenhang zwischen Häufigkeit von medizinischen Leistungen und der zu erwartenden Ergebnisqualität. Mindestabteilungsgrößen gemessen an der Bettenzahl ermitteln sich für einzelne medizi-

◘ Tabelle 6.1. Verweildauerprognose des IGES Gutachtens für verschiedene Fachgebiete in Hamburg

Medizinische Fachgebiete	Verweildauer (in Tagen) 1998	Verweildauer (in Tagen) 2005
Augen	5,2	4,3
Pädiatrie	5,8	5,2
Chirurgie	8,8	6,2
Geriatrie	26,4	23,2
Gynäkologie/Geburtshilfe	5,0	4,2
Innere Medizin	7,5	6,0
Neurologie	15,4	10,0
Orthopädie	11,1	9,5
Urologie	7,3	6,7

6

nische Fachgebiete aus der planerisch festgelegten Mindestfallzahl von 1500 Fällen pro Abteilung und der für das Fachgebiet typischen Verweildauer. Die Mindestbettenzahl für eine Augenabteilung liegt danach bei 23 Betten, die einer Abteilung für Innere Medizin bei 37 Betten.

In der Krankenhausplanung Hessen werden auch Aussagen zur Not- und Unfallversorgung getroffen. So sollen jeweils 100.000 Einwohner Hessens durch ein Krankenhaus mit einer Not- und Unfallaufnahme versorgt werden. Das Krankenhaus der Not- und Unfallversorgung soll besondere Strukturmerkmale hinsichtlich der Differenzierung seiner Abteilungsstruktur und der Kapazität seiner Intensivmedizin aufweisen.

6.3   Neue Ansätze in der Krankenhausplanung in deutschen Bundesländern

Die Tatsache, dass gutachterliche Voraussagen und daraus abgeleitete Krankenhauspläne in einem sich im Umbruch befindlichen Gesundheitswesen wenig dauerhafte Voraussagekraft haben, hat bei der Krankenhausplanung einiger Bundesländer zu einem Umdenkungsprozess geführt. (Stapf-Finé H. et al.). Gefördert wurde dieser Prozess auch durch Definition von Gesundheitszielen auf Länderebene (Weihrauch B.).

Beispielhaft seien hier die Ansätze der Krankenhausplanung in Nordrhein-Westfalen zur Verbesserung der Brustkrebsbehandlung dargestellt. Das nordrhein-westfälische Gesundheitsministerium hat im Herbst 2002 Rahmenbedingungen fixiert, unter denen Krankenhäuser oder Klinik-Kooperationen als **Brustzentrum** anerkannt werden können (Perry N.M.), die sich weitgehend an den EUSOMA-Kriterien (Europäische Gesellschaft für Senologie) orientieren. Die planerischen Ziele zur Verbesserung der Versorgung einer Gruppe von Patientinnen sind sehr viel präziser formuliert als dies in der Formulierung der »speziellen« Ziele der Krankenhausplanung Hessens zu erkennen war.

▬ Leistungen, Struktur und Zusammenarbeit
Ein Brustzentrum erbringt sämtliche notwendigen Leistungen, dabei können diese auch im Zusammenschluss von mehreren Einrichtungen erbracht werden. Die Kernleistung eines Brustzentrums umfasst operative Leistungen, bildgebende diagnostische Verfahren, histologische Untersuchungen, Bestrahlungen und Chemotherapie. Brustzentren bilden ein regionales Netzwerk, insbesondere mit niedergelassenen Gynäkologen/Innen und weiteren Spezialisten (z. B. Psychotherapeuten). Es ermöglicht eine sektorübergreifende Versorgung einschließlich der Nachsorge.

▬ Voraussetzung zur Anerkennung als Brustzentrum
Brustzentren müssen die unter Leistungen, Struktur und Zusammenarbeit genannten Voraussetzungen erfüllen. Alle Disziplinen müssen über spezielle Kenntnisse und Erfahrungen in der Brustkrebsdiagnostik und -therapie verfügen. Brustzentren sollen mindestens 150 Erstoperationen bei Neuerkrankungen pro Jahr und mindestens 50 Operationen je Operateur durchführen. Nur in begründeten Fällen können die operativen Leistungen auf mehrere Standorte verteilt werden, wenn in den Standorten jeweils mindestens 100 Operationen und je Operateur mindestens

50 Operationen erbracht werden. Brustzentren müssen den vielfältigen Anforderungen, die sich im Verlauf der Mammakarzinom-Erkrankung ergeben können, durch personelle und strukturelle Voraussetzungen gerecht werden.

— Qualitätsmanagement und Patientenbeteiligung
Die Brustzentren führen ein internes Qualitätsmanagement durch, das auf der Basis einheitlicher Kriterien erarbeitet wird und garantieren eine sektorübergreifende Patientendokumention zur internen und externen Qualitätssicherung. Dabei ist die Beteiligung an externen Qualitätssicherungsmaßnahmen nach § 137 SGB V bindend.
Brustzentren praktizieren eine systematische und umfassende Patienteninformation. Sie entwickeln Verfahren, um die Patientinnen aktiv in die Therapie mit einzubeziehen und überprüfen die Patientenzufriedenheit Damit ist hier erstmals in der Krankenhausplanung auf Organisation und Qualität der Krankenbehandlung eingegangen worden.

6.4   Tritt die Bundesgesetzgebung in Konkurrenz zur staatlichen Krankenhausplanung?

Konkurrierend zu diesen neuen Planungsansätzen in der staatlichen Krankenhausplanung wird sich durch das mit dem Fallpauschalengesetz (FPG) eingeführten G-DRG-System bei den Budgetverhandlungen zwischen Krankenhäusern und Kostenträgern über die Jahre eine regionale Steuerung der Leistungs- und Angebotsmengen auf Basis von geplanten Mengen und ausgehandelten Preisen entwickeln. Eine solche Entwicklung ist die logische Konsequenz eines DRG-basierten Vergütungssystems. Das Gesetz zur Modernisierung der Gesetzlichen Krankenversicherung (GMG) eröffnet den Krankenhäusern verstärkt den Weg in die ambulante Versorgung von Patienten. Disease Management Programme und andere integrierte Versorgungsangebote von Krankenhäusern, niedergelassenen Ärzten und weiteren Leistungserbringern werden zu Verschiebungen von Leistungen zwischen den Sektoren und auch zum Angebot von neuen Krankenhausleistungen führen, wenn dies zur Gestaltung integrierter Versorgungsangebote notwendig sein wird (Kuhlmann J.M.) (▶ s. a. Kap. 10).

Die Krankenhäuser werden dabei zunehmend untereinander in einen Wettbewerb zur Erbringung zumindest von bestimmten Krankenhausleistungen treten. Sowohl die Disease Management Programme als auch der in den nächsten Jahren weiter zu entwickelnde Katalog der Mindestmengen wird zu einer Konzentration von Leistungsangeboten führen, ohne dass dies krankenhausplanerisch vorgezeichnet sein wird.

Zukünftig werden freie vertragliche Abschlüsse von Einzelkassen und *Einzelkrankenhäuser (Einkaufsmodell)* ein weiteres wichtiges Element im Wettbewerb sein. Dies bedeutet dann V*ertragswettbewerb zwischen den Krankenhäusern und unter den Krankenkassen* und wird die Leistungsplanung und -gestaltung in deutschen Krankenhäusern nach und nach verändern (Lohmann H. et al.). Sie eröffnen die Möglichkeit, neue Leistungsangebote zu vereinbaren. Solche Einzelverträge sind auch im Interesse von Krankenkassen, da sie ihnen erstmals die Möglichkeiten geben, sich im medizinischen Angebot von ihren Mitbewerbern abzuheben. Der Einfluss der staatlichen Krankenhausplanung auf die beginnende Neuordnung im Leistungsangebot der Krankenhäuser ist begrenzt. Allerdings darf nicht vergessen werden, dass § 109 SGB V weiter gilt und ein Krankenhaus ohne die Aufnahme in den Krankenhausplan und Abschluss eines Versorgungsvertrages von den gesetzlichen Kassen keine Behandlungskosten erstattet bekommen kann.

Anfang 2004 hat das Bundesverfassungsgericht über eine Verfassungsbeschwerde der Praxisklinik Bergedorf GmbH entschieden, der von der hamburgischen Krankenhausplanung und durch örtlichen Verwaltungsgerichtsentscheid die Aufnahme in den Krankenhausplan der Freien und Hansestadt Hamburg verwehrt worden war. In seiner Entscheidung (1 BvR 506/03 vom 14.1.2004), die Verfassungsbeschwerde der Klinik anzunehmen, begründet das Bundesverfassungsgericht, dass das Grundrecht der Berufsausübung nicht durch planerische Maßnahmen der Behörde beschnitten werden darf, also dem Antrag der Praxisklinik zur Aufnahme in den Krankenhausplan hätte stattgegeben werden müssen. Die Reichweite dieser Entscheidung ist momentan nicht abzuschätzen. Dem Grunde nach kann sie aber auch auf die Zulassungspraxis der Kassenärztlichen Vereinigungen ausgeweitet werden. Heute kann nur vermutet werden, dass der Weg hin zu Einzelverträgen zwischen Leistungserbringern und Kostenträgern und weg von staatlicher Planung durch diese Entscheidung beschleunigt werden wird.

 Fazit

Im Planungsansatz »Brustzentrum« in NRW ist erstmals der Fall als entscheidende Planungseinheit und der Ausweis von Leistungsdaten als Planzielgröße ausgesprochen. Eine zukünftige Krankenhausplanung könnte so sich auf das Festlegen von Standorten beschränken, Betten und Abteilungen nur nachrichtlich angeben und die Bettenzahl aus einem verweildauerabhängigen Nutzungsgrad aus den Leistungsdaten ermitteln. Krankenhausplanung würde so zur Leistungsstrukturplanung. Mit Einführung des G-DRG-Systems in 2004 stehen viele Krankenhäuser vor der Situation, dass ihre Wettbewerbsfähigkeit nur durch massive Investitionen in ihre Infrastruktur zu erreichen ist. Der fiktive investive Nachholbedarf von deutschen Krankenhäusern wird auf rund 30 Mrd. € geschätzt und liegt damit doppelt so hoch wie der für die Renovierung aller deutschen Bahnhöfe (persönliche Mitteilung Deutsche Bahn AG). Wenn investive Mittel für Krankenhäuser aus Länderhaushalten zur Verbesserung der Wettbewerbssituation fehlen, geht eine Säule, auf der die staatliche Krankenhausplanung ruht, verloren. Der jetzt erkennbare Ansatz, sich auf eine Leistungsstrukturplanung zurückzuziehen, trifft auf eine sich grundsätzlich ändernde Krankenhauslandschaft, in der der Einfluss von Disease Management Programmen, Angeboten integrierter Versorgung und Einkaufsmodellen der Krankenkassen noch nicht absehbar ist. Außerdem führt der ökonomisch getriebene Veränderungsprozess in der deutschen Krankenhauslandschaft – allein in 2003 haben 28 auch größere Kliniken den Besitzer gewechselt und das Entstehen von regionalen und überregionalen Krankenhausgruppen beschleunigt – zu tief greifenden Veränderungen in der deutschen Krankenhauslandschaft, die nicht ohne

▼

Einfluss auf Leistungsplanung und Leistungsgestaltung in den betroffenen Krankenhäusern bleiben.

Die zukünftige Rolle der staatlichen Krankenhausplanung mag in einer Kontroll- und Aufsichtsfunktion über Verträge, die zwischen Krankenhäusern, weiteren Leistungserbringern und Krankenkassen abgeschlossen werden, bestehen. Besonders die Einhaltung der Vertragsbedingungen, die sich auf Sicherstellung der Versorgung der Bevölkerung mit Leistungen der Not- und Unfallversorgung, Intensivmedizin und gewisser Angebote, die obligat wohnortnah vorgehalten werden sollen, könnte gezielt geprüft werden.

Literatur zum Kap. 6

Baumgardt-Elms C (Hrsg) (2002) Zukunft der Krankenhausplanung in Hamburg nach Einführung der DRG's. Dokumentation des Expertenworkshops der BUG der FHH, 29.11.2002

Clade H (2003) Krankenhäuser. Die Bedarfsplanung der Länder wird eingeschränkt. Konsequenzen der Diagnosebasierten Fallpauschalen. Deutsches Ärzteblatt 12: 708–709

Herz E (2003) Gesundheitsziel Brustkrebs: Sterblichkeit senken, Lebensqualität erhöhen. Bundesgesundheitsblatt. Gesundheitsforschung. Gesundheitsschutz 46: 144–149

Kuhlmann JM (2004) Neue Versorgungsmöglichkeiten für Krankenhäuser durch das GMG. Das Krankenhaus 1: 14–18

Lohmann H, Bornemeier O (2002) Wettbewerb und Markenprodukte im Gesundheitswesen. Das Krankenhaus 6: 456–460

Perry NM (2001) Quality assurance in the diagnosis of breast disease. Eur J Cancer 37: 159–172

Potthoff P, Meier E (2002) Disease Management Programme. Herausforderung zur Verbesserung der Versorgung oder Aktionismus? Frauenarzt 43: 1003–1008

Stapf-Finé H, Polei G (2002) Die Zukunft der Krankenhausplanung nach der DRG-Einführung. Das Krankenhaus 2: 96–107

Stationäre Versorgung in der Freien und Hansestadt Hamburg 1998. Fortschreibung des Krankenhausplans 2000 der Freien und Hansestadt Hamburg. Krankenhausplan 2005. Vorbereitendes Gutachten Band I und II. IGES Institut für Gesundheits- und Sozialforschung

Weihrauch B (2003) Gesundheitsziele – Das Beispiel des Landes NRW. Bundesgesundheitsblatt. Gesundheitsforschung. Gesundheitsschutz 46: 114–119

Das G-DRG-System – Entwicklung eines komplexen Preissystems

Andreas Wrabel und Brunhilde Seidel-Kwem

In den 70er Jahren des letzten Jahrhunderts haben R.B. Fetter und R.L. Mullin das erste DRG-System an der Universität Yale in den USA entwickelt (Fetter R.B. et al.). Am Anfang standen Systeme von Diagnosenbündelungen, die aus rein klinisch-medizinischer Sicht und ohne den Anspruch der Kostenhomogenität Diagnosegruppen (Diagnosis related groups) beschrieben. Bei ihrer Weiterentwicklung tauchte dann die Forderung auf, dass die Diagnosengruppen das Merkmal der Kostenhomogenität aufweisen und so zur Preisbildung für die Behandlungsleistungen der Patienten, die in diesen Diagnosegruppen zusammengefasst worden waren, tauglich werden sollten.

Die heute bekannten *Patientenklassifikationssysteme* auf DRG-Basis oder Patientenkategorisierungssysteme, wie sie auch genannt werden, stellen die einzige Möglichkeit dar, die Behandlung eines Patienten mit einfach zu erhebenden klinischen Informationen und weiteren Informationen wie Alter oder Aufnahme- und Entlassmodus zu beschreiben, vergleichbar zu machen und zu messen. Mit ökonomischen Zusatzinformationen lässt sich zu jeder Behandlungsleistung oder Gruppe von Behandlungsleistungen ein Preis ermitteln.

7.1 Die Entwicklung des G-DRG-Systems (Version 2005)

Mit der GKV Gesundheitsreform 2000, dem *Fallpauschalengesetz (FPG)* und dem novellierten *Krankenhausentgeltgesetz (KGEntgG)* wurde die Finanzierung von Krankenhausleistungen vollständig neu geregelt und das bisherige Mischsystem aus tagesgleichen Pflegesätzen, Fallpauschalen und Sonderentgelten durch ein allumfassendes Fallpauschalensystem nach australischem Vorbild ersetzt. Der deutsche Weg, ein DRG-System als Preissystem einzusetzen, unterscheidet sich von anderen Ländern grundsätzlich, da diese ihre DRG-Systeme als Budgetermittlungs- und Verteilungssystem nutzen und nicht als Preissystem. Wird ein DRG-System als Preissystem eingesetzt, sind hohe Anforderungen an Methodik und Sicherheit der Preisermittlung zu stellen (Selbmann B.).

Systematischer Aufbau und Arbeitsweise der DRG-Systeme, die in den USA, Australien und in verschiedenen europäischen Ländern im Einsatz sind, unterscheiden sich nicht prinzipiell, sehr wohl aber in einzelnen Aspekten. Als sich im Jahre 2000 die Deutsche Krankenhausgesellschaft und die Spitzenverbände der Krankenkassen darauf einigten, dass das australische AR-DRG-System Grundlage für das in Deutschland zu entwickelnde G-DRG-System sein sollte, war klar, dass die zu diesem Zeitpunkt in Deutschland geltende Version der internationalen statistischen Klassifikation der Krankheiten und verwandten Gesundheitsprobleme (ICD-10 SGB V, Version 1.3) zur Vorbereitung der Einführung eines deutschen DRG-Systems revidiert werden musste. Auch der in 2000 gültige OPS-301-Katalog (Katalog von operativen und nichtoperativen Prozeduren) war nicht DRG-tauglich, so dass auch für ihn eine Revision notwendig wurde.

Mit Beginn des Jahres 2001 wurde zur Dokumentation von Diagnosen und Nebendiagnosen eine spezielle deutsche Modifikation, die ICD-10 SGB V Version 2.0, eingeführt, die sich eng an den Band I der australischen ICD-10-AM (Australian Modification) 1. edition (1998) anlehnte. Gegenüber der ICD-10 SGB V Version 1.3 erfolgten Ergänzungen und Streichungen in einzelnen Kapiteln.

Seit 1.1.2004 gilt die ICD-10-GM-2004-Version, eine an die G-DRG-Version 2004 adaptierte Version. Diese ICD-10-Version ist anders als ihre Vorgängerversion nicht nur für den Krankenhausbereich, sondern auch für den niedergelassenen Bereich gültig. Sie hat eine Reihe neuer Diagnosenschlüssel aufgenommen, wie sie von der Weltgesundheitsorganisation WHO aufgrund des medizinischen Fortschritts freigegeben wurden sowie einige Diagnosenschlüssel, die das InEK (Institut für das Entgeltsystem im Krankenhaus) für die Weiterentwicklung des deutschen DRG-Systems für notwendig hält. So sind jetzt die NYHA-Stadien der Herzinsuffizienz in die neue ICD-10-Version aufgenommen, die im DRG-System eine bessere Schweregradeinteilung ermöglichen. Neu eingeführt wurden U-Schlüssel für die Fachgebiete Rehabilitation und Geriatrie. Durch sie kann das Maß der motorischen und kognitiven Funktionseinschränkung auf Grundlage des Barthel-Index (BI), des Functional Independence Measure (FIM) und der Mini Mental State Examination (MMSE) dokumentiert werden. Die ICD-10-GM-Version 2004 beinhaltet 12.983 endständig verschlüsselbare Diagnosen.

Die Dokumentation von operativen, diagnostischen und therapeutischen Prozeduren erfolgt über die seit 1.1.2004 gültige OPS-301-Version 2004. Die Änderungen gehen auf Anforderungen zurück, die sich aus der Entwicklung des G-DRG Systems ergeben und bilden diagnostische Prozeduren, neue Operationsmethoden, aber auch nichtoperative therapeutische Prozeduren z. B. aus der Frührehabilitation ab. Die OPS-301-Version 2004 beinhaltet 22.310 endständig verschlüsselbare Prozeduren.

In die für das Jahr 2004 gültige Version der *deutschen Kodierrichtlinien (DKR)* sind Änderungen der Diagnosen- und Prozeduren-Kataloge aufgenommen sowie bisher missverständliche Kodierrichtlinien geändert worden (Schlottmann N. et al.). Auf dem Weg des G-DRG-System zu einem Preissystem sind die für das Jahr 2005 geltenden *deutschen Kodierrichtlinien (DKR)* erheblich überarbeitet worden und bieten bei vielen Kodierrichtlinien Beispiele und/oder Listen mit ICD-10-GM- bzw. OPS-Kodes. Damit ist eine Voraussetzung geschaffen, um bundesweit eine hohe Kodierqualität zu erreichen, die gleiche Leistungen gleich abbildet und so zur leistungsgerechten Vergütung in allen deutschen Krankenhäusern führt.

7.2   Die erste deutsche Version eines DRG-Systems (Version 2004)

Die G-DRG-Version 2004 – die erste deutsche DRG-Version – wurde vom InEK in Zusammenarbeit mit Krankenhäusern, medizinischen Fachgesellschaften und anderen Experten aus Medizin und Pflege im Jahre 2003 erarbeitet. Die Anwendung der G-DRG-Version 2004 und der Fallpauschalenkatalog sind in der Verordnung zum *Fallpauschalensystem für Krankenhäuser (KFPV 2004)* festgelegt.

Mit der Entscheidung des Gesetzgebers, in Deutschland ein DRG-Fallpauschalensystem nach australischem Vorbild einzuführen, ist beschlossen worden, hierzulande für die DRG-Fallgruppen eigene Bewertungsrelationen (Relativgewichte) über eine Kalkulation der Rohfallkosten zu ermitteln. Das Vorgehen bei der Kalkulation ist in einem sog. Kalkulationshandbuch, das Standards und Minimalanforderungen definiert, festgelegt. In ihm sind – wo nötig und möglich – auch alternative Verfahrensweisen der Kostenabgrenzung und der Kostenarten- und Kostenstellenrechnung aufgezeigt. Ausgangspunkt der Kalkulation sind die im Jahresabschluss testierten Vorjahreskosten eines Krankenhauses oder die Konten- und Saldenlisten, wenn ein Jahresabschluss nicht vorliegt. Die Leistungsdaten eines Krankenhauses werden aus dem Vorjahr ermittelt und über den § 301-Datensatz unter Beachtung der *deutschen Kodierrichtlinien (DKR)* abgebildet. Aus diesen Daten können die Bewertungsrelationen (Relativgewichte), die mittlere Verweildauer, die untere und obere Grenzverweildauer und die dazu gehörigen Ab- und Zuschläge ermittelt werden.

Das Vorgehen bei der *Kalkulation der Bewertungsrelationen* (Relativgewichte) weicht in Deutschland von anderen Ländern ab, da ein *100%-Ansatz* gewählt wurde; d. h. für die Betrachtung der Kosten eines Behandlungsfalls werden alle DRG-relevanten Kosten erfasst und auf alle DRG-Fälle verteilt. Dieses Bottom-up-Vorgehen ist aufwändig und mit Problemen und Fehlern belastet, wenn die Kostendaten eine fallbezogene Zuordnung nur ausnahmsweise zulassen und der Großteil der Kosten über *Verteilungsschlüssel* dem Einzelfall zugerechnet werden müssen. Für das Jahr 2005 ist eine Überarbeitung des Verfahrens für die DRG-Fallkostenkalkulation angekündigt.

Der *G-DRG-Fallpauschalenkatalog 2004* basierte auf der Fallkostenkalkulation eines Querschnitts von 144 deutschen Kliniken, in die erstmals auch 13 Universitätskliniken eingeschlossen sind (Heimig et al.).

Durch die Ausweitung von ehemals 624 Fallgruppen im Jahr 2003 auf 824 Fallgruppen im Fallpauschalenkatalog 2004 gelang es eine höhere Kostenhomogenität in vielen Fallgruppen zu erreichen. 336 Fallgruppen wurden neu definiert, 188 Fallgruppen sind entfallen und 345 Fallgruppen wurden geändert. Unverändert gegenüber der Vorläuferversion 1.0 blieben nur 109 Fallgruppen.

Die Ergebnisse der Kalkulation im Jahr 2004 zeigten wie im Jahr 2003 eine nur unzureichende Spreizung der Bewertungsrelationen zwischen komplexen und weniger komplexen Leistungen. In Folge schnitten Krankenhäuser der Grund- und Regelversorgung in der Berechnung des ersten DRG-basierten Budgets relativ besser ab als Krankenhäuser der Schwerpunkt- und Maximalversorgung.

7.3   Kritische Betrachtung des Entwicklungsstandes des ersten deutschen DRG-Systems (Version 2004)

Will man die Eigenschaft eines DRG-Systems, Leistungen ressourcengerecht abzubilden, beurteilen, bietet es sich an, die Spreizung der Bewertungsrelationen mit schon empirisch gut unterlegten DRG-Systemen wie dem AP- oder dem AR-DRG-System zu vergleichen. Dazu werden die Bewertungsrelationen des G-DRG-Systems 2004 und des AR-DRG-Systems RND6 aufsteigend nach ihrer Höhe in einem Perzentilsystem gereiht und der Abstand der Höhe der Bewertungsrelationen, die auf der 1. Quartile und der 3. Quartile liegen, durch die Ermittlung des Quotienten aus beiden Werten gemessen.

Die Höhe der Bewertungsrelationen auf der 1. Quartile und der 3. Quartile liegt bei 0,738 und 2,284 für das G-DRG-System und bei 0,790 und 2,620 für das australische System. Die daraus ableitbaren Quotienten (3. Quartile/1. Quartile) betragen 3,09 bzw. 3,32.

Im Ergebnis hat das G-DRG-System noch keinen mit dem australischen DRG-System vergleichbaren Spreizungsgrad der Bewertungsrelationen erreichen können. Dies ist nicht überraschend, da das australische System auf eine gut zehnjährige kontinuierliche Entwicklung zurückblicken kann. Die Feststellung, dass die Spreizung der Bewertungsrelationen in der Version 2004 des deutschen DRG-Systems nicht mit dem in Australien erreichten Entwicklungsstand vergleichbar ist, hat die folgenden Gründe:

- Upcoding, verursacht durch unsachgerechte Wahl von Nebendiagnosen vor allem wegen eines fehlenden Standards in der Dokumentation von Nebendiagnosen. Die falsche Wahl der Hauptdiagnosen kann zur Einordnung des Falles in andere MDC (übergeordnete organbezogene Hauptdiagnosengruppe) führen.
- Eine gut ausgerichtete Kostenrechnung von Krankenhäusern wird derzeit nicht in allen Punkten geleistet. Dies gilt besonders für die fallbezogene Zuordnung von Personal- und Materialkosten. In Konsequenz wird ein Großteil der Kosten über an der Verweildauer ausgerichteten Umlageschlüssel auf die Fälle verteilt. Die diesem Problem zugrunde liegenden Ursachen können kurzfristig kaum beseitigt werden: Die für eine Verbesserung der Fallkostenkalkulation benötigten Daten werden – weil nicht für Steuerungszwecke oder zur Unterstützung der Leistungserstellung benötigt – nicht in IT-Systemen gehalten oder sind wegen mangelnder IT-Integration nicht auswertbar.
- Die Auswahl der Krankenhäuser, die an den letzten beiden Kalkulationsrunden in Deutschland teilnahmen, ist nicht repräsentativ genug.

7.3.1 Folgen für die Vergütungsstruktur in 2004

Die Folgen der zu geringen Spreizung der Bewertungsrelationen im G-DRG-System zeigt der Vergleich mit Australien. Hierzu werden alle Fälle der Kalkulation in Deutschland und Australien in einem Perzentilsystem nach ihren Erlösen (Kostengewichten) gereiht. Das Erlösvolumen der »billigsten« 25% der Fälle wird dann z. B. mit dem Erlösvolumen der »teuersten« 25% der Fälle verglichen. Dieser in ◘ Abb. 7.1 dargestellte Vergleich zeigt, dass die Erlösvolumina der 1,7 Mio. Fälle in Deutschland und der 3,5 Mio. Fälle aus Australien, die in die Kalkulation für die Bewertungsrelationen für das jeweilige DRG-System in diesen Ländern eingegangen sind, quartilenbezogen deutlich unterschiedlich sind. Das Erlösvolumen der teuersten Fälle (alle Fälle oberhalb der 3. Quartile) liegt in Deutschland bei 52% des zu verteilenden Budgets, während ihr Budgetanteil in Australien bei 64% liegt. Hingegen liegt der Budgetanteil der einfachsten Fälle (alle Fälle unterhalb der 1. Quartile) in Deutschland bei 13%, während er in Australien bei 5% liegt.

Dieses Ergebnis zeigt sich auch auf Krankenhausebene. Der LBK Hamburg hat mit seinen sieben Krankenhäusern der Schwerpunkt- und Maximalversorgung an der Kalkulation der DRG-Fallpauschalen teilgenommen. Damit ist der LBK Hamburg in der Lage, seinen geplanten Leistungen für

7

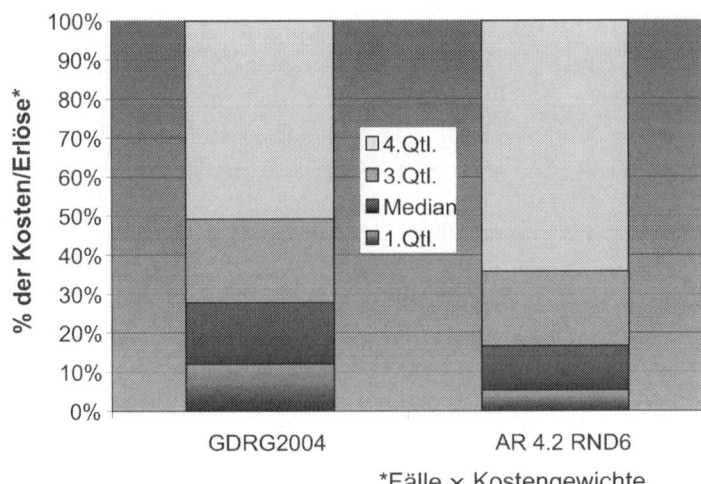

■ **Abb. 7.1.** Vergleich der Erlösvolumina in Deutschland (links) und Australien im Perzentilensystem: Die teuersten Fälle (4. Qtl.) in Australien ziehen 64% der Gesamterlöse auf sich,
in Deutschland nur 52%

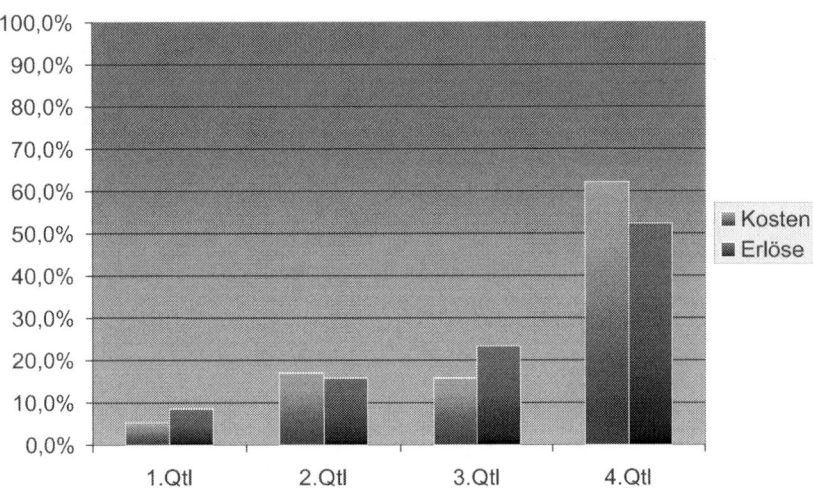

■ **Abb. 7.2.** Kosten-Erlös-Vergleich für die geplanten LBK-Fälle 2004 im Perzentilensystem

das Jahr 2004 die Erlöse den Kosten aus der Fallpauschalenkalkulation gegenüber zu stellen.

Für diesen Vergleich werden die Fälle mit ihren Erlösen (Kostenge-
wichte) im Perzentilensystem geordnet und die »Erlöse« und »Kosten«
der Patienten des LBK Hamburg gegenübergestellt. So lassen sich die 25%
»billigsten« Fälle und die 25% »teuersten« Fälle hinsichtlich der hinter ihnen stehenden Kosten vergleichen. In ■ Abbildung 7.2 ist dargestellt, dass
die »billigsten« Fälle (alle Fälle unterhalb der 1. Quartile) 8,4% der Erlöse
und nur 5% der Kosten auf sich ziehen. Hingegen vereinigen die »teuersten«
Fälle (alle Fälle über der 3. Quartile) 62,1% der Kosten, aber nur 52,4% der
Erlöse auf sich. Betrachtet man die »Kosten-Erlös-Relation« aller Fälle zwischen der 1. Quartile und der 3. Quartile, stellen diese im weitesten Sinne

die »normalen« häufig elektiven Krankenhausfälle dar, so verursachen diese 32,7% der Kosten und ziehen 37,9% der »Erlöse« im LBK Hamburg auf sich.

Dieses Ungleichgewicht geht wie gezeigt zurück auf derzeit noch nicht ausreichend gespreizte Bewertungsrelationen. Alle Krankenhäuser, die »teure« (komplizierte) Fälle behandeln, sind von diesem Problem betroffen. Krankenhäuser der Schwerpunkt- und Maximalversorgung wie die Krankenhäuser des LBK Hamburg sind wegen ihres hohen Anteils »teurer« Patienten überproportional betroffen (◘ s. u. Tabelle 7.2).

Die »teuersten« Fälle repräsentieren in erster Linie die Intensivbehandlung mit Beatmung und große Operationen am Skelett, den großen Gefäßen, den Herzkranzgefäßen und am Darm. Patienten mit konservativer Behandlung finden sich in den DRG-Fallgruppen Apoplex und Lymphom und nichtakute Leukämie (◘ Tabelle 7.1). In der letzten Spalte ist der relative Kostenanteil dieser DRG-Fallgruppen an den Kosten der Gruppe ausgewiesen. Insgesamt haben diese 10 Basis-DRG-Fallgruppen einen Kostenanteil von 25% an dieser Gruppe.

Für die operativen Patienten dieser Gruppe gilt, dass ihre Behandlung durch Aufenthalte auf Intensivstationen und durch Implantatkosten teuer gemacht wird. Mit Verbesserung der Kalkulationsberechnung wird die Zuordnung der teuren Einzelkosten auf diese Patienten verbessert werden und zur Spreizung der Bewertungsrelationen führen und das Problem teilweise entschärfen.

Betrachtet man die Patienten mit Apoplex genauer, kann deren Kostenproblem auch auf die Behandlungsrealität zurückgeführt werden. Alle Krankenhäuser der LBK Hamburg, die Patienten mit Schlaganfällen behandeln, versorgen diese auf sog. Schlaganfalleinheiten und halten die ent-

◘ Tabelle 7.1. Top 10 Basis-DRG-Fallgruppen der »teuersten« Fälle im LBK Hamburg, deren Kosten relativ höher sind als der relative Erlösanteil

DRG-Fallgruppe	DRG-Text	Rel. Kostenanteil
A09–13	Langzeitbeatmung	5,2%
I03	Eingriffe am Hüftgelenk	3,6%
B70	Apoplex	3,1%
G02	Große Eingriffe an Dünn- und Dickdarm	2,7%
F08	Große rekonstruktive Gefäßeingriffe	2,4%
I08	Andere Eingriffe am Hüftgelenk	2,0%
I13	Eingriffe am Humerus, Tibia	1,7%
F06	Koronare Bypass Op	1,7%
R61	Lymphom und nichtakute Leukämie	1,7%
I10	Andere Eingriffe an der WS	1,4%

◧ **Tabelle 7.2.** Gegenüberstellung von erwarteten Fallzahlen und tatsächlich behandelten Fällen mit für den LBK Hamburg ungünstigen Kosten/Erlösrelationen

DRG-Fallgruppe/-Text	Erwartete Fallzahl	Behandelte Fälle
A09–13 Langzeitbeatmung	823	1292
B70 Apoplex	2970	4087
F08 Große rekonstruktive Gefäßeingriffe	581	941
G02 Große Eingriffe am Dünn- und Dickdarm	1035	1066
I10 Andere Eingriffe an der WS	998	2036
F06 Koronare Bypass OP	538	577

sprechende Infrastruktur für Diagnostik (Schnittbildverfahren) und Therapie (Lyse) rund um die Uhr vor. Die Bewertungsrelation für die Schlaganfallbehandlung wurde aber mehrheitlich in Kliniken ohne dieses Angebot kalkuliert.

Das absolute Ausmaß des Problems von nicht ausreichend gespreizten Bewertungsrelationen ist für den LBK Hamburg und alle Krankenhäuser der Schwerpunkt- und Maximalversorgung signifikant, da sie aufgrund der Versorgungsstufe überproportional viele teuere Fälle im Vergleich zu Krankenhäusern mit niedrigerer Versorgungsstufe versorgen. In ◧ Tabelle 7.2 ist für einige Basis-DRG-Fallgruppen dargestellt, wie viele Fälle aus der oben genannten Kategorie der LBK Hamburg aufgrund des Versorgungsaneils aller stationären Fälle an allen deutschen Krankenhausfällen (etwa 1% Versorgungsanteil) erwarten würde und wie viele Fälle der LBK Hamburg in seinen Krankenhäusern tatsächlich versorgt. Diese Gegenüberstellung zeigt die Dimension des **Problems für Krankenhäuser der Schwerpunkt- und Maximalversorgung**, die sich allein aus den absoluten Fallzahlen ergibt

7.3.2 Die Kosten und Erlöse von Langliegern im G-DRG-System (Version 2004)

Im LKB Hamburg überschreiten 7,4% der Patienten die obere Grenzverweildauer. Sie haben an den Gesamtkosten der Patientenbehandlung einen Anteil von 23,5%. Ihr Anteil an den Erlösen inklusive der Zuschläge liegt nur bei 16,7%.

Mit wenigen Ausnahmen stellen diese Patienten eine Teilmenge der komplexen und »teuersten« Fälle dar, die schon angesprochen wurden. Sie lassen sich aber durch das noch ungünstigere Kosten-Erlös-Verhältnis aus ihrer Obergruppe herauslösen. In ◧ Tabelle 7.3 sind die Top 10 Basis-DRG-Fallgruppen nach dem Anteil der Kosten in dieser »Langlieger« Gruppe geordnet. Die Kostenanteile dieser DRG-Fallgruppen verteilen sich schwerpunktmäßig auf langzeitbeatmete Patienten, Patienten mit malignen Er-

Tabelle 7.3. Die Kostenanteile der Top 10 »Langlieger«-DRG-Fallgruppen

DRG Fallgruppe	DRG-Text	Anteil an Kosten
A09–13	Langzeitbeatmung	11,2%
R61	Lymphom und nichtakute Leukämie	3,9%
R60	Akute Leukämie	2,5%
B70	Apoplex	2,5%
901Z	Ausgedehnte OR Prozedur ohne Bezug zur Hauptdiagnose	2,2%
E71	Neubildungen der Atemwege	1,8%
G02	Große Eingriffe an Dünn- und Dickdarm	1,4%
E62	Infektionen der Atmungsorgane	1,4%
I03	Eingriffe am Hüftgelenk	1,4%
F14	Gefäßeingriffe	1,2%

krankungen des Blutes und des lymphatischen Systems, Patienten mit Apoplex und Patienten mit operativen Eingriffen im Rahmen von komplizierten Verläufen

Die langzeitbeatmeten Patienten in der Gruppe der Langlieger stellen eine Sondergruppe von schwerstkranken Patienten aus verschiedenen Fachgebieten (MDCs) dar, die häufig Mehrfacheingriffe aufweisen und sich an Maximalversorgungskrankenhäusern sammeln und einer Gruppierung in DRG-Fallgruppen nicht oder nur schwer zugänglich sind. Auch im LBK Hamburg zeigt diese Gruppe im Durchschnitt 5,1 operative und nichtoperative invasive Prozeduren. Damit weisen sie fast doppelt so viele Prozeduren auf wie »normal-lang« liegende Patienten mit Langzeitbeatmung auf, bei denen im Durchschnitt nur 3,2 operative und nicht operative invasive Prozeduren durchgeführt werden mussten. Auch die Patienten mit bösartigen Erkrankungen des Blutes und des lymphatischen Systems sind Patienten, die in spezialisierten hämatologischen Abteilungen teure Mehrfachtherapien erhalten. Die Langlieger aus den operativen DRG-Fallgruppen wurden im Durchschnitt 1,6-mal operiert, während Patienten mit normaler Liegedauer aus denselben operativen DRG-Fallgruppen nur 1,1-mal operiert werden mussten.

Entgegen der Intention der Langliegerregelung, durch erniedrigte, um die Hauptleistung bereinigte Zuschläge für Krankenhäuser keinen Anreiz zur Liegedauerverlängerung zu schaffen, werden in Krankenhäusern der Schwerpunkt- und Maximalversorgung nicht nur »Sonderfälle« mit besonders langer Liegedauer erfasst, bei denen die pflegerische Leistung im Vordergrund steht, sondern Fälle, in denen regelhaft lege artis Hauptbehandlungsepisoden stattfinden und zu denen die beschriebene Logik der Zuschlagskalkulation nicht passt.

7.3.3 Die erste Revision des neuen deutschen DRG-Systems (Version 2005)

Im September 2004 hat sich die Selbstverwaltung auf einen vom InEK vorgelegten Fallpauschalenkatalog für das Jahr 2005 geeinigt. Die G-DRG-Version 2005 basiert auf den Daten von 148 an der Kalkulation teilnehmenden Krankenhäusern mit nahezu 3 Mio. vollstationären Fällen. Der neue Fallpauschalenkatalog enthält 878 DRG Fallgruppen (54 mehr gegenüber 2004), von denen allerdings 39 nicht mit einer Bewertungsrelation versehen sind. Stark ausgeweitet wurden in 2005 die Zusatzentgelte auf 71 von 26 in 2004. Durch die Ausweitung der Fallpauschalen konnte wie zu erwarten die Kostenhomogenität in den einzelnen Fallpauschalen weiter gesteigert werden. Der aus den Kosten- und Leistungsdaten ableitbare durchschnittliche Fallwert liegt in 2005 bei 2975 €.

Die von uns gegenüber dem Fallpauschalenkatalog 2004 geäußerte Kritik (Seidel-Kwem B. et al.) wurde vom InEK in mehreren Punkten aufgenommen und z. B. durch einen neuen höheren Langliegerzuschlag für komplexe Leistungen der Intensivmedizin (Prä-MDC) als bisher umgesetzt. Die relativ hohe Vergütung für sog. Kurzlieger wurde durch Erhöhung des Abschlages für diese Patienten abgesenkt.

In der Definition von *DRG-Fallgruppen* wurden ebenfalls Fortschritte erzielt. So wurden einerseits Fallgruppenzusammenführungen bei häufig einfachen Leistungen erreicht, während hochteure Fälle wie Organtransplantationen und Langzeitbeatmungen je nach Zusatzbehandlungsaufwand in weitere Fallgruppen unterteilt wurden. Die DRG-Fallgruppen der Intensivmedizin wurden, wie von uns gefordert, durch die Bewertung von komplizierenden Prozeduren durch Splits neu geordnet. Außerdem lässt die Verwendung von weiteren Zusatzentgelten eine zunehmend leistungsgerechte Vergütung dieser besonders in Schwerpunkt- und Maximalversorgungshäusern sich konzentrierenden Patienten zu. Für Patienten, bei denen regelhaft Mehrfacheingriffe notwendig werden und deren Abbildung bisher aus systematischen Gründen nicht möglich war, wurden 40 eigene DRG Fallgruppen neu geschaffen.

Durch Überarbeitung der entsprechenden DRG-Fallgruppen wurde die Abbildung der Strahlentherapie und der Hämatoonkologie verbessert. Die neu eingeführten Zusatzentgelte für Chemo-, Immun- und Zelltherapie bringen zusätzliche Verbesserungen für die aufwandgerechte Vergütung dieser sehr kostenintensiven Patienten. Neonatologie, Kinderkardiologie und Kinderherzchirurgie sind durch zusätzliche DRG-Fallgruppen jetzt besser abgebildet. Dies gilt auch für Einzelaspekte der Pädiatrie wie den psychosomatischen Erkrankungen im Kindesalter. Frührehabilitation und geriatrische frührehabilitative Komplexbehandlung sind entgegen Version 2004 des Fallpauschalenkatalogs in Zukunft in getrennten DRG-Fallgruppen abgebildet.

In der Summe wurde eine weitere Dekomprimierung des deutschen DRG-Systems mit seiner Version 2005 erreicht. Bisher relativ hoch vergütete einfache Leistungen sinken im Preis bis zu 5%. Einen zusätzlichen Abschlag auf diese Leistungen wird der in 2005 höhere Kurzliegerabschlag bringen. Im Gegenzug werden komplexere Leistungen jetzt deutlich besser vergütet über höhere DRG-Bewertungsrelationen, angehobene Langliegerzuschläge sowie differenzierte Zusatzentgelte.

Zwischen-Fazit

> Durch die Ausweitung des Fallpauschalenkataloges 2005 um 99 zusätzliche Fallgruppen und Zusatzentgelte wurde insgesamt eine bessere Abbildung vieler besonders komplexer und hochpreisiger Leistungen geschaffen und somit der Einstieg in ein differenziertes und zunehmend Prozeduren getriebenes Preissystem erreicht. Trotz des heute erreichten Entwicklungsstands des G-DRG-Systems und seines Fallpauschalenkatalogs (Version 2005) ist sein Einsatz als Preissystem ohne schnelle und weitergehende Verbesserungen in der Datenerhebung und Kalkulationsmethodik nicht vorstellbar. Der – wenngleich auch abgemildert in 2005 – weiterhin im Vergleich zu weiterentwickelten Systemen wie dem AR-DRG- oder AP-DRG-System bestehende Kompressionseffekt führt zur tendenziellen Unterfinanzierung von innovativen und komplexen Leistungsangeboten für in der Regel schwer kranke Patienten. Die Behandlung dieser Patienten bleibt somit ein ein ökonomisches Risiko besonders für Krankenhäuser der Maximalversorgung, dem sie nur durch eine Verknappung des Behandlungsangebotes für die Patienten entgehen können.

7.4   Preise für Krankenhausleistungen im G-DRG-System (Version 2005)

Der Fallpauschalenkatalog für das Jahr 2005 umfasst 845 Fallpauschalen, für die eine Bewertungsrelation in der Fallpauschalenkalkulation ermittelt werden konnte. Außerdem konnten 35 Zusatzentgelte in der Kalkulation bewertet werden. Der *Grundpreis einer DRG-Fallpauschale* errechnet sich durch die Multiplikation der jeweiligen *Bewertungsrelation* mit dem sog. *Basisfallwert*.

Der Basisfallwert errechnet sich in 2005 aus dem DRG-Budget und dem Case Mix eines jeden Krankenhauses, korrigiert um die Anpassungsrate, die sich für das erste Jahr der Konvergenzphase entsprechend der Differenz zum Landesbasisfallwert für jedes Krankenhaus ergibt. Wie im ersten Jahr der Einführung des G-DRG-Systems in 2004 wird jedes Krankenhaus seinen individuellen Basisfallwert haben.

Betrachtet man die Basisfallwerte der einzelnen Krankenhäuser im Jahr 2004 wird klar, dass bei nicht wenigen Krankenhäusern, die mit ihrem Basisfallwert weit über dem Durchschnitt ihres Bundeslandes liegen, ein erheblicher Kostenanpassungsbedarf besteht, der nur mit substantiellen Änderungen in der Leistungsstruktur und der Art der Leistungserbringung in diesen Krankenhäusern zu erreichen sein wird (Achner S.) **Krankenhäuser, die bis zur vollen Implementierung des G-DRG-Systems nicht in der Lage sein werden, ihre medizinischen Leistungen zu den durch das DRG-Preissystem vorgegebenen Preisen mit guter Qualität zu erbringen, werden vom Marktaustritt bedroht sein.** Dieses Ergebnis ist unter dem Gesichtspunkt effizienter Ressourcenallokationen im Gesundheitssystem nur dann akzeptabel, wenn sich die Basisfallwerte über Bewertungsrelationen ausreichender Qualität ermitteln und die unter ▶ Kap. 7.3 beschriebenen Schwächen bereinigt sind.

7.5   Abrechnungsregeln im G-DRG-System

Der Grundpreis einer jeden Fallpauschale errechnet sich aus der Multiplikation von Bewertungsrelation und Basisfallwert eines Krankenhauses. Von diesem Grundpreis muss bei der Abrechnung einer Fallpauschale in bestimmten Situationen durch *Zu- und Abschläge* abgewichen werden. Geregelt wird das Vorgehen für die Abrechnung einer Fallpauschale durch die *Verordnungen zum Fallpauschalensystem für Krankenhäuser (KFPV)*, die jährlich neu aufgelegt werden. Die KFPV 2003 und 2004 bauen aufeinander auf.

Bei Verlegungen von Patienten von einem Krankenhaus in das andere zur Fortsetzung der Behandlung wird beim verlegenden Krankenhaus ein Abschlag auf den Grundpreis berechnet, wenn die mittlere Verweildauer der DRG-Fallpauschale nicht erreicht wird (Verlegungsabschlag). Nur wenn der Patient im verlegenden Krankenhaus weniger als 24 Stunden behandelt wurde, gilt dieses Vorgehen nicht. Wurde ein Patient aus einem Krankenhaus in ein anderes Krankenhaus verlegt und nach der Durchführung einer Behandlung erneut in das verlegende Krankenhaus zurückverlegt, so ist der Patient wieder dem ursprünglichen Fall zuzuordnen.

Krankenhausbehandlungen von Patienten, die sehr kurz dauern und unterhalb der unteren Grenzverweildauer liegen, werden in der Regel mit einem Abschlag (*Kurzliegerabschlag*) versehen. Dagegen erhalten Krankenhausbehandlungen, die aufgrund von Komplikationen über eine bestimmte obere Grenzverweildauer hinaus andauern, einen Zuschlag auf den Grundpreis (*Langliegerzuschlag*).

Für alle DRG-Fallpauschalen werden diese Grenzverweildauern bei der jährlichen Kalkulation ermittelt. Dabei werden die Fälle einer DRG-Fallgruppe zuerst um die Fälle bereinigt, die in ihrer Verweildauer oberhalb oder unterhalb der dreifachen Standardabweichung der Gruppe liegen. Mit diesen bereinigten Daten wird der arithmetische Mittelwert der logarithmisierten Verweildauer berechnet und auf einen nicht logarithmisierten Wert zurückgeführt; dies ist der sog. geometrische Verweildauer-Mittelwert.

Für jede Fallpauschale sind für die Ermittlung der *oberen Grenzverweildauer* zwei Werte zu berechnen bzw. festzulegen:

1.) Zum geometrischen Verweildauer-Mittelwert jeder Fallpauschale ist die zweifache Standardabweichung der Verweildauer dieser Fallpauschale zu addieren.

2.) Zum geometrischen Verweildauer-Mittelwert jeder Fallpauschale ist eine feste Anzahl von Tagen (Maximalabstand) zu addieren. Diese feste Anzahl von Tagen ist so zu wählen, dass die wegen Überschreitung der nach 1.) berechneten und 2.) bestimmten Grenzverweildauer zu bezahlenden Entgelte voraussichtlich zwischen 5 und 6% der insgesamt zu bezahlenden und abzurechnenden Vergütungen der Fallpauschalen betragen.

Als obere Grenzverweildauer ist grundsätzlich der niedrigere Wert auszuwählen und kaufmännisch auf die nächste ganze Zahl zu runden.

Für jede Fallpauschale ist für die Ermittlung der *unteren Grenzverweildauer* der entlogarithmisierte Wert des arithmetischen Verweildauer-Mittelwerts durch die Zahl 3 zu teilen und anschließend kaufmännisch auf die nächste ganze Zahl zu runden.

> Im Jahr 2005 werden die Auseinandersetzungen mit den Krankenkassen bei der Abrechnung von DRG-Fallpauschalen hinsichtlich der Berechnung von Zu- und Abschlägen bei Unter- oder Überschreiten der Grenzverweildauern wegen der gegenüber 2004 höheren Ab- und Zuschlagsbeträge zunehmen. So werden Krankenkassen bei einfachen Fällen ein Interesse haben, dem Krankenhaus nachzuweisen, dass der Fall auch mit einer Verweildauer unterhalb der unteren Grenzverweildauer hätte behandelt werden können und bei Überschreiten der oberen Grenzverweildauer wird die Notwendigkeit von zusätzlich abrechenbaren Tagen in Zweifel gezogen werden.

Wird ein Patient im Krankenhaus sowohl in einer hauptamtlichen als auch in einer Belegabteilung behandelt, so ist die Fallpauschale bei operativ behandelten Patienten in der Abteilung abzurechnen, in der die Operation stattfand. Bei Patienten, die nur konservativ behandelt wurden, ist die DRG-Fallpauschale von der Abteilung abzurechnen, in der der Patient die längste Zeit gelegen hat. Bei gleicher Zahl von Tagen ist die Fallpauschale der Hauptabteilung abzurechnen.

Ein Krankenhaus, das schon heute schon aufgrund guter Abläufe eine kurze durchschnittliche Verweildauer hat, läuft Gefahr, dass bei einem Teil seiner Patienten Abschläge wegen Unterschreitens der unteren Grenzverweildauer berechnet werden. In der Einführungsphase des G-DRG-System wäre es aber falsch die Verweildauer wieder zu verlängern, da sich mit dem bundesweiten Absinken der Verweildauern auch die unteren Grenzverweildauern nach unten bewegen werden. Regelungen zur unteren Grenzverweildauer sind nur sinnvoll für frührehabilitative Behandlungen oder geriatrische Behandlungen, die zeitlich definierte Therapieangebote umfassen, die den Patienten erreichen sollen.

Für die Versorgung eines gesunden *Neugeborenen*, einschließlich der Versorgung eines nach der Geburt erkrankten Neugeborenen und für dessen interner oder externer Rückverlegung aus einer pädiatrischen Fachabteilung, wird eine eigenständige DRG-Fallpauschale abgerechnet. Diese ist allerdings nur abrechenbar, wenn die Mindestverweildauer der »kindlichen« DRG-Fallpauschale erreicht wird. In allen anderen Fällen ist die Leistung für das Neugeborene durch die Abrechnung der Fallpauschale der Mutter mit abgegolten.

Neben einer vollstationären DRG-Fallpauschale kann nur dann eine zusätzlich teilstationäre Vergütung abgerechnet werden, wenn die teilstationäre Behandlung außerhalb der oberen Grenzverweildauer stattfindet. Teilstationäre Behandlungen innerhalb der oberen Grenzverweildauer sind durch die DRG-Fallpauschale abgegolten. Nachstationäre Behandlungen können nur dann zusätzlich abgerechnet werden, wenn die Summe der nachstationären Behandlungstage die Grenzverweildauer der Fallpauschale übersteigt. Zur Ermittlung der Verweildauer sind Belegungstage zu ermitteln. Belegungstage sind der Aufnahmetag sowie jeder weitere Tag des Krankenhausaufenthaltes ohne den Verlegungs- oder Entlassungstag.

Auch die Abrechnung von DRG-Fallpauschalen bei *Verlegung* in den oder aus dem Bereich der Bundespflegesatzverordnung (Psychiatrie und Psychosomatik) ist in der KFPV geregelt. Verlegt eine Klinik aus dem Bereich des Krankenhausentgeltgesetzes einen Patienten in ein Haus des Bereiches der Bundespflegesatzverordnung, rechnet es eine Fallpauschale ab. Dasselbe gilt für den Fall, dass es einen Patienten aus einem Krankenhaus der Bundespflegesatzverordnung aufnimmt.

Das komplexe Thema *Wiederaufnahmen* im DRG-System wurde durch »Leitsätze zur Anwendung der Wiederaufnahmeregelung nach § 2 KFPV 2004« im Juni 2004 durch das Bundesministerium für Gesundheit und Soziale Sicherung verdeutlicht. Bei Wiederaufnahmen in dasselbe Krankenhaus hat eine Zusammenfassung der Falldaten zu einem Fall und eine Neueinstufung in **eine Fallpauschale** zu erfolgen, wenn

1.) Patienten innerhalb der oberen Grenzverweildauer des ersten Krankenhausaufenthaltes wieder aufgenommen werden;
2.) bei der Wiederaufnahme die Eingruppierung in dieselbe Basis-DRG erfolgt.

Ausnahme: Bestimmte im Fallpauschalenkatalog gekennzeichnete DRG-Fallpauschalen (z. B. onkologische DRGs) sind von dieser Wiederaufnahmeregelung ausgenommen.

Auch erfolgt eine Zusammenfassung zu einem Fall und eine Neueinstufung in **eine Fallpauschale** bei *Wiederaufnahmen* in dasselbe Krankenhaus, wenn

1.) Patienten innerhalb von 30 Tagen nach Beginn des ersten Aufenthaltes wieder aufgenommen werden;
2.) innerhalb derselben MDC die Fallpauschale des zweiten Aufenthaltes zur operativen Partition gehört und die Fallpauschale des ersten Aufenthaltes entweder zur medizinischen oder zur anderen Partition gehört.

Auch hier gilt die genannte **Ausnahme**.

Werden Patienten innerhalb der oberen Grenzverweildauer wegen einer Komplikation im Zusammenhang mit der während des ersten Aufenthaltes erbrachten Leistung wieder aufgenommen, so hat die Zusammenführung zu einem Fall zu erfolgen.

Damit haben erstmals »*Garantie-Aspekte*« in die Finanzierung von Krankenhausleistungen Eingang gefunden. Wiederaufnahmen werden trotz der in der KFPV 2004 getroffenen Regelungen komplizierte und konfliktträchtige Sachverhalte. Es ist vorauszusehen, dass besonders die Abgrenzung zwischen einer Wiederaufnahme wegen einer Komplikation oder wegen des Neuauftretens eines weiteren Leidens bei den vielen älteren multimorbiden Patienten zu erheblichen Abrechnungsstreitigkeiten führen wird (Engelke H. et al.).

7.6 Fallpauschalen bei Transplantationen

Die Durchführung von Organtransplantationen und die Knochenmark- und Stammzelltransplantation wird über DRG-Fallpauschalen vergütet. Nach § 4 KFPV sind eine Reihe von Leistungen in Zusammenhang mit der Organbeschaffung (z. B. Bezahlung von Vermittlungsstellen und Koordinierungsstellen, Transportkosten, Kontrolluntersuchungen etc.) gesondert abrechenbar. Der Fallpauschalenkatalog 2005 bringt neue DRG-Fallgruppen zur Evaluation von Patienten vor einer Transplantation und für transplantierte Patienten mit Langzeitbeatmung sowie eine Reihe modifizierter Splits, die zur weiteren Spreizung der Bewertungsrelationen führen.

7.7   Zusatzentgelte

In § 5 KFPV ist die Grundlage zur Abrechnung von *Zusatzentgelten* zusätzlich zu den DRG-Fallpauschalen nach einem Zusatzentgeltkatalog gelegt. Für 2005 sind jetzt 35 Zusatzentgelte mit einer Bewertung belegt. Weitere 36 inhaltlich definierte Zusatzentgelte müssen hinsichtlich der Vergütung zwischen Krankenhaus und Krankenkassen individuell vereinbart werden.

  Fazit

> Wie in anderen Ländern, die DRG-Systeme zur Finanzierung von Krankenhausleistungen eingeführt haben, wurden mit den KFPV 2003 und 2004 Abrechnungsregeln festgelegt. Sie sind neben den eigentlichen Fallpauschalen und den Zusatzentgelten die dritte Säule des G-DRG-System. Für die Leistungsplanung und Leistungssteuerung sind Zahl und Entwicklung der Kurzlieger, Langlieger und Wiederaufnahmen im Krankenhaus zu kennen und wenn nötig steuernd zu beeinflussen, Langlieger und Wiederaufnahmen im Krankenhaus zu kennen und wenn nötig steuernd zu beeinflussen, da sie zunehmend in den Fokus der Auseinandersetzung mit den Kostenträgern geraten werden.
>
> Da das Ziel eines erfolgreichen Leistungsmanagements im Krankenhaus die möglichst punktgenaue Erreichung von geplanten und mit den Krankenkassen vereinbarten Leistungen sein muss, wird bei der beschriebenen Komplexität des G-DRG-Systems und seiner Abrechnungsregeln ein Fallmanagement auf Krankenhaus- und Abteilungsebene für jeden Patienten zwingend notwendig und so auch zunehmend Ressourcen erfordern, die dann an anderer Stelle eingespart werden müssen.

Literatur zu Kap. 7

Achner S (2003) Leistungsveränderungen der Krankenhäuser: ein beschwerlicher Weg. f&w 5: 446–447

Engelke H, Fricke H (2003) Komplizierte Wiederaufnahmen. Erste Zweifelsfragen bei der Abrechnung von DRGs. krankenhaus umschau 5: 366–367

Fetter RB, Mills RE, Riedel DC, Thompson JD (1977) The application of diagnostic specific cost profiles to cost and reimbursement control in hospitals. J Med Syst 1(2): 137–149

Fischer W (1998) Multidimensionality as an alternative approach to construct patient classification systems. Abstract, Proceedings of the 14th PCS/E International Working Conference Manchester, S 294

Heimig F, Bauder D (2003) Aktueller Stand der Umsetzungen und Weiterentwicklung des G-DRG-Systems im InEK. f&w 4: 350–352

Hensen P, Schwarz T, Luger TA, Roeder N (2003) Sachgerechte Leistungsdokumentation durch optimierte Kodierabläufe. f&w 4: 369–372

Kalkulation von Fallkosten (2002) Handbuch zur Anwendung in Krankenhäusern, Version 2.0. Deutsche Krankenhaus Verlagsanstalt, Düsseldorf

McNair P, Duckett S (2003) Funding Victoria's public hospitals. The case-mix policy of 2000–2001. Australian Health Review 23: 20

Neubauer G (2003) Wettbewerb der europäischen Gesundheitssysteme aus ökonomischer Sicht. In: Klusen N (Hrsg) Europäischer Binnenmarkt und Wettbewerb: Zukunftsszenarien für die GKV. Nomos, Baden-Baden

Rau F (2003) Ersatzvornahme für das DRG-Fallpauschalensystem 2004. Das Krankenhaus 10: 766

Seidel-Kwem B, Vetter U, Wrabel A (2004) Zügige Korrekturen sind notwendig. G-DRG System schon als Preissystem anwendbar? krankenhaus umschau 5: 424–426

Selbmann B (2001) Editorial. Gesundheitsökonomie & Gesundheitsmanagement 6: 2

Schlottmann N, Fahlenbach C, Schreck JU, Köhler N (2003) Anpassung der Deutschen Kodierrichtlinien für 2004. Das Krankenhaus 11: 869–873

7

Weitere Klassifikationssysteme unterstützen das Leistungsmanagement im Krankenhaus

Ulrich Vetter

Literatur zu Kap. 8   —68

In allen Ländern wurde mit der Einführung von DRG-Systemen die Forderung laut, den Beitrag einzelner Berufsgruppen zu den Behandlungsleistungen besser zu beschreiben und den Krankheitsgrad bzw. Veränderungen im Krankheitszustand des Patienten unter Behandlung zu erfassen, um neben der Information aus dem DRG-System weitere Angaben zum Ressourceneinsatz für eine Behandlung oder Informationen zur Morbidität einer Patientenpopulation zu erhalten. In allen Ländern stellt die **Berufsgruppe der Pflegenden im Krankenhaus die zahlenmäßig größte Berufsgruppe** und so hat sich bei Einführung eines DRG-System das Interesse schnell auf Systeme konzentriert, die den Pflegeaufwand messen können.

Das in Deutschland genutzte und auch in die DRG-Fallkostenkalkulation zur Quantifizierung des Pflegeaufwands einbezogene *PPR-System (Pflegepersonalregelung)* war Anfang der 90er Jahre des letzten Jahrhunderts als Antwort auf den »Pflegenotstand« eingeführt worden, um für die Krankenhäuser eine bessere Ausstattung mit Krankenpflegekräften in Budgetverhandlungen mit den Kostenträgern zu erreichen.

Das PPR-System hat einen vergleichsweise einfachen Ansatz. Es kennt die Kategorien »Allgemeine Pflege und spezielle Pflege« mit je drei Variablen, die jeweils einmal täglich zur Beschreibung des Pflegeaufwandes für einen Patienten bestimmt werden. Jeder möglichen Kombination aus der Bewertung von Grund- und Spezialpflege bei einem Patienten wird ein empirisch ermittelter Zeitwert gegenübergestellt. Zur Summe der Zeitwerte der Patienten einer Station werden noch fixe Zuschläge für Leitungs- und Verwaltungstätigkeiten der Pflegenden addiert.

Nur in seiner frühen Einführungsphase wurde das PPR-System zur Durchsetzung des Bedarfes bei den Budgetverhandlungen genutzt. Seit Ende des Kostendeckungsprinzips wird das PPR-System in vielen Krankenhäusern zur Steuerung des Personaleinsatzes verwandt. Mit Einführung des G-DRG-Systems hat das PPR-System wieder an Bedeutung gewonnen, da es nicht nur den Pflegeaufwand in der G-DRG-Fallkostenkalkulation dem Patienten direkt zuordnen lässt, sondern z. B. auch als Verteilungsschlüssel für den nicht direkt dem Patienten zuordenbaren Medikamentenverbrauch einer Station genutzt wird. In ◧ Tabelle 8.1 sind die Kategorien und Variablen des PPR Systems dargestellt.

Neuere Pflegeklassifikationssysteme nutzen Informationen über den Patienten und eine Reihe von Aufwand beschreibenden Pflegevariablen, die direkt den dem Patienten zuordenbaren Pflegeaufwand abbilden. Das *LEP-System (Leistungserfassung in der Pflege)* ist ein solches System (Brügger U.). Es wurde in der Schweiz entwickelt und kennt verschiedene Module, so z. B.

◧ Tabelle 8.1. Kategorien und Variablen der Pflege-Personal-Regelung (PPR)

Allgemeine Pflege	Spezielle Pflege
A1: Grundleistungen	S1: Grundleistungen
A2: erweiterte Leistungen	S2: erweiterte Leistungen
A3: besondere Leistungen	S3: besondere Leistungen

für den Akutbereich (Erwachsene und Pädiatrie), die Intensivpflege und die Rehabilitation. Der Pflegeaufwand wird über einen Variablenkatalog erfasst, der sich in die Kategorien Stammdaten, Informationen über den Patienten und Pflegevariablen aufteilt. Jeder der insgesamt 118 Pflegevariablen ist ein Zeitwert zugeteilt. Diese Zeitwerte werden über den Tag für den einzelnen Patienten summiert. Für die Auswahl einer Pflegevariablen, die die Pflegebehandlung abbildet, gibt es definierte und zum Teil komplexe Regeln. Daneben ist aber wie beim PPR-System auch noch der Aufwand der »indirekten« Pflege zu erfassen. Darunter versteht man Arbeit von Pflegekräften, die für Führungsaufgaben, Dienstplangestaltung, Wartung von Geräten, Präsenzzeit bei Nachtdiensten etc. anfällt.

Mit dem LEP-System ist heute sicherlich die genaueste Erfassung des Pflegeaufwandes für einen Patienten möglich, da sie einzelne Pflegehandlungen am Patienten erfasst und sich nicht wie das deutsche PPR-System auf eine Kategorisierung eines Patienten nach Grund- und Spezialpflege reduziert. Die eigentliche Innovation des LEP-Systems ist durch die regelhafte Verknüpfung und Vergleiche zwischen verfügbarer Personalzeit und der erbrachten Pflegeleistung gegeben. Damit sind Aussagen zur Produktivität des eingesetzten Personals möglich. Die korrekte Anwendung des LEP-Systems ist allerdings nur unter beträchtlichem Schulungs- und Erhebungsaufwand zu realisieren, was seine Alltagstauglichkeit einschränkt. Auch in der Schweiz ist das LEP-System noch nicht flächendeckend eingeführt.

Disease Staging wurde etwa um die gleiche Zeit wie die DRG-Systeme Ende der 70er Jahre des letzten Jahrhunderts in den USA entwickelt (Gonella J.S. et al.). Es ist ein Patientenklassifikationssystem, das allein den klinischen Schweregrad einer Erkrankung beschreibt. Dazu verwendet es nur Patientenmerkmale wie Diagnosen, Nebendiagnosen und klinische Untersuchungsbefunde und – wo vorhanden – Laborbefunde oder die Ergebnisse anderer Untersuchungsmethoden. Prozeduren und damit Behandlungsmerkmale finden im Disease Staging keine Verwendung.

Die Methode des Disease Staging wurde entwickelt, um den Schweregrad der Erkrankung von in ein Krankenhaus eingewiesenen Patienten oder Gruppen von Patienten zu beurteilen. In den USA bekommen Krankenhäuser Patienten aus ganz unterschiedlich finanzierten Versicherungssystemen und ambulanten Versorgungssystemen zugewiesen. Mit der Methode des Disease Staging haben Krankenhäuser eine Möglichkeit, den Krankheitsschweregrad bei Einweisung eines Patienten zu dokumentieren und Defizite in der ambulanten Versorgung von Patienten oder Patientengruppen zu erkennen, um dann z. B. gegen verspätete Einweisungen vorzugehen.

Heute stehen für die 400 häufigsten Krankheitsbilder Kriterien des Krankheitsgrades zur Schweregradeinordnung im Disease Staging zur Verfügung. Generell werden 4 Stadien unterschieden, wobei das Stadium 0 z. B. für eine normale Entbindung gesetzt wird, das Stadium 1 charakterisiert eine Erkrankung ohne Komplikationen, das Stadium 2 eine Erkrankung mit lokalen Komplikationen, das Stadium 3 eine Erkrankung mit systemischen Komplikationen und das Stadium 4 kennzeichnet einen Verlauf der Erkrankung, die zum Tode führt.

Die Methode des Disease Staging wird in den nächsten Jahren auch in Deutschland punktuell eingeführt werden. Zur Anwendung kommen wird die Methode des Disease Staging im Rahmen der integrierten Versorgung, d. h. der sektorenübergreifenden Versorgung von Patienten im deutschen Gesundheitssystem (Knüppel D.). Disease Management Programme (DMPs) werden erste Einsatzmöglichkeiten für die Methode des Disease Staging bringen. Schnell wird man feststellen, dass der Krankheitsschweregrad und damit der Ressourcenaufwand für die Behandlung diagnosegleicher Patientengruppen zwischen Regionen variieren können. Wegen der ungünstigeren Alters- und Sozialstruktur ihrer Patienten werden Krankenhäuser in Metropolregionen einen höheren Ressourcenverbrauch für gleiche Behandlungsqualität benötigen.

Zur besseren Beschreibung motorischer und kognitiver Funktionen spezieller Patientengruppen werden seit Jahrzehnten der *Barthel-Index*, das *Functional Impairment Measure (FIM)* und die *Mini Mental State Examination (MMSE)* verwandt. Mit der Einführung spezieller DRG Fallpauschalen für die Geriatrie und Frührehabilitation in den Fallpauschalenkatalogen 2004 und 2005 sind spezielle Schlüssel die zur Abbildung der motorischen und kognitiven Leistungen von Patienten mit den drei beschriebenen Systemen (BI, FIM, MMSE) geschaffen worden.

Der *Barthel-Index (BI)* erfasst die grundlegenden Alltagsfunktionen (ADL) und wird schon seit fast 40 Jahren als Assessment-Methode eingesetzt (Mahoney F.I. et al.). Besonders weite Verwendung fand der BI in der Geriatrie, wo auch weitere Adaptionen an die Notwendigkeiten und Anforderungen des Fachgebietes vorgenommen wurden (Lübke N. et al.). Der BI enthält zehn unterschiedlich gewichtete Items zur Quantifizierung, wie selbständig oder unselbständig ein Patient in der Lage ist, sich zu waschen, aufzusetzen, die Toilette zu benutzen, sich zu baden, zu gehen, Treppen zu steigen, sich an und aus zu kleiden und wie seine Stuhl- und Harnkontinenz ist. Die Graduierung erfolgt über ein Punktesystem. Die höchste Punktzahl bedeutet völlige Unabhängigkeit, niedrige Punktzahlen stehen für eine hohe Hilfsbedürftigkeit. Niedrige Punktzahlen bedürfen einer sorgfältigen Interpretation. Verluste von Punkten in einzelnen Items können eine höhere Bedeutung für den Pflegeaufwand als Verluste in anderen Items haben. Der BI besitzt eine gute prädiktive Wertigkeit für die Vorhersage therapeutischer Verläufe. Der ursprüngliche BI misst fast ausschließlich motorische Funktionen. Der BI ist hervorragend geeignet, Patientengruppen untereinander zu vergleichen und damit das Aufwandsrisiko, aber auch Therapiefortschritte zu quantifizieren. Der *erweiterte Barthel Index (BI)* kann auch kognitive Funktionen messen.

Während sich der BI in der Geriatrie eine weite Anwendung und Verbreitung gefunden hat, hat das *Functional Impairment Measure (FIM)* seine Domäne in der neurologischen Frührehabilitation. Der FIM (*funktionaler Selbständigkeitsindex*) wird in der Rehabilitation von Patienten nach Schädelhirntraumata, Schlaganfällen, Hirnblutungen etc. eingesetzt. Mittels 18 verschiedener motorischer und kognitiver Items vermag er Funktionsausfälle und somit den Schweregrad einer Behinderung bei Beginn einer Therapie und Fortschritte unter Therapie festhalten. Die motorischen Items entsprechen fast vollständig den motorischen Items im originalen Barthel-Index. Sieben Bewertungskriterien graduieren die einzelnen Items. Positive Änderungen im funktionalen Selbstständigkeitsindex (FIM während der Behandlungsperiode) können Indikator für den Nutzen oder die Wirkung der Behandlung sein (De Langen E.G. et al.).

Die *Mini Mental State Examination (MMSE)* ist eine aus zwei Teilen bestehende *orientierende Gedächtnisprüfung*. Im ersten Teil werden Orientiertheit, Gedächtnis und Aufmerksamkeit geprüft, im zweiten Teil das Benennen, Lesen und Schreiben sowie visuell-konstruktive Fähigkeiten. Die MMSE umfasst 30 Items und ihre Interpretation gibt Anhaltspunkte für den Schweregrad einer Gedächtnisstörung (Burkart M. et al.).

Die *Psychiatrie Personalverordnung (PsychPV)* ist die Bemessungsgrundlage zur Ermittlung des Personalbedarfes in der Allgemeinpsychiatrie, der Suchtbehandlung, der Gerontopsychiatrie und der Kinder- und Jugendpsychiatrie. Dabei werden an vier Stichtagen im Jahr alle zu diesem Tag in einer psychiatrischen Klinik behandelten Patienten ihrer notwendigen Behandlungsstufe zugeordnet. Sie stellt somit ein *Mess-System zur Quantifizierung des personellen Aufwandes* dar, den psychiatrische Patienten zur Diagnostik und Therapie während eines stationären oder tagesklinischen Aufenthaltes benötigen (Kunze H. et al.)

Für die Allgemeinpsychiatrie wird zwischen A1 Regelbehandlung, A2 Intensivbehandlung, A3 Rehabilitative Behandlung, A4 Langzeitbehandlung, A5 Psychotherapie und A6 Tagesklinische Behandlung unterschieden. Für alle am Behandlungsprozess beteiligten Berufsgruppen, Ärzten, Pflegekräften, Psychologen, Ergotherapeuten etc. lassen sich aus diesen Behandlungsstufen Minutenwerte ableiten, die in Summe dann die notwendige Personalausstattung einer Abteilung für Allgemeinpsychiatrie herleiten lassen. Für den Pflegedienst wird zusätzlich pro Krankenstation noch ein Sockelwert von Pflegeminuten addiert zur Abbildung der pflegerischen Grundversorgung. Für den ärztlichen Dienst, die Pflege und die Psychologen werden noch zusätzliche Leitungskräfte berücksichtigt. Damit wird aus der jeweiligen Behandlungsstufe des Patienten abgeleitet, welchen Aufwand seine Behandlung hervorruft. Die Einordnung der Patienten in die jeweilige Behandlungsstufe hat über die Personalausstattung mit den jeweiligen Berufsgruppen auch eine strukturbildende Komponente.

Die PsychPV wurde 1990 eingeführt. Es war ein erklärtes Ziel, zur Verbesserung der Behandlungsbedingungen der psychiatrischen Patienten die Personalausstattung gemäß PsychPV zu 100% in Budgetverhandlungen durch- und umzusetzen. Seit Ende der 90er Jahre ist dieser Anspruch jedoch nur noch in wenigen psychiatrischen Abteilungen und Kliniken tatsächlich umgesetzt. Die Budgetrestriktionen treffen psychiatrische Kliniken ebenso wie somatische Kliniken.

Auch die Psychiatrie nutzt Systeme zur Beschreibung des Krankheitsschweregrades eines Patienten im Alltag. Häufig wird der CGI (*Clinical Global Impressions*) bei Aufnahme und Entlassung eines psychiatrischen Patienten eingesetzt. Dieser verhältnismäßig einfache Test fragt im ersten Teil mit acht Items den *Schweregrad der Erkrankung* eines Patienten bei Aufnahme und Entlassung ab und ergänzt in seinem zweiten Teil die Schweregradeinschätzung durch eine unabhängige Gesamtbeurteilung der Zustandsänderung des Patienten während des stationären Aufenthaltes. Der CGI stellt eine gute Möglichkeit dar, Patientengruppen aus verschiedenen Betreuungsformen und mit verschiedenen Erkrankungen bei Aufnahme hinsichtlich ihres

Krankheitsschweregrads zu vergleichen und eine Bewertung verschiedener Behandlungsformen bei vergleichbaren Patientengruppen oder Erkrankungen zu erhalten.

 Fazit

> Die vorgestellten Systeme sind in deutschen Kliniken im Einsatz und werden unterschiedlich genützt. Im Laufe der kommenden Jahre werden sie einen festen Platz im Leistungsmanagement eines Krankenhauses für die Planung und Steuerung von Leistungen bekommen und wichtige Zusatzinformationen über den Krankheitsgrad von Patienten, den notwendigen Ressourceneinsatz und zu Behandlungsergebnissen liefern. Die Einführung des G-DRG-Systems zeigt, dass komplexe Systeme zu ihrer Handhabbarkeit auf weitere Systeme angewiesen sind, was den Grad der Komplexität (und die Kosten) des Gesamtsystems nochmals steigert.

Literatur zu Kap. 8

Brügger U, Bamert U, Maeder C (2001) Beschreibung der Methode LEP Nursing 2. Leistungserfassung für Gesundheits- und Krankenpflege. 1. Aufl. LEP AG, St Gallen

Burkart M, Heun R, Maier W, Benkert O (1998) Demenzscreening im klinischen Alltag. Eine vergleichende Analyse von MMSE, SIDAM und ADAS. Nervenarzt 69: 983–990

De Langen EG, Frommelt P, Wiedmann KD, Amann J (1995) II. Messung der funktionalen Selbständigkeit in der Rehabilitation mit dem funktionalen Selbständigkeitenindex (FIM). Rehabilitation 34: 4–11

ECDEU (1976) Manual for Psychopharmacology Revised Edition. Rockville, Maryland, S 217–222

Gonella JS, Hornbrook MC, Louis DZ (1984) Staging of disease – a case-mix measurement. JAMA 251: 637–644

Knüppel D (2003) Disease Staging in Deutschland. Präzises System zur Definition von Krankheitsschweregraden. Krankenhausumschau 7: 644–645

Kunze H, Kaltenbach L (Hrsg) (1994) Psychiatrie-Personalverordnung. Textausgabe mit Materialien und Erläuterungen für die Praxis. 2. Aufl. Kohlhammer

Mahoney FI, Barthel DW (1965) Functional evaluation: The Barthel Index. Maryland State Med J 14: 61–65

Lübke N, Grassl A, Kundy M, Meier-Baumgartner HP, Wilk J (2001) Hamburger Einstufungsmanual zum Barthel-Index. Geriatrie Journal 1–2: 41–46

Inhalte und Schwerpunkte der Leistungsplanung

Christian Raible und Manfred Primke

Krankenhäuser sind Unternehmen und haben das Ziel sich im Wettbewerb zu behaupten. Mit Ende des Selbstkostendeckungsprinzips Anfang der 90er Jahre des letzten Jahrhunderts hat für Krankenhäuser die unternehmerische Normalität begonnen. Mit der Verabschiedung des Fallpauschalengesetzes (FPG) ist der Weg zurück in die alte Zeit endgültig versperrt. Der grundlegende Wandel vom Regiebetrieb zum modernen Dienstleistungsunternehmen wird jetzt deutlich. Die Krankenhäuser, die bis zur vollständigen Implementierung des G-DRG-Systems nicht in der Lage sein werden ihre Leistungen zu den im G-DRG-System erzielbaren Preisen zu erbringen, werden die Kräfte der Marktdynamik zu spüren bekommen und aus dem Wettbewerb ausscheiden (Naegler H.).

9.1   Strategische und operative Unternehmens-Leistungsplanung – Notwendigkeit und Ausgestaltung

Die Krankenhäuser befinden sich heutzutage in einem Spannungsfeld, in dem sie sich mit verschiedenen Einflussfaktoren auseinandersetzen müssen (◘ Abb. 9.1). **Krankenhäuser, die im Wettbewerb bestehen wollen, müssen sich regelhaft mit ihrer Unternehmensplanung auseinander setzen.** Die Annahme, dass Krankenhäuser etwa durch ihren Versorgungsauftrag staatlichen Bestandsschutz besäßen und nicht ähnlichen Marktrisiken – wie der Geschäftsaufgabe z. B. in anderen Wirtschaftsbereichen – unterlägen, wäre schlichtweg naiv.

Die Unternehmensplanung eines Krankenhauses lehnt sich in Struktur und Vorgehen an die von anderen Unternehmen an. Sie setzt sich aus der strategischen Planung, der operativen Planung und der Jahresplanung zusammen. Die genannten Planungskategorien unterscheiden sich im Zeithorizont und Konkretisierungsgrad stark. Übergänge zwischen den Planungskategorien können fließend sein. Im Alltag sind vor allem die operative Planung und Jahresplanung sehr eng miteinander verwoben. Die Hauptaufgabe der strategischen Unternehmensplanung im Krankenhaus liegt in der Erkennung oder in der Prognose der Auswirkungen von den in ◘ Abb. 9.1 aufgezählten Einflussfaktoren auf das Krankenhaus.

Die Notwendigkeit einer strategischen Unternehmensplanung beruht zuletzt auch auf gesetzliche Vorschriften wie z. B. des Bundesgesetzes zur Kontrolle und Transparenz im Unternehmen (KonTraG) aus dem Jahre 1998 und stellt einen wichtigen Teil des in diesem Gesetz geforderten Risikomanagements dar.

━ Die *strategische Leistungsplanung* ist im Zeithorizont langfristig und hat als ihre Steuerungsgröße das Erfolgspotential. Ihre Perspektive ist dabei in erster Linie auf das Umfeld orientiert. Die strategische Leistungsplanung basiert in der Regel auf Daten, die bestenfalls semiquantitativ sein können. Häufig müssen Annahmen herangezogen werden, die auf Expertenurteilen basieren.

━ Im Gegensatz zur langfristigen Ausrichtung der strategischen Unternehmensplanung hat die *operative Leistungsplanung* einen mittel- bis kurzfristigen Zeithorizont. In der Regel ist sie als Mittelfristplanung auf eine 5-Jahres-Periode ausgerichtet.

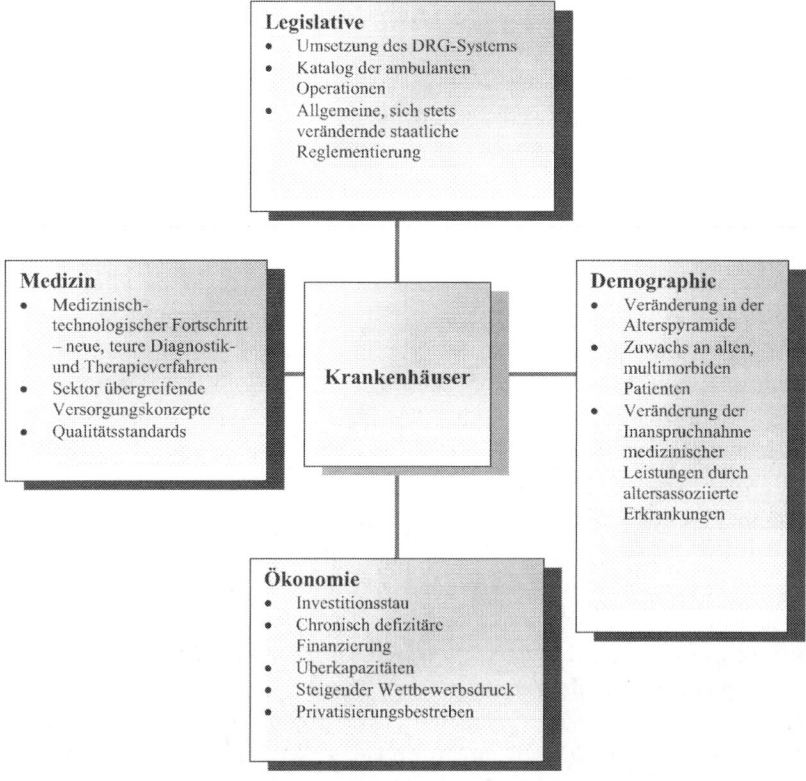

Legislative
- Umsetzung des DRG-Systems
- Katalog der ambulanten Operationen
- Allgemeine, sich stets verändernde staatliche Reglementierung

Medizin
- Medizinisch-technologischer Fortschritt – neue, teure Diagnostik- und Therapieverfahren
- Sektor übergreifende Versorgungskonzepte
- Qualitätsstandards

Krankenhäuser

Demographie
- Veränderung in der Alterspyramide
- Zuwachs an alten, multimorbiden Patienten
- Veränderung der Inanspruchnahme medizinischer Leistungen durch altersassoziierte Erkrankungen

Ökonomie
- Investitionsstau
- Chronisch defizitäre Finanzierung
- Überkapazitäten
- Steigender Wettbewerbsdruck
- Privatisierungsbestreben

◘ Abb. 9.1. Kliniken im Spannungsfeld verschiedener Einflussfaktoren

— Die *Jahresplanung* hat einen einjährigen Zeithorizont und setzt Ziele aus der Mittelfristplanung um. Als Steuerungsgröße hat sie allein das Ergebnis (DRG-Fallzahlen und Erlöse, Gewinne und Verluste, Qualitätsindikatoren etc.) und ihre Perspektive ist ganz auf das Krankenhaus fokussiert.

Vereinfachend kann man die strategische Unternehmensplanung auch als die Domäne der richtigen Fragen und die operative Planung als die Domäne der richtigen Lösungen beschreiben (Beschorner D. et al.).

Die Notwendigkeit für eine strategische Leistungsplanung lässt sich einfach illustrieren. Mit dem Katalog der ambulanten Operationen und stationsersetzenden Maßnahmen werden in manchen Abteilungen ein erheblicher Teil der bisher vollstationär erbrachten Leistungen in den ambulanten Bereich verlagert. Bei gleichzeitig sinkenden Verweildauern kommt es schon heute und wird es auch weiter unabhängig von der Fallzahlentwicklung zu einer deutlichen Reduktion der Bettenzahl in allen Krankenhäusern und zur Schließung von nicht wenigen Krankenhäusern kommen (Lauterbach K.W. et al.). Disease Management Programme werden bestimmte Leistungen an einzelnen Krankenhäusern konzentrieren. Dieselben Effekte wird die Mindestmengenregelung in § 137 SGB V haben (Lüngen M. et al.). Inwieweit neue Leistungsangebote aus der integrierten Versorgung sowie Einzelverträge zwischen Krankenhäusern und Krankenkassen (Einkaufsmodelle), wie sie im Gesetz zur Modernisierung der Gesetzlichen Krankenversicherung (GMG) vorgesehen sind, Einfluss auf die Leistungsplanung und Leistungsgestaltung im Krankenhaus haben werden, ist heute noch nicht absehbar.

Aus all den Punkten lässt sich ableiten, dass Krankenhäuser am Beginn eines verstärkten Wettbewerbs um den Patienten stehen und sich gleichzeitig durch die Einführung des DRG-Systems einem erheblichen Preisdruck ausgesetzt sehen. **Um im Wettbewerb zu bestehen, ist eine langfristige Strategie zur Entwicklung innovativer und qualitativ guter Behandlungsangebote und -leistungen zu attraktiven Preisen notwendig.**

Strategische Planung im Krankenhauswesen bedeutet allerdings aufgrund der oft jährlich wechselnden Rahmenbedingungen (Gesetzesänderungen, Reformen etc.) »Planen auf unsicherem Boden«. Nicht wenige Krankenhauspraktiker stehen deshalb der notwendigen Investition in eine sehr differenzierte und aufwändige Strategieplanung eher kritisch und zurückhaltend gegenüber.

Um die strategische Leistungsplanung in die Realität des Krankenhausalltages hinein zu stellen, sollten zwei Punkte immer klar herausgearbeitet werden:

- **Strategien sollen klare Aussagen zur Positionierung eines Krankenhauses treffen.**
- **Die gewählten Strategien sollen klare Aussagen zur Ressourcenverteilung in der Zukunft erkennen lassen.**

Beide Punkte sind in der Regel nicht frei von Konfliktstoff und Grund dafür, warum man in vielen Krankenhäusern lange Zeit klare strategische Aussagen scheute und die Leistungsentwicklung eher einer Summation von Zufällen überließ.

Die Entwicklung von Strategien ist immer das Ergebnis von Einzelentscheidungen. Diese sollten vor dem Hintergrund der Langwierigkeit der eingeschlagenen Strategie gut dokumentiert und entsprechend festgehalten werden. Ein strukturiertes methodisches Vorgehen unterstützt dies.

9.2   Methodisches Vorgehen bei der Strategiefindung

Die Suche nach einer Strategie für die zukünftige Leistungsgestaltung eines Krankenhauses kann durch **Techniken** unterstützt werden. Diese Techniken dienen neben der Gestaltung des Prozesses auch der Kommunikation und Transparenz des Prozesses der Strategiefindung. Die im Folgenden vorgestellten Techniken ermöglichen es, wichtige Fragenkomplexe in Einzelfragen aufzuspalten und Inhalte verständlicher zu transportieren. Zur besseren Anschaulichkeit werden die Methoden mit Beispielen aus unserem virtuellen Krankenhaus mit seinem Einzugsgebiet von 100.000 Einwohnern vorgestellt (▶ s. Kap. 2).

Am Beginn aller strategischen Überlegungen in einem kompetitiven Marktumfeld steht die Analyse, welche qualitativen Umfeldvariablen (Wettbewerb) als Bedrohungspotentiale für das eigene Unternehmen existieren. Einen methodisch einfachen Weg bietet hierfür die *Analyse der fünf Wettbewerbskräfte (»five forces«)* des amerikanischen Strategieprofessors Michael Porter (Porter M.), die für unser virtuelles Krankenhaus vorgestellt wird (◘ Tabelle 9.1). Unser virtuelles Krankenhaus liegt in einer Großstadt mit 400.000 Einwohnern, in der sich fünf weitere Krankenhäuser befinden, die

■ Tabelle 9.1. Analyse der fünf Wettbewerbskräfte am Beispiel unseres Wettbewerbkrankenhauses		
Wettbewerbskraft	**Entwicklung**	**Bedeutung**
Rivalität unter bestehenden Anbietern	Fusion zweier Mitbewerber zu einem Klinikum	(noch) gering, aber zunehmend
Potentielle neue Konkurrenten	Eintritt der ersten bedeutenden Privatklinikkette	zunehmend
Verhandlungsmacht der Abnehmer	Krankenkassen wollen Sondertarife (Einkaufsmodelle), Patienten haben gestiegene Ansprüche an Transparenz und Qualität der erbrachten Leistungen	steigend
Verhandlungsmacht der Lieferanten bzw. Arbeitnehmer	Einkaufsprobleme hinsichtlich Produktabnahmezwänge, gestiegene Anforderungen der potentiellen Arbeitnehmer	(noch) gering
Bedrohung durch Ersatzprodukt	Ambulantes Operieren, Pflegeheime	steigend

um das bisher sicher geglaubte Einzugsgebiet von 100.000 Einwohnern unseres virtuellen Krankenhauses konkurrieren. Im Markt ergaben sich in der letzten Zeit zwei große Veränderungen auf Seiten der Leistungserbringer. Zum einen wurde ein bisher kommunales Krankenhaus an eine private Klinikkette verkauft. Zum anderen fusionierten zwei freigemeinnützige Krankenhäuser zu einem Klinikum.

Das Ergebnis der Analyse der fünf Wettbewerbskräfte zeigt für unser virtuelles Krankenhaus sehr deutlich, dass der Wettbewerb in allen betrachteten Punkten stärker wird und besonders durch das Neueintreten von Mitbewerbern mit neuer Organisationsform gekennzeichnet ist. Dieselben Fragen lassen sich auch für einzelne Abteilungen und Fachgebiete unseres virtuellen Krankenhauses formulieren.

Wenn nach der Analyse der Wettbewerbssituation die eher im Abstrakten bleibenden Grundfragen zur Strategie in konkrete Einzelentscheidungen heruntergebrochen werden, ist immer die Frage zu beantworten, welches Ziel ein Krankenhaus verfolgen will. Das Ziel eines Krankenhauses ist es, heute (und in Zukunft immer stärker) im Wettbewerb zu bestehen. **Dieses Ziel kann erreicht werden, wenn das Krankenhaus auf einem oder mehreren bestimmten Gebieten der Medizin Anbieter von besten Gesundheitsleistungen in einer Region wird.** Um das Unternehmensziel zu erreichen, müssen die Kernkompetenzen eines Krankenhauses bekannt sein. Dann muss entschieden werden, mit welchen der Kernkompetenzen man sich im Wettbewerb profilieren will. Der erste Schritt ist die Identifikation dieser Kernkompetenzen.

Die *VRIO-Methode* ist ein klassisches Instrument der Kompetenzfeldidentifikation. Kernkompetenzen müssen einen Wert (**V**alue) für das Unternehmen darstellen, sie müssen einzigartig sein (**R**areness), sie müssen einzigartig bleiben (**I**mitability) und schließlich müssen Kernkompetenzen oder Kompetenzen, die als solche identifiziert werden, **o**rganisierbar sein (Barney J.B.).

Am Beispiel unseres virtuellen Krankenhauses sei die VRIO-Methode dargestellt. Unser Krankenhaus will eine exzellente Herzmedizin bieten. Dazu soll aus den beiden Abteilungen für Kardiologie und Herzchirurgie ein Herzzentrum entwickelt werden. Weiterhin ist vorgesehen, dass am Krankenhaus in freiwerdenden Bettenkapazitäten eine Abteilung für kardiologische Frührehabilitation gegründet und dass eine leistungsstarke kardiologische Gemeinschaftspraxis in die Räume des Herzzentrums integriert wird (☐ Tabelle 9.2). Die Ergebnisse der VRIO-Analyse für das beschriebene Herzzentrum an unserem virtuellen Krankenhaus zeigen nachhaltig, dass dieses als wichtige Kernkompetenz im Wettbewerb zu sehen ist und gute Chancen hat, sich dahin zu entwickeln.

Die bisher beschriebenen Ansätze haben die Wettbewerbssituation, die vom Umfeld auf das Unternehmen einwirkt, beschrieben oder herausgearbeitet, ob ein neues fachliches Angebot das Potential einer Kernkompetenz in sich trägt. Die beiden nächsten Methoden haben einen breiteren Ansatz. Mit ihnen kann das gesamte Leistungsangebot eines Krankenhauses auf den Prüfstand gestellt werden und Ansätze zur Weiterentwicklung des gesamten Krankenhauses herausgearbeitet werden. Es sind dies die *Portfolio-Analyse* (Hedley B.), die vor mehr als 30 Jahren erstmals von Boston Consulting entwickelt worden ist und die *Delphi-Methode* (Wechsler W.). Letztere ist eine strukturierte Expertenbefragung.

Die **Portfolio-Analyse ist eine Technik der systematischen Analyse eines Unternehmens und/oder seiner Produkte auf Chancen, Risiken, Stärken und Schwächen**. Die beschriebenen Aspekte sind auf möglichst zwei repräsentative Faktoren zu verdichten, wobei der eine die Umweltkomponente und der andere die Unternehmenskomponente repräsentiert. So werden für gewöhnlich die Attraktivität der Kostenposition eines Angebotes oder Produktes oder der Marktanteil den Marktwachstumschancen eines Angebotes oder Produktes gegenüber gestellt (Vollmer T.).

Die Durchführung einer erfolgreichen und aussagekräftigen Portfolio-Analyse ist von einer guten Vorbereitung abhängig. So müssen die Chancen, Risiken, Stärken und Schwächen eines Krankenhauses durch Datenmaterial nach einem einheitlichen Schema aufgearbeitet werden. Eine zweite wichtige Voraussetzung liegt darin, dass die Teilnehmer an einer Portfolio-Analyse (z. B. Mitarbeiter einer Abteilung) im Vorfeld die Inhalte und Zielsetzungen der Portfolio-Analyse und ihre Voraussetzungen verstanden haben müssen. Im Rahmen von kurzen Schulungen sind diese Inhalte aber schnell vermittelbar. Aufgrund der Tatsache, dass die Portfolio-Analyse mit subjektiven Wertungen ihrer Teilnehmer arbeitet und diese häufig unkritisch der eige-

☐ **Tabelle 9.2.** Anwendung der VRIO-Methode auf das Herzzentrum unseres virtuellen Krankenhauses

	Value	Rareness	Imitability	Organisation
Herz-zentrum	Herzmedizin ist positiv besetzt und bietet relativ gute Erlöse. Abschluss von Komplex-Fallpauschalen möglich. Einstieg in integrierte Versorgung.	Nur wenige Krankenhäuser bieten Kardiologie, Kardiochirurgie und Frührehabilitation unter einem Dach	Konkurrent hätte hohe Hürde bei Markteintritt zu überwinden, da sowohl im stationären als auch ambulanten Bereich der Marktanteil des Herzzentrums sehr hoch ist	Alle Akteure sind unter einem »Dach«. Kurze Wege bieten Kostenvorteile.

nen Situation bzw. der Situation ihrer Abteilung oder ihres Krankenhauses gegenüberstehen, wird bei ihrer praktischen Durchführung stets ein unabhängiger externer Moderator benötigt.

Welche Ergebnisse können von einer Portfolio-Analyse erwartet werden? Sie identifiziert in erster Linie Problembereiche und Spitzenleistungen und führt so ihre Teilnehmer bzw. die Verantwortlichen eines Krankenhauses auf Entscheidungen hin. Die Ergebnisse geben nur grobe Vorgaben und müssen dann durch nachfolgende, weitergehende strategische Planungen z. B. mit Hilfe der Delphi-Methode präzisiert werden.

Zur besseren Veranschaulichung der Portfolio-Methode wird in ◘ Abb. 9.2 das Ergebnis einer »Marktanteil vs. Marktwachstumschancen-Portfolio-Analyse« für vollstationäre Leistungen in unserem virtuellen Krankenhaus illustriert. Dabei wird aus Vereinfachungsgründen von der ursprünglichen Modellversion, die sich auf den relativen Marktanteil konzentrierte, abgesehen. In dieser Darstellung wird der absolute Marktanteil herangezogen.

Die Ergebnisse dieser häufig im Vorfeld von größeren Veränderungen durchgeführten Portfolio-Analyse zeigen für unser virtuelles Krankenhaus ein buntes aber realistisches Bild, das so oder in ähnlicher Form auch in vielen anderen Krankenhäusern zu erwarten sein wird:

— Im linken unteren Quadranten finden sich Abteilungen wieder, die weder einen sehr hohen Marktanteil noch die Chance auf ein Marktwachstum haben, da u. a. demographische Faktoren (Pädiatrie, Geburtshilfe) für einen kontinuierlichen Rückgang der Fallzahlen in den kommenden Jahren sprechen. In diesen Abteilungen sollten Rationalisierungsinvestitionen mit dem Ziel der Kapazitätsreduzierung und der infrastrukturellen Verbesserung vorgenommen werden. Gerade in der Geburtshilfe determiniert der bauliche Zustand zum erheblichen Teil die Nachfragemenge.

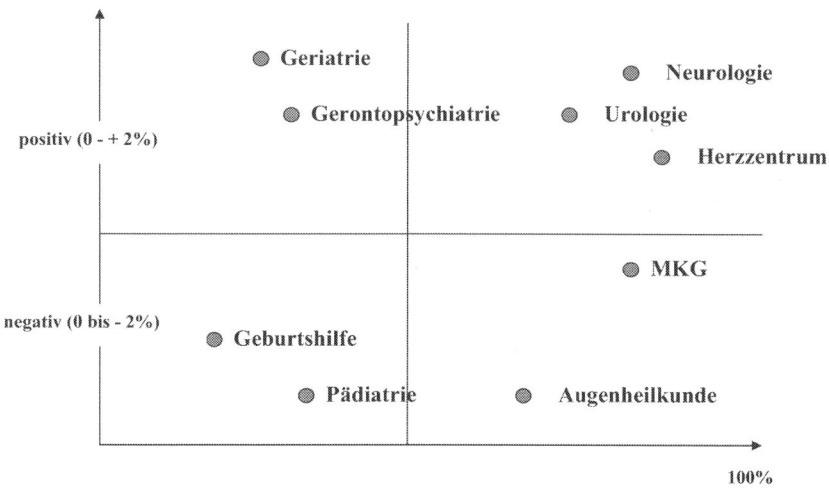

◘ Abb. 9.2. Darstellung des Ergebnisses einer Portfolioanalyse unseres virtuellen Krankenhauses

▬ Den rechten oberen Quadranten besetzen Abteilungen, die schon heute einen hohen Marktanteil haben (Urologie, Neurologie, Herzzentrum) und die von Morbiditätsveränderungen aufgrund demographischer Entwicklungen in den nächsten Jahren profitieren werden. Diese Abteilungen können auf einen wachsenden Markt hoffen. Auch wenn es in der Zukunft zu stagnierenden vollstationärer Fallzahlen kommen wird, werden Kompetenzzentren wie z. B. das Herzzentrum eine unangefochtene Stellung im Markt einnehmen.

▬ Problemfelder stellen Abteilungen dar, die im linken oberen und rechten unteren Quadranten positioniert wurden. In der Augenheilkunde (rechts unten) ist seit langem schon ein kontinuierlicher Rückgang an vollstationären Fallzahlen wegen der Verlagerung von Leistungen insbesondere der Kataraktchirurgie in den ambulanten Bereich zu verzeichnen. In der Mund-, Kiefer- und Gesichtschirurgie (MKG) spielt neben der Verlagerung von Leistungen in den ambulanten Bereich auch die demographische Entwicklung eine Rolle. Mit dem Rückgang junger Erwachsener werden die vollstationären Fallzahlen sinken. Beide Fachabteilungen werden ihren heute noch hohen Marktanteil an der stationären Versorgung nicht vor der aufgezeichneten Entwicklung konservieren können. In der »Portfoliosprache« handelt es sich bei diesen Abteilungen um »cash cows«, die im Rahmen einer »Abschöpfungsstrategie gemolken« werden sollten (Peemöller V.). Auf den Krankenhausbereich bezogen, könnte dies bedeuten, dass frühzeitig Überlegungen anzustellen sind, wie diese Abteilungen in ein Zentrum für ambulante Operationen integriert werden können.

▬ Der momentane Marktanteil der Abteilungen für Geriatrie und Gerontopsychiatrie (links oben) ist trotz zu erwartendem Marktwachstum niedrig. Diese Abteilungen werden es schwer haben, schnell eine hohe Attraktivität zu erreichen. Allerdings bergen diese Fachbereiche im Gegensatz zu den Abteilungen für Augenheilkunde und MKG, Entwicklungsmöglichkeiten im vollstationären Bereich in sich, da wegen der demographischen Entwicklung von einem Marktwachstum ausgegangen werden kann. In der Portfoliosprache werden Abteilungen (Produktgruppen), die sich in diesem oberen linken Quadranten befinden, Fragezeichen (Nachwuchs bzw. »wild cats«) genannt. Empfohlen wird, nach einer eingehenden Analyse der Entwicklungsmöglichkeiten entweder durch hohe Investitionen Marktanteile zu gewinnen oder sich aus diesem Geschäftsfeld zurück zu ziehen. Eine viel versprechende Investition, um das Klinikum auf dem Gebiet der Medizin für Ältere nachhaltig zu positionieren, könnte z. B. durch die Schaffung eines Zentrums für Ältere mit interdisziplinären Stationen für Demenzkranke und einem breiten tagesklinischen Angebot realisiert werden.

Die in ◼ Abb. 9.2 dargestellte Portfolio-Matrix dient als analytisches Hilfsmittel, um richtige Strategien für die einzelnen Abteilungen zu entwickeln. Fertige und ausformulierte Lösungen sind von einer Portfolio-Analyse nicht zu erwarten. Der Schritt von der Portfolio-Analyse zur Ausformulierung einer präziseren Strategieempfehlung kann dann über die Technik der Delphi-Methode gegangen werden.

Die *Delphi-Methode* ist eine **Expertenbefragung** zur Beurteilung der Entwicklung von Leistungsbereichen und Marktchancen. Die Voraussetzungen für eine erfolgreiche Durchführung sind auch hier von einer guten Vorbereitung abhängig. Dabei sollten mindestens zwei auf einander aufbauende Fragebögen zu den Entwicklungsmöglichkeiten des eigenen Krankenhauses und der in ihm vertretenen Fachgebiete vorbereitet werden. Die Befragung der Experten, z. B. der Chefärzte, leitenden Pflegekräfte und leitenden Mitarbeiter aus der Administration, ist ein mehrschrittiges Vorgehen. Nachdem die Experten die Fragebögen ausgefüllt haben, werden diese von einem unabhängigen Team ausgewertet und inhaltlich verdichtet. Das aufgearbeitete Ergebnis aus den Befragungen wird in Workshops mit den Experten erneut diskutiert. Aus der Präzisierung von Problemen und Fragestellungen wird, falls nötig, dieser Prozess mehrmals mit modifizierten, weiteren Fragebögen wiederholt.

Der große Vorteil der Delphi-Methode liegt in ihrem nonverbalen Vorgehen (Wechsler W.). Dadurch haben nicht nur die Meinungsführer eines Krankenhauses die Chance sich zu äußern, sondern die schriftlich niedergelegte Meinung eines jeden Einzelnen aus der Führungsmannschaft eines Krankenhauses hat dasselbe Gewicht und geht in die Auswertungen und Empfehlungen ein.

Strategisch denkende und handelnde Krankenhäuser und Krankenhausunternehmen können schon heute aus ihren Analysen erkennen, in welchen Bereichen Kooperationen oder sogar Fusionen von Fachabteilungen und Kliniken sinnvoll erscheinen und in welchen Bereichen ausreichend Erfahrung und Zahl von Leistungen vorhanden ist, um als Alleinanbieter am Markt zu bestehen. Dabei muss stets die Frage der Wettbewerbsfähigkeit und deren Erreichung und Bewahrung im Vordergrund stehen. Die zur Verfügung stehenden strategischen Optionen werden im Folgenden vorgestellt.

9.3 Beispiele strategischer Optionen

9.3.1 Kooperationen, Allianzen und Fusionen von Krankenhäusern

In den letzten Jahren sind auf dem deutschen Klinikmarkt zunehmend Kooperationen, Allianzen und Fusionen von Krankenhäusern zu beobachten gewesen. Bei diesem Konsolidierungs- und Konzentrationsprozess konnten die privaten Klinikbetreiber ihre in den letzten Jahren angekündigte Expansionswelle teilweise realisieren (Neubauer G.).

Kooperation von Kliniken meint die zwischenbetriebliche Zusammenarbeit von rechtlich und wirtschaftlich weiterhin selbständigen Unternehmen zur gemeinsamen Ausführung von geschäftlichen Aktivitäten (Sell A.). Anfangs standen Kooperationen im Basisbereich z. B. der Betrieb gemeinsamer Küchen, Reinigungsbetriebe oder die Schaffung von Einkaufsverbünden im Vordergrund. Heute haben Krankenhäuser und Klinikketten regionale Dienstleistungszentren häufig in Kooperation mit Partnern aus der Wirtschaft gegründet und die Krankenhauslogistik professionalisiert (Jankowski E.). Neuerdings kooperieren Kliniken auch auf medizinnahen Feldern wie der DRG-Einführung, Abrechnung und der Qualitätssicherung (Becker A. et al.).

Im klinischen Bereich haben einige Krankenhäuser in der Radiologie, der interventionellen Kardiologie oder der Labormedizin Kooperationen mit niedergelassenen Ärzten oder Praxisgemeinschaften wegen der hohen Investitionskosten von Großgeräten geschaffen. In diesem Zusammenhang ist auf mögliche Entwicklungen der Integrierten Versorgung zu verweisen. Die integrierte Versorgung soll eine patientenorientierte, funktionsübergreifende, effiziente medizinische Versorgung der Patienten gewährleisten (Mühlbacher A. et al.) Im Unterschied zum Begriff der Verzahnung zwischen dem ambulanten und stationären Sektor stellt der Begriff Integration auf eine neue Organisation der Leistungserbringung ab (Rosenbrock R.). Mit dem Gesetz zur Modernisierung der gesetzlichen Krankenversicherung (GMG), das neue Chancen zur integrierten Versorgung von Patienten bietet, sollten **sektorübergreifende Kooperationen zwischen Krankenhäusern, Pflegeheimen, Rehabilitationskliniken und Ärzteverbünden** stark zunehmen.

Allianzen sind besondere Formen der Kooperation von unabhängigen Unternehmen, die in ausgewählten Geschäftsbereichen koordiniert agieren und dadurch langfristige Wettbewerbsvorteile realisieren wollen (Jansen S. et al.). Diese Wettbewerbsvorteile gegenüber den Mitstreitern können in liberalisierten Märkten durch eine abgestimmte Angebots- und Preispolitik zwischen den Allianzpartnern erreicht werden. Der deutsche Gesundheitsmarkt lässt allerdings aufgrund der hohen Reglementierungsdichte solche individuellen Preis- und Mengenfestsetzungen nicht zu. Auch das G-DRG-Fallpauschalensystem – als administriertes Preissystem – offeriert den Leistungserbringern nicht die Möglichkeit Preisabsprachen vorzunehmen.

Während der Konvergenzphase der Einführung des G-DRG-Systems wird es vor allem in Ballungsgebieten zu Kooperationen zwischen Krankenhäusern kommen. Ziel dieser Kooperationen ist die Leistungsabstimmung zur Bereinigung von Überkapazitäten und zur Schwerpunktbildung. Schon heute versuchen in gemeinsamer Trägerschaft verbundene Krankenhäuser mit überschneidenden Einzugsgebieten durch Neuausrichtung ihres Leistungsangebotes ihre Konkurrenzsituation und damit den Kräfteverschleiß und Ressourcenaufwand zu minimieren (Mutter C. et al.).

An dieser Stelle sei darauf hingewiesen, dass umfangreiche strukturelle Veränderungen nur im Einvernehmen der Krankenhausplanungsbehörden bzw. der Krankenkassen vorgenommen werden können (Rocke B.). Nicht selten sehen sich veränderungswillige Krankenhäuser hier widerstrebenden Interessen von Krankenhausplanung und Kostenträgern gegenüber.

Unzureichende Betriebsgröße, Defizite in der Leistungsstruktur, eine schwierige Kostensituation und ruinöser Wettbewerb von Krankenhäusern können Auslöser zum Entschluss für eine Krankenhausfusion sein. Das Ausmaß der gegenseitigen Konkurrenz leitet sich allein schon aus der Tatsache ab, dass drei Viertel aller Krankenhäuser identisch wichtige DRG-Fallgruppen in Bezug auf Häufigkeit und Umsatzstärke aufweisen. (Nierhoff G. et al.).

Eine *Krankenhausfusion* bedeutet für einen Partner im Fusionsprozess die Aufgabe der Eigenständigkeit und damit auch einen tief greifenden

Eingriff in sein Selbstverständnis. Hierbei ist im Besonderen auf eventuelle Differenzen hinsichtlich einer divergierenden Unternehmenskultur der Fusionspartner zu verweisen, die den gewünschten Erfolg schmälern können. Es wundert deshalb nicht, dass Fragen nach den Erfolgsquoten und -faktoren einer Krankenhausfusion von den beteiligten Partnern frühzeitig im Fusionsprozess gestellt werden. Abgesehen von der freiwilligen Entscheidung der Akteure zu fusionieren, kann es auch eine »institutionelle Vorgabe« geben. Dabei nutzen die Planungsbehörde und die Krankenkassenverbände die ihnen zur Verfügung stehenden Instrumente, um die Krankenhäuser zur Zusammenarbeit zu bewegen:

- Gezieltes Inaussichtstellen von Pauschal- und Individualfördermitteln.
- Verweigerung der Aufnahme in das landesspezifische Investitionsprogramm.
- Verweigerung des Abschlusses von Versorgungsverträgen (keine Kontrahierungspflicht mehr für die Krankenkassen).

Ziel kann die Gesamt- oder Abteilungsschließung, die Bettenreduzierung oder die Begrenzung des Versorgungsvertrages sein (Thiede J.A. et al.).

Betriebsgrößenprobleme können der Ausgangspunkt von Kooperationsüberlegungen bei vielen Krankenhäusern sein. Im Allgemeinen wird die Betriebsgröße als optimal erachtet, die die Produktion zu minimalen Stückkosten erlaubt. In der Betriebswirtschaftslehre wird seit langem versucht, ein Verfahren zur optimalen Betriebsgröße zu entwickeln. Gerade in Mehrprodukt-Dienstleistungsbetrieben wie einem Krankenhaus erscheint dies nahezu unmöglich. **Systematische Untersuchungen mit Aussagen zu Leistungszahlen und Leistungsstruktur einer optimalen Krankenhausbetriebsgröße fehlen.**

In der Literatur finden sich dazu eher persönliche Meinungsäußerungen. In der deutschen Literatur gelten Krankenhäuser unter 200 Betten als wirtschaftlich nicht existenzfähig, während eine wirtschaftlich günstige Größe ab 700 Betten vorliegen soll (Hamann D.H.). Allerdings sind auch diese Größenangaben kritisch zu sehen, da sie sich auf historische Verweildauern beziehen. In der Zukunft sollten sich Aussagen über effiziente Betriebsgrößen auf Fallzahlen beschränken, da die medizinische und nicht die Unterkunftsleistung im Vordergrund der Betrachtung stehen sollte.

Könnte unser virtuelles Krankenhaus mit einem Einzugsgebiet von 100.000 Einwohnern und heute noch rund 19.750 vollstationären Patienten die optimale Betriebsgröße darstellen? Wenn ja, dann hätte es bei einer durchschnittlichen Verweildauer von sechs Tagen Aufenthalt eine Betriebsgröße von etwa 400 Betten bei einem Auslastungsgrad von 78 bis 82%. Wären Einzugsgebiet, Fallzahl und daraus abzuleitende Bettenzahl tatsächlich das Optimum, ließe sich Deutschland mit seiner derzeitigen Bevölkerungsanzahl mit 800 bis 850 Krankenhäusern dieser Größenordnung versorgen.

Bei jeder Fusion werden Kostensenkungseffekte erwartet, die durch Aufgabe oder Zusammenlegung von ineffizienten Bereichen bzw. durch Aufgabe von ganzen Standorten erreicht werden sollen. Diese können umso einfacher realisiert werden, wenn die Zahl der doppelt und ineffizient vorgehaltenen Leistungsangebote der fusionierenden Krankenhäuser hoch ist. **Systematische Untersuchungen zu den erreichbaren Kostensenkungseffekten durch Krankenhausfusion fehlen in der deutschen Literatur.** In der amerikanischen Literatur konzentriert sich der größte Teil der empirischen Forschung auf horizontale Krankenhausfusionen. Das Ausmaß der in diesen Studien berichteten Kostensenkungen ist sehr unterschiedlich und von zahlreichen Bedingungen abhängig. Die geplanten Kostensenkungen wurden in vielen Fällen zu optimistisch taxiert. Generell erscheint die Fusion als Kooperationsform am geeignetsten, um die notwendigen Veränderungen in der Leistungsstruktur zu erreichen, damit die Wettbewerbsposition verbessert wird. Eine Fusion führt aller Wahrscheinlichkeit nach dann zu nennenswerten Kostensenkungen (>5%), wenn

- die Einrichtungen weniger als 250 Betten haben,
- sich in räumlicher Nähe befinden und
- einen hohen Deckungsgrad (gleiche Kapazitätsvorhaltung) an erstellten Leistungen aufweisen (Connor R.A. et al.).

In einem Punkt stimmen viele Studien überein. Dauerhafte Erfolge von Krankenhausfusionen sind stark von einer durchdachten und konsequenten Leistungsstrukturplanung zu Beginn der Restrukturierungsprozesse abhängig, um die bisher ineffiziente Leistungserbringung schnellstmöglich zu beenden. (Lynk W.H., Sinay T.U., Bazzoli G. et al., Picello D.G. et al.).

Wenn der eigene Markt der vollstationären Medizin erkennbar rückläufig sein wird, dann stellen sich natürlich Krankenhäuser die Frage, ob sie in eine der neuen Medizin nahen Geschäftsfelder hineingehen sollen: Dies könnte das ambulante Operieren, die stationäre und teilstationäre Rehabilitation oder gar die Altenpflege sein. In der ersten Begeisterung wird nicht gesehen, dass auf diesen Feldern andere Spielregeln gelten als im bisherigen Kerngeschäft der vollstationären Versorgung und jeder Versuch der Nutzung des bisherigen Managements und der Geschäftsgrundsätze zum Scheitern führt. **Für neue Geschäftsfelder von Krankenhäusern gelten dieselben Gesetze wie überall: Nur die Gründung von separaten organisatorischen Einheiten wie z. B. ein ambulantes OP-Zentrum mit eigener Organisation und Mannschaft verspricht dauerhaften Erfolg.**

9.3.2 Strategische Schwerpunktbildung in Klinikkonzernen

Nicht nur bisher allein agierende Krankenhäuser versuchen durch Kooperationen mit fremden Leistungserbringern ihre Wettbewerbsfähigkeit zu steigern. Auch regionale Klinikunternehmen und Klinikgruppen stellen sich die Frage, wie sie den Medizinbetrieb in ihren Unternehmen optimal organisieren können.

Als ein Beispiel, wie regionale Klinikunternehmen versuchen ihre Leistungserbringung zu verbessern, soll im Folgenden das Konzept »*Stadtkrankenhaus PLUS*« des LBK Hamburg vorgestellt werden (Vetter U. et al.). Dieses Konzept stellt sich die Frage, in welcher Tiefe und Breite und an welchem Standort Leistungen durch ein regionales Krankenhausunternehmen erbracht werden sollen. Der LBK-Hamburg ist eines der größten Gesundheitsunternehmen Europas. Zu ihm gehören sieben Krankenhäuser sowie mehr als 20 Serviceeinheiten und Tochtergesellschaften mit insgesamt 12.000 Beschäftigten. In mehr als 100 ambulanten und stationären medizinischen Fachabteilungen und Zentren werden jährlich über 400.000 Patientinnen und Patienten versorgt. Die sieben Krankenhäuser des LBK Hamburg versorgen Einzugsgebiete, die zwischen 100.000 bis 300.000 Einwohner variieren. Für diese Einzugsgebiete bieten sie heute und auch zukünftig ein breites Angebot der Inneren Medizin, der Chirurgie und – wo vorhanden – der Gynäkologie an, das durch die Not- und Unfallmedizin komplettiert wird.

Diese Allgemeinleistungen finden sich im Begriff »Stadtkrankenhaus« wieder. Die Zusatzkomponente »PLUS« bezieht sich auf ein deutlich erweitertes medizinisches Angebot, das nicht notwendigerweise für jeden Patienten an jedem Standort und zu jedem Zeitpunkt vorgehalten werden muss. Allerdings sollte dieses Zusatzangebot, wenn es benötigt wird, in Anspruch genommen werden können. Die Konzeptkomponente »PLUS« sieht eine Konzentration von hochspezialisierten Leistungen vor, die in der Regel durch ein interdisziplinäres medizinisches Team mit kostenintensiven apparativen Einrichtungen erbracht werden. Diese spezialisierten Leistungen fallen in höherer Fallzahl besonders in der Versorgung von Patienten mit Herz-Kreislauf-Erkrankungen, Magen-Darm-Leber-Erkrankungen, pulmonalen Erkrankungen, neurologischen Krankheiten, Skeletterkrankungen (degenerative, entzündliche Erkrankungen, Verletzungen und Unfälle incl. Rehabilitation) und Tumorerkrankungen an. Etwa zwei Drittel der jährlich 160.000 somatischen vollstationären Patienten der LBK Hamburg gehören zu diesen sechs großen Krankheitsgruppen.

Für die Erbringung hoch spezialisierter Leistungen in diesen Fachgebieten bilden sich im LBK Hamburg sog. *LBK Kliniken*, die sich von den Zentren innerhalb der Krankenhäuser des LBK Hamburg abgrenzen und eine integrierte Organisationsform der medizinischen Leistungserbringung darstellen. Als Beispiel sei die *LBK Herzklinik* vorgestellt, wo in enger fachlicher Kooperation der Abteilungen Herzchirurgie und Kardiologie des LBK Hamburg mehr als 15.000 kardiologische Patienten versorgt werden. Hier werden alle kardiochirurgischen Eingriffe durchgeführt und alle diagnostischen und interventionellen Herzkathetereingriffe incl. der Katheterablation zur Behandlung komplexer Rhythmusstörungen angeboten und erbracht. Seit einiger Zeit betreibt die LBK Herzklinik den Herzkathetermessplatz am LBK Krankenhaus AK Barmbek, was dort zur Nachfragesteigerung und damit zur höheren Kapazitätsauslastung geführt hat. Diese Vernetzung bringt nicht nur wirtschaftliche Vorteile, sondern löst das Problem der Mindestfallzahlen, die zukünftig in der interventionellen Kardiologie gefordert werden. Als selbständiger Leistungserbringer wäre das AK Barmbek und seine kardiologischen Abteilung wahrscheinlich nicht in der Lage, die Zahl von 400 interventionellen Herzkatheteruntersuchungen (diese Zahl ist international als Mindestfallzahl anerkannt) zu erreichen und würde so Gefahr laufen, diese Leistungen in Zukunft nicht mehr erbringen zu können.

Neben ihren originären Aufgaben in der Krankenversorgung übernehmen die *LBK Kliniken* auch organisatorische und fachliche Aufgaben im LBK Hamburg. So sind sie verantwortlich für die Weiterentwicklung von geplanten Behandlungsabläufen. Diese Behandlungsabläufe werden in den nächsten Jahren – neben ihrer Funktion als Behandlungsleitlinien für Ärzte und Pflegekräfte – verstärkt den Charakter von »*Produktbeschreibungen*« der Krankenhausleistungen annehmen. Darüber hinaus sind die Vereinheitlichung im apparativen Bereich, die Steuerung von Investitionen sowie der

Aufbau von Kooperationen und Allianzen mit externen Anbietern von Gesundheitsleistungen weiter zu entwickelnde Aufgaben der LBK Kliniken.

Ein zweites Modell der Konzentration von Leistungen unter dem Begriff »PLUS« stellt die »*Fachklinik*« im LBK Hamburg dar. Sie entsteht aus der Fusion von Abteilungen der Organfächer, in denen in der Regel auch spezialisierte Leistungen ohne hohen interdisziplinären und apparativen Aufwand im Fachgebiet allein erbracht werden können. Beispiele hierfür sind die Augenheilkunde und HNO-Heilkunde. In diesen Fachgebieten sind aufgrund der niedrigen DRG-Erlöse pro Fall hohe Fallzahlen nötig, um dauerhaft eine sichere ökonomische Basis zu erreichen. Mit Einführung des Kataloges der ambulanten Operationen und stationsersetzenden Maßnahmen und des damit drohenden Verlustes stationärer Patienten ist die Entwicklung von Fachkliniken in diesen Fächern geboten. Den anderen Krankenhäusern des LBK Hamburg stellen die Fachkliniken Konsilleistungen zur Verfügung.

Mit dem Programm »*Stadtkrankenhaus PLUS*« verfolgt der LBK Hamburg als regionaler Krankenhauskonzern ein doppeltes Ziel: Zum einen soll unter den neuen Rahmenbedingungen des DRG-Systems die Wettbewerbsfähigkeit seiner Krankenhäuser gesteigert werden. Dies kann er nur durch die Konzentration von Ressourcen und Kompetenzen schneller erreichen als seine Mitbewerber. Zum anderen soll auch die heute vielfach bestehende Binnenkonkurrenz im LBK Hamburg vermindert werden, um das Ziel, qualitativ hoch stehende Gesundheitsleistungen zu wettbewerbsfähigen Preisen erbringen zu können, zu erreichen (Lohmann H.; www.lbk-hh.de/html/medizin).

Ähnliche Konzentrationsprozesse werden in Berlin durch den kommunalen Krankenhauskonzern Vivantes vorangetrieben. Einen überregionalen Ansatzpunkt verfolgt die *Gesundheit Nordhessen Holding AG*, deren Ziel es ist, ein Netzwerk von Gesundheits- und Sozialeinrichtungen mit unterschiedlichen Spezialisierungen für den Großraum Nordhessen zu schaffen, um Leistungen auf höchstem Qualitätsniveau unter wirtschaftlichen Bedingungen zu erbringen.

Die *Rhön Klinikum AG* – ein bundesweit agierender privater Krankenhauskonzern mit Akutkrankenhäusern aller Versorgungsstufen – hat das *Konzept der Teleportalklinik* für Krankenhäuser der Grund- und Regelversorgung in seinem Konzern entwickelt. Die Teleportalklinik nutzt die Möglichkeiten der Telematik, um medizinische Kompetenz der Spitzenmedizin bereits auf Ebene der Grund- und Regelversorgung zur Verfügung zu stellen. Voraussetzung für das Modell der Teleportalklinik ist die Investition in eine diagnostisch-technische Ausstattung auf dem Niveau von Schwerpunktkrankenhäusern. Die ärztliche Expertise wird rund um die Uhr über telematische Online-Verbindungen aus den Kliniken der Schwerpunkt- und Maximalversorgung des Konzerns zur Verfügung gestellt. Die Teleportalklinik verzichtet auf die große Allgemeinchirurgie, beschränkt sich auf tageschirurgische Eingriffe und leitet Patienten mit komplexen Erkrankungen sowohl in der operativen als auch in der konservativen Medizin nach Diagnosestellung an die Schwerpunktkliniken des Konzerns in ihrer Region weiter (Meder G. et al.).

Ein »verwandtes« System wurde bei der *HELIOS Klinikengruppe*, einem privaten Träger von Akutkliniken in Deutschland und Österreich, implementiert. Die seit 3 Jahren errichtete feste Breitbandverkabelung aller Standorte erleichtert eine sichere und schnelle gegenseitige Information. Derzeit sind über 4000 Teilnehmer an das firmeneigene digitale Kommunikationsnetz, das HELIOSnet™, angeschlossen. Nicht nur Textdateien, sondern auch Bilder, wie z. B. Röntgenaufnahmen oder Videosequenzen, können versandt werden. So werden die computertomographischen Bilder kleinerer HELIOS-Häuser in den größeren Kliniken befundet. Auch das Einholen einer Zweitmeinung in schwierigen medizinischen Einzelfragen ist so einfacher und schneller geworden und steigert die Sicherheit für die Patienten (www.helios-kliniken.de/unternehmen/zusammenarbeit/).

In Klinikverbünden und Klinikgruppen werden oft die Leistungen der einzelnen Kliniken mit der Gesamtleistungsfähigkeit des Konzerns in Verbindung gesetzt. Dabei entsteht eine Art Marke. Zunehmend wird auch im Krankenhausmanagement im Rahmen von strategischen Überlegungen über *Markenentwicklung und Markenführung von Kliniken* nachgedacht (Storcks H.). Eine Marke hat das Ziel, das Leistungsversprechen eines Krankenhauses aktiv in die Auswahlentscheidung des Patienten einzubringen und dadurch eine Patientenbindung an die Klinik zu erreichen und zu festigen. Eine »Marke Krankenhaus« soll über den Qualitätsanspruch wirken, den der Patient auf dieses Krankenhaus projiziert und bei Erfüllung seiner Erwartungen in Vertrauen umsetzt (von Eiff W.).

Mit dem Gewinn an Vertrauen in sein Krankenhaus steigt das subjektive Sicherheitsempfinden des Patienten. Für das Krankenhaus selbst heißt dies, dass es ihm gelungen ist, sein Leistungskonzept im Empfinden des Patienten eng an seinen Namen zu knüpfen. Damit hat es die Chance, eine Markteintrittsbarriere für Mitbewerber aufzubauen.

Die Ausprägung von Krankenhausmarken ist im Vergleich zu anderen Ländern in Deutschland bis heute nicht so präsent, sieht man vielleicht von der historischen Marke *Charité* ab, die für grundlegende wissenschaftliche Leistungen der deutschen Medizin zu Ende des 19. und zu Beginn des 20. Jahrhunderts stand. Anders sieht es z. B. in den USA aus, wo bestimmte Kliniknamen wie die *Mayo-Klinik* für höchstes diagnostisches Niveau, die *Cleveland-Klinik* für Höchstleistungen auf dem Gebiet der Kardiologie und das *Sloan Kettering Cancer Center* für eine weltbekannte Krebsmedizin als akzeptierte Marken stehen.

 Zwischen-Fazit

> Das Gesundheitssystem steht vor tief greifenden Veränderungen. Die Notwendigkeit, eine umfassende Unternehmens- und Leistungsplanung in den Krankenhäusern zu implementieren und konsequent umzusetzen, wird vor dem Hintergrund der aufkommenden Marktdynamik in der deutschen Krankenhauslandschaft immer deutlicher. Hauptziel und Aufgabe zugleich der Unternehmensplanung ist es, für ein Krankenhaus eine zukunftssichere Positionierung im Markt vorzunehmen, die es im Wettbewerb um Patienten bei guter Kostenposition und guter Behandlungsqualität erfolgreich sein lässt. Durch die aufgezeigten Methoden wird der Planungsvorgang strukturiert und transparent. Dadurch erhöht sich die Akzeptanz bei den mitwirkenden Gruppen, die alle aktiv in den Prozess mit eingebunden sein sollten.

▼

Verschiedene Arten von Unternehmensverbindungen werden auch im Krankenhauswesen als Möglichkeit erkannt, Stärken zu forcieren und Schwächen abzubauen. Bei bestimmten Ausgangssituationen erscheint die Fusion von Krankenhäusern der beste Weg eine Neupositionierung mit besseren Marktchancen zu erreichen. Krankenhausverbände und Klinikketten bieten weitergehende strategische Optionen zur Konzentration und Verfügbarkeit von Spitzen- und Regelleistungen für ihre Krankenhäuser. Diese genannten strategischen Optionen greifen stark in die Leistungsplanung und Leistungsgestaltung ein. Der von ihnen ausgehende Änderungsdruck auf das Leistungsangebot ist als Chance zur Neupositionierung, zum Markenaufbau und zur Sicherung der Wettbewerbsfähigkeit zu sehen.

9.4   Die operative Leistungsplanung

Mit der operativen Leistungsplanung wird in Krankenhäusern die Erreichung von kurz- bis mittelfristigen Zielen verfolgt. Das eine Extrem der operativen Planung stellt die *Mittelfristplanung* dar, die einen zeitlichen Horizont von drei bis zu fünf Jahren haben kann. Wird eine Mittelfristplanung aufgestellt, wird sie in der Regel jährlich fortgeschrieben und wenn nötig modifiziert. Ziele der Mittelfristplanung gehen kontinuierlich in die Jahresplanung ein, die sehr *kurzfristige* Ziele formuliert und so das andere Extrem der operativen Planung darstellt. Die Jahresplanung ist *Grundlage der Leistungsplanung* (AEB-Aufstellung) für die Budgetfindung mit den Krankenkassen.

Beide Varianten der operativen Leistungsplanung stehen mit Einführung des G-DRG-Systems vor neuen Herausforderungen. Zum einen sind Planungssicherheit und -präzision durch die hohe Leistungstransparenz des G-DRG-Systems erheblich verbessert worden, zum anderen machen z. B. die komplexen Abrechnungsregeln des G-DRG-Systems eine zunehmend detaillierte und verlässliche Planung für den Erfolg eines Krankenhauses oder Krankenhausunternehmens notwendig.

9.4.1   Die Mittelfristplanung

Die Mittelfristplanung setzt Ergebnisse der strategischen Unternehmensplanung in Leistungsziele um. Dabei wird die konkrete Zielsetzung zum einen aus der eigenen Leistungsentwicklung der vorigen Jahre oder aus dem Vergleich mit anderen Krankenhäusern abgeleitet (◘ Abb. 9.3).

Eine weitere Vergleichsmöglichkeit der eigenen Leistungsdaten ergibt sich seit 2004 aufgrund der Veröffentlichung von Leistungsdaten im Rahmen der bundesdeutschen DRG-Kalkulation durch das InEK. Mit diesen Daten ist ein Vergleich der Diagnosen- und Prozedurenverteilung pro DRG möglich; weitere Patientenmerkmale, wie z. B. Altersverteilung oder PCCL Verteilung, können ebenfalls mit den InEK-Bundesdaten verglichen werden.

Finden sich bei den dargestellten Vergleichen signifikante Unterschiede, so wird dies das Vorgehen bei der eigenen mittelfristigen Leistungsplanung beeinflussen. Es ist möglich, Antworten auf Fragen wie

- »Habe ich ein anderes Patientenklientel?«,
- »Nutze ich andere Behandlungsformen?«,

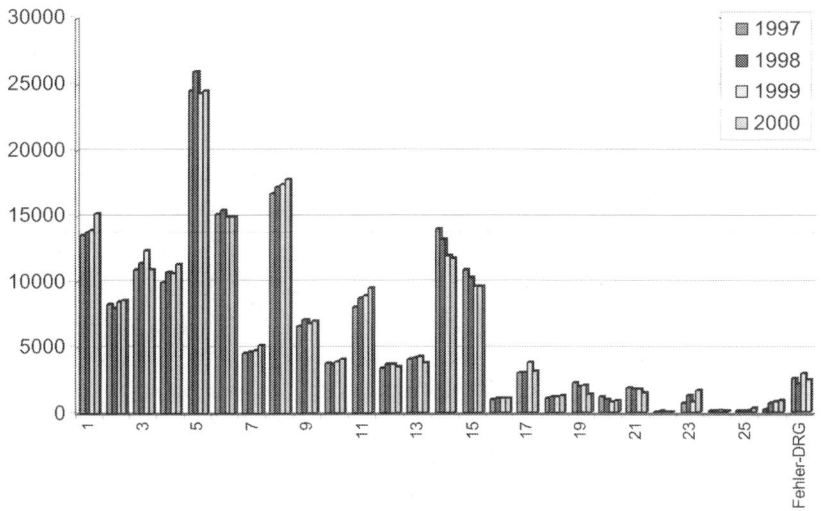

Abb. 9.3. Die Darstellung aller LBK Patienten im AP-DRG-System von 1997 bis 2000 zeigt eine kontinuierliche Zunahme der Patienten mit neurologischen Krankheiten (MDC 1), Lungenerkrankungen (MDC 4) und mit Erkrankungen von Skelett und Muskeln (MDC 8)und einen Verlust von Patientinnen, die zur Geburt kamen (MDC 14), und Neugeborenen (MDC 15)

━━ »Welchen Anteil hat Spezialversorgung an meiner täglichen Arbeit?« zu erhalten. Diese besonderen Leistungskomplexe gilt es für die Mittelfristplanung zu identifizieren, da sie ein wesentliches Unterscheidungsmerkmal zu anderen Krankenhäusern im Wettbewerb darstellen. Neben der Identifikation von Spezialleistungen ist die Analyse der Leistungen aus dem Bereich der Kernkompetenz im Sinne einer Marktanalyse zur Standortbestimmung notwendig. Diese Vergleiche zeigen auch, ob ein Krankenhaus einen besonders ungünstigen Patientenmix aufweist.

Ein relativ einfacher Weg, die derzeitige Marktposition eines Krankenhauses zu bestimmen, liegt in der Analyse von Patientenzahlen mit Erkrankungen, deren Inzidenzen pro 100.000 Einwohner gut bekannt sind (▶ s. a. Kap. 2). Am Beispiel unseres virtuellen Krankenhauses mit seinem Einzugsgebiet von 100.000 Einwohnern lässt sich dieses Vorgehen darstellen (◻ Tabelle 9.3). Die Analyse zeigt, dass unser virtuelles Krankenhaus nicht zuletzt wegen seines Herzzentrums überdurchschnittlich viele Patienten mit Herzinfarkten versorgt. Als weiteres Spezialangebot wurde die Behandlung von Patienten mit M. Crohn erkannt. Während die Zahl der Patienten mit

◻ Tabelle 9.3. Einschätzung der Marktposition mittels Erkrankungen mit gut bekannter Inzidenz			
Erkrankung	Neuerkrankungen pro 100.000 Einwohner	Beobachtete Fallzahl im virtuellen Krankenhaus	Geschätztes Einzugsgebiet
Myokardinfarkt	200–250	500	200.000–250.000
Pneumonie	200	100	50.000
Schlaganfall	300	300	100.000
M. Crohn	25	50	200.000

Schlaganfall unauffällig ist, zeigt sich, dass erheblich weniger Patienten mit Pneumonien (Lungenentzündungen) behandelt werden als das Einzugsgebiet erwarten lässt. Aus den diesen und anderen Ist-Analysen erfolgt die Ableitung eines realistischen und umsetzbaren Sollwertes für die jeweilige Mittelfrist- und Jahresplanung.

9.4.2 Die Jahresplanung

Die Jahresplanung hat mit Einführung des G-DRG-Systems in 2004 eine ungleich höhere Bedeutung als in den Jahren zuvor erhalten. Mit der Version 2005 hat das G-DRG-System einen deutlich höheren Komplexitätsgrad durch weitere Zunahme an Fallgruppen und Zusatzentgelten erreicht.

Die Verflechtungen zwischen Leistungs-, Erlös- und Budgetplanung erfordern ein hohes Maß an Präzision und Qualität im Vorgehen. Bezugspunkt der Leistungsplanung ist zum einen die Budgetvereinbarung mit den Kostenträgern (auf Basis der AEB), zum anderen der interne Wirtschaftsplan. Wie stark der interne Wirtschaftsplan mit der externen Planung übereinstimmt, wird auch durch die Strategie beeinflusst. So kann der interne Wirtschaftsplan eine Ausweitung von DRG-Fallgruppen vorsehen, die eine strategische Bedeutung haben (Nachwuchs oder »wild cats«), deren Erlöse aber nicht die Kosten decken. Solche Planungsentscheidungen sind umso leichter möglich, wenn ein Krankenhaus in seiner Leistungsplanung parallel durch Ausweitung von kostengünstig erbrachten DRG-Fallgruppen (»cash cows«) reagieren kann und somit die strategisch gewollte Verlustsituation ausgleichen kann (► s. a. Kap. 9.2).

Wurden bisher in der LKA-Systematik Fälle pro Jahr und Abteilung im Wesentlichen unabhängig vom verhandelten Budget geplant, so ist nun eine *Mengen-* und *Schweregradplanung* ebenso wie eine *Verweildauerplanung* für jede einzelne DRG einer Fachabteilung notwendig (Primke et al.). Diese Planung kann sinnvollerweise jedoch erst nach der Veröffentlichung des DRG-Katalogs in jedem Jahr erfolgen. Nachadjustierung des Kataloges und Veröffentlichung der DRG-Definitionshandbücher, die zum inhaltlichen Verständnis einer DRG-Fallgruppe notwendig sind, erfolgen im Nachhinein. Erst wenn das DRG-System einen hohen Entwicklungsstand als Preissystem erreicht hat, dürften die jährlichen Änderungen so marginal ausfallen, dass die derzeitige missliche Situation, planen zu müssen ohne die Rahmenbedingungen definitiv zu kennen, der Vergangenheit angehören wird (► s. a. Kap. 7).

Für die Jahresplanung ist es notwendig, sich den *Preischarakter der DRG-Fallgruppen* vor Augen zu führen. Das aktuelle G-DRG-System kennt 878 DRG-Fallgruppen. Diese fußen auf Basis-DRG-Fallgruppen, die aufgrund von Komorbiditäten und Komplikationen in DRG-Fallgruppen unterschiedlichen Ressourcenverbrauches aufgeteilt werden können (Schweregradsplits). Diese Möglichkeit wird allerdings nicht für alle Basis-DRG-Fallgruppen wahrgenommen. So bleiben eine Reihe der Basis-DRG-Fallgruppen ohne diese Schweregradsplits; sie sind also trotz möglicher Komorbiditäten und Komplikationen als »Festpreis-DRGs« zu betrachten.

Einzelne Fachgebiete wie die Augenheilkunde erzielen ihre Erlöse fast ausschließlich mit »Festpreis-DRGs«. Mehr als die Hälfte der »Festpreis-

DRG«-Fallgruppen sind operative DRG-Fallgruppen, werden also durch Prozeduren eindeutig angesteuert. Auch die nichtoperativen »Festpreis-DRG«-Fallgruppen dürften mit wenigen Ausnahmen bei Beachtung der Kodierrichtlinien ohne Probleme korrekt angesteuert werden.

Neben diesen »Festpreis-DRGs« gibt es spezielle DRG-Fallgruppen für Tagesfälle sowie DRG-Fallgruppen, die selektiv angesteuert werden, wenn ein Patient verstirbt oder verlegt wird, einer Therapie wegen einer Krebserkrankung unterzogen wird oder ein bestimmtes Alter erreicht hat. Für alle diese DRG-Fallgruppen gilt, dass allein und ausschließlich das beschriebene Merkmal die Einordnung des Falles in die Fallgruppe steuert.

Insbesondere für die medizinisch-konservativen DRG-Fallgruppen kann es schwer sein, abgrenzende Merkmale zu benennen. Eine Definition von Leistungsketten und die anschließende Aggregation auf ein Merkmal bilden hier einen Kompromiss. So wurde z. B. eine frührehabilitative Leistung mit Strukturmerkmalen, wie z. B. Ergotherapie und Logotherapie und einem Verweildauerbezug, definiert und abschließend zu einem Prozedurenschlüssel aggregriert. Analog wäre es möglich, Ketten diagnostischer Verfahren, die prozesshaft miteinander gekoppelt sind, zu verdichten.

Die operative Leistungsplanung steht vor der anspruchsvollen Aufgabe, innerhalb weniger Wochen am Jahresende eine mit den Kostenträgern vereinbarungsfähige Leistungsplanung aufzubauen. Hierbei ist es zunächst erforderlich, möglichst valide Ist-Daten des laufenden Jahres auf das Gesamtjahr hochzurechnen. Je breiter hier die Ausgangsbasis ist, desto geringer ist der Einfluss saisonaler Einflüsse auf die Leistungsmengen. Ausgehend von der Hochrechnung der Leistungszahlen des laufenden Jahres ist eine Überleitung in die DRG-Logik des Folgejahres notwendig (Vereinbarungszeitraum für das Budget). Ein Grouper-Algorithmus des Folgejahres, der eine Zuordnung in die neue DRG-Logik ermöglicht, wird hier gebraucht, steht aber erst sehr spät im Jahr zur Verfügung.

Gleichzeitig bzw. vorbereitend muss inhaltlich überprüft werden, ob die Art und Weise der Kodierung des aktuellen Jahres in der Logik des Folgejahres Bestand hat oder nachadjustiert werden muss. Erst nachdem diese Vorarbeiten geleistet sind, ergibt die Überleitung in eine neue G-DRG-Version ein brauchbares Mengen- und Schweregradgerüst.

Um den am Planungsprozess beteiligten abteilungsverantwortlichen leitenden Ärzten dieses »neue« Mengengerüst verständlicher zu machen, ist eine *Woher-Wohin-Matrix* alter bzw. neuer G-DRG-Fallgruppen hilfreich. In einem sich entwickelnden DRG-System sind strukturelle Verwerfungen dieser Art in weitaus stärkerem Maße gegeben als in einem über Jahre etablierten DRG-System. Dies gilt besonders auch für die G-DRG-Version 2005. Eine starke inhaltliche Adjustierung der Ist-Daten wird auch in den nächsten Jahren notwendig sein, um für die Leistungsplanung die notwendige Planungsstabilität zu gewinnen.

In einem nächsten Schritt sind die *Verweildaueranalyse* und die *Projektion auf das Folgejahr* notwendig. Aus nicht geplanten Veränderungen der Verweildauer können sich in 2005, bei Überschreiten der oberen bzw. Unterschreiten der unteren Verweildauergrenzwerte durch Anheben der Ab- und Zuschlagbeträge, erhebliche Auswirkungen auf den Case-Mix-Index und somit auf die Erlöse ergeben.

Daher sind nicht nur die aktuelle mittlere Verweildauer und die mittlere Verweildauer des Planungszeitraumes gegenüber zu stellen, sondern es ist auch der Anteil der sog. »Outlier« zu bestimmen. Zusätzlich zur Planung der Anzahl der Tage, für die Verweildauer Zu- oder Abschläge erfolgen, ist aus diesem Tagevolumen auch ein Fallzahlvolumen abzuleiten. **Eine zu niedrig geplante Zahl von »Kurzliegern« führt zu erheblichen Erlösausfällen in 2005.**

Realistisch muss man in unserem virtuellen Krankenhaus in 2005 von einem *15- bis 20%-Anteil von »Kurzliegern«* ausgehen, d. h. von Patienten, die vor Erreichen der unteren Grenzverweildauer das Krankenhaus verlassen. Der Anteil der »Langlieger« in einem durchschnittlichen Krankenhaus übersteigt selten die 5%-Marke (das KFPV für das Jahr 2004 sieht einen Anteil von 5 bis 6% am Gesamtbudget für Langliegerzuschläge vor).

Die Homogenität des eigenen Patientenkollektivs kann über die Verweildaueranalyse der DRG-Fallgruppen erschlossen werden. Sind in einer DRG-Fallgruppe inhomogene Subpopulationen zu finden, so erhöht sich der Planungsaufwand deutlich. Der Vergleich der Patientenmerkmale des eigenen Kollektivs mit den Bundesdaten kann und sollte im Einzelfall Anlass sein, den eigenen Leistungsprozess zu hinterfragen. Hier kann die Leistungsplanung im eigentlichen Sinne planerische Vorgaben definieren oder die Neudefinition von Behandlungsabläufen oder Prozessen anregen.

Für die Leistungsplanung wird an diesem Punkt aber ein weiteres Spannungsfeld sichtbar. Kommt es aufgrund von Prozessänderungen zu einer Zunahme von »Kurzliegern«, so stellt sich häufig die Frage, ob eine ambulante Leistungserbringung möglich gewesen wäre. Im Rahmen der Leistungsplanung 2005 ist der »Katalog des ambulanten Operierens nach § 115 b SGB V« umzusetzen. Da in anderen Ländern nach Einführung eines DRG-Systems eine deutliche Verschiebung der Erlöse in den ambulanten Bereich feststellbar war (Rochell et al.), kann von einer gleichartigen Bewegung in Deutschland ausgegangen werden. Das Ausmaß der Verlagerung liegt je nach Fachgebiet zwischen 10% (Frauenheilkunde) und 50% (Augenheilkunde) der heute stationär erbrachten Leistungen. Erste Erfahrungen im Jahre 2004 zeigen, dass sich die Kostenträger bei Budgetverhandlungen und der MDK bei ihrer Prüfung auf bestimmte Leistungen wie z. B. auf die Varizenchirurgie, die Kataraktchirurgie oder Leistungen im Schlaflabor konzentrieren.

Erstmalig für das Jahr 2004 war im Rahmen der Leistungsplanung eine Abschätzung der kurzfristigen Wiederaufnahmen nach stationärem Aufenthalt notwendig. Wenn auch einige Bereiche wie z. B. Onkologie oder Dialyse hiervon explizit ausgenommen wurden, so muss doch mittels eines dreistufigen Algorithmus eine Zusammenführung zuvor einzeln abrechenbarer Fälle (nach altem Bundespflegesatzrecht) zu einer DRG durchgeführt werden. Im ersten Schritt muss eine Zusammenführung von Fällen erfolgen, wenn innerhalb von 30 Tagen nach Aufnahme des ersten Falles der zweite Fall in die gleiche Basis-DRG einzuordnen ist. Ausgenommen von dieser Regel sind nur die Wiederaufnahmen bei onkologischen Patienten. Das in einigen Krankenhäusern mit onkologischen Abteilungen oder Schwerpunkten praktizierte verstärkte Fallsplitting, um den Fallzahlverlust in anderen Abteilungen auszugleichen, scheint kurzsichtig.

Im Weiteren ist zu überprüfen, ob eine DRG der operativen Partition nach vorangegangener »konservativer« DRG vorlag; beim Vorliegen dieser Konstellation ist die Zusammenführung zu einem Fall zu veranlassen (OP nach Diagnostik). In einem letzten Schritt müssen Patienten, bei denen die Aufnahme wegen Komplikationen der vorausgegangenen Behandlung erfolgte, zu einem Fall zusammengeführt werden. Durch die neue Regelung ergibt sich zwangsläufig eine Fallzahlreduktion von etwa 1 bis 3 % der Fälle pro Krankenhaus, wie Erfahrungen in 2004 zeigen.

Ein weiteres, die Leistungsplanung beeinflussendes Moment stellt die Anfechtung von Fällen nach § 17 c KHG durch den Medizinischen Dienst der Krankenkassen dar, die nach Ansicht der Kostenträger als Fehlbelegung zu bewerten sind. Die Fehlbelegungsprüfungen werden nach Einigung der Partner der Selbstverwaltung auf das künftige *G-AEP-Protokoll* auf eine neue Grundlage gestellt sein. AEP steht für **A**ppropriateness **E**valuation **P**rotocol und prüft die Notwendigkeit eines stationären Behandlung nach verschiedenen Kriterien wie Schwere der der Erkrankung, Intensität der Behandlung, Art des operativen Eingriffs und nach einigen allgemeinen und morbiditäts- und diagnoseabhängigen Tatbeständen (Gertmann P.M. et al.). Zielgruppe sind natürlich in erster Linie alle Fälle mit sehr kurzer Liegedauer und Pflegefälle im Krankenhaus. Die von einigen weitsichtigen Kennern erwarteten Fallzahlverluste (Rochell B. et al.) sind in nicht wenigen Krankenhäusern in 2004 eingetreten. Fallzahlverluste von 5 bis 10% waren im Jahre 2004 keine Seltenheit.

> In einigen Kliniken wurde die durch die Neuregelungen in 2004 sich ergebende Fallzahlreduktion unterschätzt, sodass in der Planung unrealistisch hohe Fallzahlen angenommen wurden, die zwar zu einer niedrigeren Basisrate führten, aber in der Folge zu Erlöseinbrüchen führten. Für 2005 werden deshalb nicht wenige Kliniken mit einem deutlich geringeren Leistungsvolumen in die Budgetverhandlungen gehen müssen.

Nach der vorrangigen Auseinandersetzung mit rückläufigen Leistungsmengen durch Fallzahl- oder Verweildauerrückgang muss sich die Leistungsplanung grundsätzlich auch dem Themenkomplex »*Mehrleistung*« nähern. Mehrleistung im Sinne mehr schwerere Fälle einer DRG-Fallgruppe bei insgesamt gleich bleibenden Fallzahlen zu behandeln, wird nicht honoriert. Mehrleistung im Sinne der Behandlung von mehr Fällen als vereinbart unterliegt der jeweiligen *Ausgleichsregelung* und ist finanziell wenig attraktiv, wenn der Sachkostenanteil bei den mehr geleisteten Fällen hoch ist.

Eine andere Form von Mehrleistungen stellen »qualitative« Innovationen, meist in Form neuer Medikamente oder Behandlungsverfahren, dar. Hierbei ändert sich nicht die Leistungsmenge, sehr wohl aber der Sachmitteleinsatz zur Erreichung des Behandlungszieles. Die Planungs- und Steuerungsgröße liegt also unterhalb der DRG-Ebene. Leistungsplanung muss hier also auf der Ebene der Diagnosen bzw. Prozeduren ansetzen. Dies setzt allerdings voraus, dass innovative Verfahren durch die Dokumentation identifizierbar sind. Dies ist jedoch nicht immer möglich, da einerseits bei neuen Behandlungsverfahren erst mit einer zeitlichen Latenz einiger Jahre ein neuer Code in den amtlichen Katalog übernommen wird, und andererseits für zahlreiche isolierte Produkte oder Medikamente keine Codes gebildet worden sind.

Aufgrund der zukünftigen engen Beziehung zwischen Leistungsplanung und Erlösplanung ist es sinnvoll, nach einem ersten Ansatz der Leistungsplanung die Auswirkungen auf die zukünftigen Erlöse in die weitere Leistungsplanung mit einzubeziehen. *»Gewinner- bzw. Verlierer-DRG-Fallgruppen«* lassen sich schnell aus der Leistungsplanung herausarbeiten und mit der Mittelfristplanung (Expansion oder Rücknahme der Leistung) abgleichen. Auch sollte eine näherungsweise Aussage zum wahrscheinlichen Deckungsbeitrag einer jeden DRG-Fallgruppe und zur Produktivität jedes aufgestellten Bettes bezogen auf die pro Jahr mit ihm erwirtschafteten DRG-Punkte gemacht werden können.

 Fazit

Im Einführungsjahr des G-DRG-Systems wurde erkennbar, dass die Jahresplanung eine neue, bisher nicht bekannte Dimension erreicht hat, in die in erheblichem Maße medizinische Inhalte einfließen. Gegenüber dem bisherigen System hat sich der Aufwand in jedem Krankenhaus vervielfacht, was sich auch in neuen Institutionen wie einem Medizincontrolling niederschlägt. Die medizinische Dokumentation wird zum Fundament der Leistungsplanung. Deshalb ist es für eine valide Leistungsplanung unabdingbar erforderlich, Dokumentationslücken frühzeitig zu erkennen bzw. zu schließen. Teilweise ist es auch notwendig, Leistungen mittels geeigneter Quellen nachzuerfassen oder die Ist-Daten, die ja der Erlösermittlung zugrunde lagen, zu ergänzen. Während der Entwicklungsphase des G-DRG-Systems in den nächsten Jahren ist zu beachten, dass eine korrekte und komplette Leistungserfassung auch dann wichtig werden kann, wenn sie noch nicht erlöswirksam ist.

Literatur zu Kap. 9

Barney JB (1997) Gaining and sustaining competitive advantage. Reading MA

Bazzoli GJ, LoSasso A, Arnould R, Shalowitz M (2002) Hospital reorganization and restructuring achieved through merger. Health Care Management Review 27(1): 7–20

Becker A, Raskop AM, Beck U (2003) Clinotel-Krankenhausverbund: Optimale Kodierung erfordert optimale Unterstützung. Das Krankenhaus 6: 463–468

Beschorner D, Peemöller V (1995) Allgemeine Betriebswirtschaftslehre: Grundlagen und Konzepte- Eine Einführung in die Allgemeine Betriebswirtschaftslehre unter Berücksichtigung von Ökologie und EDV. Neue Wirtschafts-Briefe, Herne Berlin

Connor RA, Feldman RD et al (1998) The effects of market concentration and horizontal mergers on hospital costs and prices. International Journal of the Economics of Business 5(2): 159–181

Eiff W v (2003) Ringen um Vertrauen und Sympathie. krankenhaus umschau 10: 961–964

Gertmann PM, Restuccia JD (1981) The appropriateness evaluation protocol: a technique for assessing unnecessary days of hospital care. Med Care 19: 855–902

Hamann DE (1999) Ziele und Strategien der Krankenhausfusion. Nomos, Baden-Baden

Hedley B (1977) Strategy and the Business Portfolio in LRP 1: 9–15

Jankowski E (2002) Horizontale und vertikale Allianzen; Neue Konzepte liefern Einsparpotentiale für die Krankenhauslogistik. krankenhaus umschau 7: 540–542

Jansen S (2001) Mergers & Acquisitions: Eine strategische, organisatorische und kapitalmarkttheoretische Einführung. Gabler, Wiesbaden

Lauterbach KW, Lüngen M (2003) Abschätzung der zukünftigen Auslastung, Bettenkapazität und Standortvorhaltung im akutstationären Bereich. Gesundheits- und Sozialpolitik 1: 52–63

Lohmann H (2003) Strategische Ausrichtung von Krankenhäusern und Praxisnetzen vor dem Hintergrund pauschalierter Vergütungssysteme. In: Tophoven C, Lieschke L (Hrsg) Integrierte Versorgung – Entwicklungsperspektiven für Praxisnetze. Deutscher Ärzte-Verlag, Köln, S 171–192

Lüngen M, Haverkamp H, Lauterbach KW (2002) So manche Klinik wird ihr Leistungsspektrum straffen müssen. Führen und Wirtschaften im Krankenhaus 3: 268–270

Lynk WJ (1995) The creation of economic efficiencies in hospital mergers. Journal of Health Economics 14(5): 507–530

Meder G, Hain H (2003) Die Teleportalklinik verbessert die Qualität und schützt die kleinen Krankenhäuser. Das Rhön Klinikum entwickelt das Grundversorgungskrankenhaus der Zukunft. Führen und Wirtschaften im Krankenhaus 4: 336–337

Mühlbacher A, Henke K, Troschke J v (2000) Die integrierte Versorgung: Herausforderungen und Chancen für die hausärztliche Versorgung. Z Allg Med 76: 592–598

Mutter C, Morar R, Keller C (2003) Gemeinsam stark – strategische Neuausrichtung zweier Krankenhäuser. Das Krankenhaus 11: 878–881

Naegler H (2002) Die Instrumente wirtschaftlicher Betriebsführung im Überblick. In: Haubrock M, Schär W (Hrsg) Betriebswirtschaft und Management im Krankenhaus. 3. Aufl. Huber, Bern Göttingen Toronto Seattle, S 207–209

Neubauer G (1999) Private auf dem Vormarsch! Umstrukturierung des deutschen Krankenhausmarktes. krankenhaus umschau 3: 175–180

Nierhoff G, Lüngen M, Haverkamp H, Evers T, Lauterbach KW (2002) Kein Zusammenhang zwischen Case-Mix-Index und Kosten. Führen und Wirtschaften im Krankenhaus 1: 30–36

Peemöller V (Hrsg) (1990) Controlling. 1. Aufl. Moderne Industrie, Landsberg/Lech

Picello DG, Lowenhaupt M (1996) A benchmark strategy. Physician Executive 22(10): 10–16

Porter M (1999) Wettbewerbsstrategie (Competitive Strategy) – Methoden zur Analyse von Branchen und Konkurrenten. 10. Aufl. Campus Verlag, Frankfurt aM New York

Primke M, Ohm G, Vetter U (2003) Neue Herausforderungen an die Leistungsplanung. Ansatz eines systematischen Vorgehens im LBK Hamburg. krankenhaus umschau 4: 302–306

Rochell B, Bunzemeier H, Roeder N (2004) Ambulante Operationen und stationsersetzende Eingriffe im Krankenhaus nach § 115 b SGB V – eine Einstiegshilfe(I). Das Krankenhaus 3: 172–188

Rochell B, Meister J (2001) Appropriateness evaluation protocol – wissenschaftlich fundiertes Instrument für externe Fehlbelegungsprüfungen oder aggressives Enthospitalisierungs-Programm für Deutschland. Das Krankenhaus 2: 105–114

Rocke B (2002) Die Zukunft der öffentlichen Krankenhäuser. Das Krankenhaus 10: 779–786

Rosenbrock R (1999) Voraussetzungen, Chancen und Risiken für integrierte Versorgungsformen. In: Forum der AOK – die Gesundheitskasse in Hessen (Hrsg) Innovationen für Gesundheit, S 17–33

Schwing C (2003) »Riesiges Konfliktpotenzial« – Vertrag zum ambulanten Operieren rechtsgültig. krankenhaus umschau 12: 1199–1202

Sell A (1994) Internationale Unternehmenskooperationen. Oldenbourg, München Wien

Sinay TU (1998) Pre- and post-merger investigation of hospital mergers. Eastern Economic Journal 24(1): 83–99

Sinay TU, Campbell CR (2002) Strategies for more efficient performance through hospital merger. Health Care Management Review 27(1): 33–49

Storcks H (2003) Hospital Branding – Krankenhäuser auf dem Weg zur Marke. krankenhaus umschau 11: 1096–1100

Thiede JA, Schoch K, Fiege KP (1999) Kooperation und Fusion im Fokus des Krankenhausmanagements. Bibliomed, Melsungen

Vetter U, Primke M, Haupts S (2002) Stadtkrankenhaus PLUS – ein Strukturkonzept des LBK Hamburg zur Steigerung der Wettbewerbsfähigkeit eines regionalen Krankenhausunternehmens unter DRG-Bedingungen. Das Krankenhaus 9: 743–745

Vollmer T (1983) Kritische Analyse und Weiterentwicklung ausgewählter Portfolio-Konzepte im Rahmen der strategischen Planung. Lang, Frankfurt aM Bern New York

Wechsler W (1978) Delphi Methode – Gestaltung und Potential für betriebliche Prognoseprozesse. Florenz, München

www.lbk-hh.de/html/medizin/

www.helios-kliniken.de/unternehmen/zusammenarbeit/

9

Die Leistungsgestaltung erfolgt durch geplante Behandlungsabläufe und Behandlungsstufen

Konrad Rippmann und Lutz Hoffmann

Das Vergütungssystem der tagesgleichen Pflegesätze unterstützte die **vertikale**, an Abteilungen orientierte Organisation eines Krankenhauses. Mit Einführung des G-DRG-Systems kommt ein **horizontaler** Planungs- und Steuerungsansatz für den Behandlungsprozess ins Zentrum der Überlegungen und muss zu Änderungen in den Abläufen und Strukturen im Krankenhaus führen.

Krankenhäuser stehen erstmals vor tief greifenden Veränderungsprozessen, wie sie in der Industrie regelhaft durchgeführt werden. Die Frage, wie und mit welchem Aufwand wird eine Behandlungsleistung erbracht, ist heute nicht mehr aus der täglichen Diskussion wegzudenken. Inhalte und Prozessschritte medizinischer Leistungen werden zunehmend in geplanten Behandlungsabläufen beschrieben. Das Behandlungsstufenkonzept mit speziellen Leistungseinheiten, in denen Schritte des Behandlungsprozesses (wie in der Zentralen Notaufnahme) oder eingeschränkte und ausgewählte definierte Diagnostikangebote oder Therapieangebote (wie in den Kurzzeitstationen) angeboten werden, ist in vielen Krankenhäusern auf dem Weg in die Umsetzung.

Bei all diesen Überlegungen ist rasch der Punkt erreicht, wo sich weiterführende Fragen zur inneren Struktur von Krankenhäusern stellen. Ist die Form der heutigen Krankenhausabteilung noch das Modell, das dem Behandlungsanspruch von komplex erkrankten Patienten mit seinen im Alltagsbetrieb oft starren Grenzen gerecht wird? Wären nicht z. B. organorientierte Zentren wie ein Herz- oder Gastrozentrum im Krankenhaus ein richtiger Schritt in die Zukunft? Auch sind Überlegungen erlaubt, ob die Notfallmedizin (die oft teuer ist, weil sie »Einzelanfertigungen« leistet und »nicht auf Vorrat produzieren« kann) und die elektive Medizin (die ihre Kapazitäten planen und optimal auslasten kann, wenn sie nicht vom stündlich drohenden Notfall gestört wird) nicht völlig organisatorisch getrennt, im Extremfall auch örtlich getrennt arbeiten sollten.

10.1 Geplante Behandlungsabläufe, Patientenpfade oder Standard Operation Procedures?

Modernes und effizientes medizinisches Leistungsmanagement muss sich aktiv mit dem Themenkomplex geplante Behandlungsabläufe, Patientenpfade und/oder **St**andard **O**peration **P**rocedures (StOPs) auseinandersetzen (Vogel S. et al.). **Alle Begriffe meinen dasselbe: Standardisierung des diagnostischen, therapeutischen und ablauforganisatorischen Vorgehens in der Krankenhausbehandlung.** Soweit medizinische Inhalte berührt sind, fußen die Vorgehensweisen auf dem Wissensstand der »evidence based medicine«. Die Grundidee der evidenz-basierten Medizin ist eine konkrete und fassbare Verbesserung der medizinischen Betreuung einzelner Patienten. Ziel ist es, eine Verknüpfung zwischen einer hervorragenden praktischen Kompetenz aufgrund langer individueller ärztlicher Erfahrung einerseits und den besten zur Verfügung stehenden externen Nachweisen aus der systematischen Forschung, also relevantem Wissen andererseits zu finden.

Geplante Behandlungsabläufe, Patientenpfade, Standard Operation Procedures etc. lassen sich grob in zwei Kategorien unterteilen:

- *Standards*, die kritische Phasen oder Teilschritte der Behandlung häufig besonders an Schnittstellen zwischen Abteilungen und Berufsgruppen regeln. Beispiele hierfür wären Aufnahmestandards, Entlassungs- und Überleitungsstandard, Praemedikationsleitlinien, Schmerzbehandlungsleitlinien etc.
- *Geplante Behandlungsabläufe*, Patientenpfade oder Standard Operation Procedures für einzelne häufige Krankheitsbilder, die berufsgruppenübergreifend im Krankenhaus erarbeitet werden und festlegen, welche diagnostischen und therapeutischen Maßnahmen in welcher Abfolge und Verantwortung in der Behandlung umgesetzt werden.

Die Erfolgschancen und Probleme beider Ansätze und Vorgehensweisen sind offenkundig. Der »einfache« Standard ist mit relativ geringem Aufwand zu erarbeiten und lässt sich in der Regel mit einem Parameter hinsichtlich Erfolg oder Misserfolg beurteilen, da in der Regel nur ein Prozessschritt, wie z. B. die Übergabe eines Patienten an den Pflegedienst, geregelt ist. Messparameter wäre hier z. B. die Vollständigkeit der Patientenunterlagen. Im Gegensatz dazu sind geplante Behandlungsabläufe oder Patientenpfade für definierte Krankheitsbilder sowohl in der Erstellung als auch in der Erfolgskontrolle bei der Anwendung erheblich aufwändiger. Es ist zu vermuten, dass nur wenige Krankenhäuser in Deutschland auf dem Wege sind, die Behandlungen danach auszurichten.

Die Frage nach den Zielen der Einführung von geplanten Behandlungsabläufen, Patientenpfaden etc. ist einfach zu beantworten:

- Standardisierung der Abläufe der Behandlung
- Verbesserung der Abläufe der Behandlung
- Sicherung der medizinischen Behandlungsqualität
- Erhöhung der Leistungs- und Kostentransparenz
- Erhöhung der Patientenzufriedenheit
- Erleichterung im Arbeitsablauf (Erhöhung der Mitarbeiterzufriedenheit)
- Prozessbeschreibung zur Gestaltung »medizinischer Markenprodukte« (Einzelverträge mit den Kostenträgern).

Sehr viel schwieriger ist es, für die oben aufgeführten Punkte Zielparameter für jeden geplanten Behandlungsablauf zu definieren, um den Erfolg eines geplanten Behandlungsablaufes zu dokumentieren. Neben einer Beurteilung des ökonomischen Aufwandes sind Aussagen sowohl zur Behandlungsqualität als auch zur Prozessqualität (Arbeitserleichterung) unabdingbar, um die Akzeptanz von geplanten Behandlungsabläufen oder Patientenpfaden im Krankenhaus zu fördern.

Im LBK Hamburg wurde dazu in einem berufsgruppenübergreifenden Diskussionsprozess die Checkliste zur Einführung geplanter Behandlungsabläufe erstellt. Sie spiegelt die Komplexität der Anforderungen an Inhalte und Struktur geplanter Behandlungsabläufe wider. Zur Orientierung wurden die Kriterien entsprechend der vier »Blickrichtungen« nach der Methode der Balanced Score Card (Kaplan R.S. et al.; ▶ s. a. Kap. 11) geordnet.

Finanzsicht

- Optimierung des Ressourceneinsatzes
- Controlling von Leistung und Kosten
- Definition und Hebung von Potentialen
- Gewinnung/Erweiterung von Marktanteilen über neue Produkte/Vertriebswege

Kundensicht

- Patienten
  - Beratung und Begleitung
  - Transparenz der Behandlung/Akteure
  - Schutz vor »willkürlicher Entscheidungsfreiheit«
  - Respekt der individuellen Besonderheit
- Kostenträger
  - Information zum Behandlungsablauf
  - Transparenz des Preis/Leistungsverhältnisses
  - Transparenz der Qualität
- Niedergelassene Ärzte
  - Einbeziehung in den Prozess
  - Persönliche und fachliche Wertschätzung
  - Arbeitsteilung mit ökonomischen Nutzen

Prozesssicht

- Unterstützung des Arbeitsablaufs von der Not- bzw. Elektiven Aufnahme bis zur Entlassung
- Entscheidungshilfe, kein Gesetz!
- Vermeidung von Unterlassung
- Dokumentationshilfe/Auswertung
- Übersichtliche Darstellung (One Page Only)
- Gute »Pflegbarkeit« zur Aktualisierung
- Qualitätssicherung
- Standardisierung des Alltäglichen = Freiraum für das Anspruchsvolle und Abweichende

Entwicklungssicht

- Keine Mehrbelastung, motivationsfördernd
- Grundlage für interdisziplinäres Arbeiten
- Gemeinsame Pfad-Pflege
- Anreiz und Orientierung für Fortbildung
- Wissenszuwachs trotz Undurchsichtigkeit und Kurzlebigkeit von Informationen
- Identifikation mit einem medizinischen Produkt hoher Qualität

Wenn ein geplanter Behandlungsablauf oder Patientenpfad erstellt werden soll, ist es von Vorteil, diesen in Teilprozesse zu zerlegen und den jeweiligen »Experten« in Unterarbeitsgruppen die Bearbeitung des jeweiligen Prozessteils zu übertragen. Erfahrungsgemäß bringen interdisziplinär zusammengesetzte Arbeitsgruppen die schnellsten und besten Ergebnisse.

Folgende Teilprozesse werden in der Regel bearbeitet:

- die Aufnahme
- die Diagnostik
- die Therapie
  - operativ
  - spezielle Prozeduren
  - konservativ
- die Entlassung.

Bei weitem die meisten geplanten Behandlungsabläufe oder Behandlungspfade wurden in den operativen Fächern erarbeitet, wobei sie besonders bei elektiven Eingriffen Eingang in die klinische Praxis gefunden haben und werden mit der Einführung von Kurzzeitstationen oder ambulanten Operationszentren erfolgreich angewandt Der geplante Behandlungsablauf lässt sich räumlich und zeitlich in seine Einzelschritte herunterbrechen: *präoperative* Diagnostik in einem Ambulanzbereich, *operativer* Eingriff mit ein oder zwei Übernachtungen auf der Kurzzeitstation, *postoperative* Nachsorge in einem Ambulanzbereich. Ein solches Behandlungskonzept kann bei vielen operativen Eingriffen der Abdominalchirurgie (z. B. Strumektomie, Herniotomie, Cholezystektomie), der Neurochirurgie und Orthopädie (Laminektomie), der Ophtalmologie (Kataraktoperation), der Gefäßchirurgie (Varizenoperation) etc. zu Kostensenkungen und zufriedenen Patenten führen.

Auswahlkriterien für geplante Behandlungsabläufe sind:

- Fallzahl
- Varianzen im Prozess, spez. in der Verweildauer
- Kosten/Erlöse
- Eindeutigkeit der Diagnose, Durchführbarkeit (Komplexität)
- Spezielle Anforderungen
  - Qualitätsmanagement (KTQ), Leitlinien, »evidence based medicine«
  - Disease Management
  - Entwicklung integrierter medizinischer Markenprodukte.

Nach der erfolgreichen Einführung der ersten geplanten Behandlungsabläufe oder Patientenpfade stellt sich für jede Krankenhausleitung die Frage, wie viele geplante Behandlungsabläufe benötigt das eigene Krankenhaus? Die Frage ist nur aus der Situation des Krankenhauses heraus zu beantworten und vor dem Hintergrund, dass Aufwand der Erstellung und das Monitoring eines geplanten Behandlungsablaufes in einem guten Verhältnis zum erwarteten Benefit stehen müssen. Entscheidungskriterien sind sowohl Häufigkeit als auch besonderer Ressourcenaufwand bei bestimmten Krankheitsbildern. Eine Fachklinik wird sich aufgrund ihrer Spezialisierung auf die 2 bis 3 zahlenmäßig häufigsten Krankheitsbilder beschränken können. Ein Krankenhaus der Maximalversorgung wird sein Augenmerk auf bestimmte, sehr ressourcenaufwändige Leistungen (wie die Versorgung von polytraumatisierten Patienten, Knochenmarkstransplantationen, Langzeitbeatmungen) **und** häufige Behandlungsanlässe (wie Apoplexie, Myokardinfarkt etc.) legen.

Nimmt ein Krankenhaus an einem Disease Management Programm (▶ s. a. Kap. 13) teil, ist es gezwungen, seinen klinischen Behandlungsprozess im Sinne eines geplanten Behandlungsablaufes für die Qualitätssicherung zu strukturieren.

Für die Akzeptanz eines geplanten Behandlungsablaufes bzw. Behandlungspfades sind Leistungs- und Kostentransparenz erfolgskritisch. Für Ärzte muss einfach und schnell erkennbar werden, dass Patienten durch die Anwendung eines geplanten Behandlungsablaufes einen Vorteil haben. Einfache, heute mit wenig oder keinem Zeitaufwand erhebbare Parameter wie Behandlungszeit in Notaufnahme, präoperative Verweildauer, erhöhte Operationssaalauslastung, Reduktion der Zahl der Operationen außerhalb der Dienstzeit, Verkürzung der Verweildauer (besonders der präoperativen Verweildauer), Reduktion der Zahl von Röntgenaufnahmen oder Laboruntersuchungen sind überzeugende Argumente.

Das Krankenhausmanagement muss aus einer fallbezogenen Kostenrechnung oder, wenn vorhanden, an der Kostenträgerrechnung das Sinken des Ressourcenumsatzes erkennen können. Einfache Kennzahlen zur Evaluation geplanter Behandlungsabläufe sind:

- Verhältnis Fallzahl »geplante Behandlungsabläufe« zu Fallzahl »gesamt« in Prozent
- Verweildauer gesamt
- Verweildauer präinterventionell
- Komplikationen.

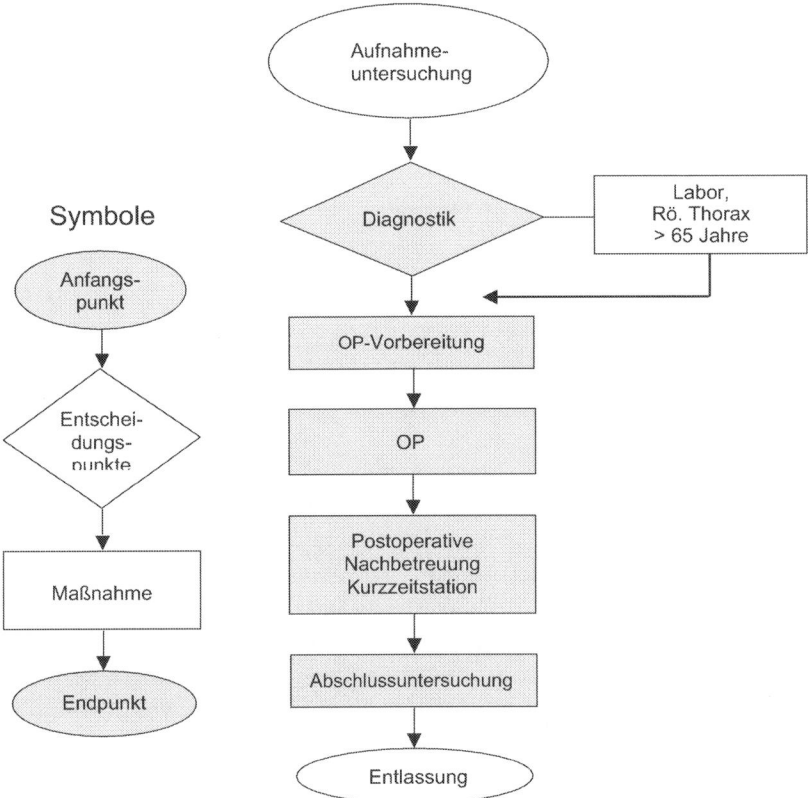

☐ Abb. 10.1. StOP: OP-Leistenhernie – Darstellung in standardisierter Form

Wenn geplante Behandlungsabläufe in der täglichen Steuerung des Leistungsgeschehens eingesetzt werden sollen, ist eine anwenderfreundliche *EDV-Unterstützung* unabdingbar (Göbel D. et al.) Idealerweise wären Eckpunkte und Entscheidungsabfolgen mit Auslösung von Leistungen in eine elektronische Krankenakte eingebunden (Glatzer U.)

In einem ersten Ansatz kann dies auch in Papier gebundener Form wie im LBK Hamburg erfolgen, wo erste Patientenkurven z. B. den Behandlungspfad für die Behandlung des akuten Myokardinfarkts aufgedruckt haben und dann die Abarbeitung des Behandlungspfades nur noch dokumentiert werden muss. Nur Abweichungen führen zu ergänzendem Dokumentationsaufwand. Eine möglichste einfache Varianz-Dokumentation erfolgt in der EDV: Hier sollten lediglich zwei Ziffernfelder, z. B. »1« für prozessuale Varianz (Änderung in Zeit und Reihenfolge der Prozessschritte) und »2« für medizinische Varianz (Änderung von Diagnostik, Medikation, OP-Verfahren u. a.) zu bearbeiten sein. Dieses Vorgehen erleichtert die quantitative Messung der Abweichungen.

Die Forderung nach einer EDV- oder Papierlösung dürfte heute nur an einzelnen deutschen Krankenhäusern erfüllt sein. Zwischenzeitlich sind an vielen Orten Interimslösungen erarbeitet worden. Dabei steht die visuelle Abbildung ganz im Vordergrund. Die Darstellung sollte für alle Behandlungspfade die gleiche sein. In die standardisierten Dokumente kann der gesamte Prozess oder Teilprozesse eingetragen werden.

In nicht wenigen Krankenhäusern werden heute *Flussdiagramme* (◻ Abb. 10.1) mit standardisierten Symbolen verwendet, wo neben der logischen Darstellung des Behandlungsprozesses besonders der Darstellung der Schnittstellenproblematik und deren verantwortlicher Lösung besondere Bedeutung beigemessen wird.

Die Darstellung medizinisch-klinischer Prozesse in geplanten Behandlungsabläufen ist ein gutes Instrument, Eigenschaft und Qualität einer speziellen Therapieform im Krankenhaus abzubilden und für Kunden transparent darzustellen. Patienten können überblicken (und vergleichen!), wie sie z. B. im Falle eines Hüftgelenkersatzes versorgt werden, mit welcher Verweildauer sie zu rechnen haben, wann Kontrolluntersuchungen stattfinden, wann sie mobilisiert werden und wann der Übergang in die Rehabilitation stattfindet.

In der Kommunikation mit den Kostenträgern ist die Prozess-Darstellung geplanter Behandlungsabläufe die Grundlage für eine rationale und transparente Kosten-Nutzen-Diskussion und Ausgangspunkt für den Abschluss von Einzelverträgen zu »medizinischen Markenprodukten« (Lohmann H. et al.).

 **Zwischenfazit**

Für viele Krankenhäuser steht die Einführung von geplanten Behandlungsabläufen noch aus. Welche letztlich die richtigen »Instrumente und Methoden« für die Entwicklung und Einführung geplanter Behandlungsabläufe sind, wird sich an ihrem praktischen Beitrag zur Optimierung des klinischen Behandlungsprozesses und der sektorübergreifenden medizinischen und wirtschaftlichen Wertschöpfung erweisen.

10.2 Das Behandlungsstufenkonzept

Entschließt sich die Leitung eines Krankenhauses das stationäre Angebot nach dem Behandlungsstufenkonzept neu zu gestalten, stellt sich die Frage, welche Kapazitäten sind in den neuen Angeboten zu schaffen?

Für die Kapazitätsberechnung der jeweiligen Behandlungsstufen sind die entsprechenden Patienten über Suchstrategien im klinischen Datensatz oder durch Direkterhebungen zu identifizieren. So sind bei den täglichen Notaufnahmen die Patienten sicher zu identifizieren, bei denen eine vollstationäre Behandlung nicht notwendig ist und die nach durchgeführter Diagnostik, Therapie und Beobachtung wieder aus der zentralen Notaufnahme entlassen werden können. Diese Patienten können über einen Diagnosenkatalog gut definiert werden. In einem Akut-Krankenhaus umfasst diese Gruppe bis zu 10% der heute noch vollstationär behandelten Patienten. Diese werden in Zukunft durch das AEP-Verfahren als Fehlbelegung identifiziert werden (► s. a. Kap. 9).

Die *Zentrale Notaufnahme (ZNA)* wird in den nächsten Jahren zu einem kritischen Erfolgsfaktor für jedes an der Not- und Unfallversorgung beteiligten Krankenhauses werden. Jeder operative und nichtoperative Notfallpatient muss eine Klinik durch diese Eintrittspforte betreten. **Abteilungsgebundene Doppelvorhaltungen sind nicht mehr finanzierbar.** Geplante Behandlungsabläufe für den Notfallpatienten definieren den Aufwand für diese kritische Behandlungsphase des Patienten. Innerhalb eine Zeitlimits von wenigen Stunden muss der Patient diagnostiziert und therapiert die ZNA wieder verlassen oder der entsprechenden Behandlungsstufe im Krankenhaus oder dem Operationssaal zugewiesen sein (Martl I. et al.).

Etwa 30% der Patienten eines Krankenhauses werden heute bis zu drei Tagen stationär im Krankenhaus behandelt. Ein Drittel davon sind Patienten, die als Notfallpatienten in der ZNA initial behandelt werden, aber zur Fortsetzung der Diagnostik und Therapie kurz dauernd stationär behandelt werden müssen. Idealerweise geschieht dies in einer mit der ZNA verbundenen kleineren stationären Einheit. Bei einem größeren Teil der Patienten mit kurzen Verweildauern werden einfachere elektive operative oder komplexere diagnostische und therapeutische Eingriffe vorgenommen. Diese Patienten werden wenn möglich auf einer *interdisziplinären Kurzzeittherapiestation* stationär behandelt. Aus den heute mit kurzen Verweildauern im Krankenhaus behandelten Patienten lassen sich weitere Patienten identifizieren, die in tagesklinischen Behandlungsformen betreut werden sollten sowie Patienten, die nach dem Katalog der ambulanten Operationen und stationsersetzenden Maßnahmen vom Krankenhaus ambulant behandelt werden müssen.

Wenn so die Ein- und Zwei-Tages-Fälle eines Krankenhauses identifiziert sind, lassen sich mit ihnen Größe und Organisationsabläufe einer elektiven interdisziplinären Kurzzeittherapiestation planen (Kaufmann P.). Voraussetzungen für ein erfolgreiches Betreiben einer Kurzzeittherapiestation sind:

- Alle Patienten – operative oder konservative – können nach spätestens 2 Tagen die Station wieder verlassen.
- Bei operativen Patienten erfolgt die Operation am Aufnahmetag.
- Die Station ist nur an 5 Tagen in der Woche in Betrieb.

- Eine Kurzzeitstation hat mindestens 12 Betten.
- Pro Bett werden im Jahr 75 bis 90 Patienten versorgt.
- Eine operative Kurzzeitstation muss mindestens 1000 Patienten im Jahr versorgen (dies ist das Minimum für die Auslastung eines Operationssaales für Elektiveingriffe im Ein-Schicht-Betrieb).

Wichtig ist aber auch, dass sichergestellt wird, dass keine schwer erkrankten Patienten die Station erreichen. Hier sind Analysen des Krankheitskomplexitätsgrades (PCCL-Wert) hilfreich. **Müssen am Ende der Woche Patienten von der Kurzzeitstation auf andere, am Wochenende geöffnete Stationen verlegt werden, ist die Belegungsstrategie falsch.** Bei bestimmten operativen Eingriffen, z. B. Herniotomien, Varizenoperationen und vielen Eingriffen der Organfächer Augenheilkunde, HNO, MKG-Heilkunde, Urologie und Gynäkologie sind die Grenzen hin zu den ambulanten Operationen fließend. Vermutlich werden sich Kurzzeitstationen in den nächsten Jahren integriert mit ambulanten Operationszentren zu gemeinsamen Leistungseinheiten entwickeln (Nahrstedt U. et al.). Sicher ist, dass bis zu 20% des Patientengutes eines leistungsfähigen Krankenhauses auf solchen Kurzzeitstationen behandelt werden können. Die Zahl der Patienten, die ambulant operiert werden können, ist stark von der Altersstruktur des Patientengutes und dem sozialen Umfeld eines Krankenhauses abhängig.

Die Zahl und Kapazität der klassischen Normalstationen werden sich stark verringern. Separate Pflegestationen in Krankenhäusern sind dann eine Option, wenn sie in Kooperation mit Pflegeheimen betrieben werden und ein Zusatzangebot z. B. für Patienten, die eine Übergangspflege für einen kurzen Zeitraum benötigen, darstellen. So wird für Betreiber von Alten- und Pflegeheimen die Möglichkeit eröffnet, bei akuten Erkrankungen von Heimbewohner diese in Kooperation mit und in einem Krankenhaus behandeln zu lassen. Geriatrische Rehabilitationsstationen in Akutkliniken sind durch die G-DRG-Version 2004 deutlich besser finanziert, trotzdem bleibt das Risiko überlanger Verweildauern in diesen Einheiten.

Die Intensivmedizin hat sich in den letzten Jahren differenziert. Dabei tritt die klassische Intensivstation, auf der sowohl Intensivbehandlung als auch Intensivüberwachung angeboten wird, zurück. Zum einen entwickeln sich stark *patientengruppenspezifische Intensivstationen* wie die Stroke und Cardiac units, zum anderen werden Anteile der Intensivüberwachung aus den klassischen Intensivstationen heraus in perioperative Überwachungseinheiten (früher OP-Aufwachraum) bzw. in Intermediate Care Einheiten (IMC) verlagert.

Der konsequente Schritt steht an, die Trennung von operativer und internistischer Intensivmedizin aufzuheben. Die zukünftige Intensivmedizin wird Stationen für beatmungspflichtige und nicht beatmungspflichtige Patienten definieren und daneben Spezialstationen für bestimmte Patientengruppen weiterentwickeln.

10.2.1 Zentrenbildung

Bei der Bildung von Spezialeinheiten ist zu berücksichtigen, dass die jeweiligen Führungskräfte nicht allein an der Optimierung ihres Spezialbereiches arbeiten. Dies kann durch Zentrenbildung im Krankenhaus vermieden werden. Krankenhäuser sind von einer bestimmten Größe ab *komplexe Dienstleistungsbetriebe*. Wer die Krankenhausorganisation verändern und verbessern will, hat es mit einer Vielzahl von Parametern zu tun, die zu berücksichtigen sind. Zieht man weiterhin in Betracht, dass die zukünftige Erlössituation viele Unsicherheiten birgt, erleichtert dies die Aktivitäten für die Führung von Kliniken nicht. Klinikbetreiber und Mitarbeiter erwarten bei Umorganisationen eine hohe Rationalität. Zudem wünschen sie, dass sich eine Reorganisation auf funktionierende Modelle oder gesicherte empirische Erfahrungen berufen kann. In der einschlägigen Krankenhausmanagementliteratur gibt es keine Berichte zum Erfolg von tief greifenden Änderungen der Organisation in Kliniken.

Ein Prinzip der Reorganisation kann darin bestehen, die Komplexität des Betriebes durch die Bildung von *Fraktalen* zu reduzieren. Eine klassische medizinische Abteilung, die früher einmal 100 bis 150 Betten hatte, hat heute meist nur noch 50 Betten und ist eine zu kleine Untereinheit. Im Rahmen einer immer weiter fortgeführten Spezialisierung der Medizin ist zu beobachten, dass es Einheiten gibt, die in der Größe unterhalb dieser klassischen Fach-Abteilungen liegen. In der Vergangenheit bestand die Gefahr, dass Patienten mit einfacheren Erkrankungen in diesen Spezialeinheiten überversorgt wurden. Diese Gefahr nimmt in dem Maß ab, wie Spezialeinheiten bereit sind, für die von ihnen versorgte überschaubare Diagnosenzahl standardisierte Behandlungsprogramme zu entwickeln.

Im Umkehrschluss kann nicht angenommen werden, dass Patienten mit speziellen Erkrankungen, die außerhalb von Spezialbereichen behandelt werden, unterversorgt werden. Bei genauer Betrachtung ist der Versorgungsaufwand höher, die Liegezeit länger, das medizinische Outcome jedoch schlechter.

Bei einer Zentrenbildung, die darauf hinaus läuft, kleinere Einheiten zu einer größeren zusammen zu fassen und diese dann hinsichtlich der Leistungs-, Ressourcen- und Wirtschaftsplanung zu steuern, können zwei verschiedene Grundmuster verfolgt werden:

- Zu einem Zentrum werden alle die Einheiten zusammengefasst, die für die medizinische Leistungserbringung *gemeinsame Infrastrukturen* nutzen können. Verfügt eine Klinik über mehrere konservative Bereiche wie Kardiologie, Gastroenterologie, Onkologie, Nephrologie, Neurologie, so bietet sich an, diese Bereiche zu einem Zentrum zusammen zu fassen. Funktionsbereiche wie die Endoskopie, der Gerätepark für Ultraschall, Wartebereiche und Terminmanagement erfolgen aus einer zentralen Steuerung heraus.
- Ein anderes Ordnungsprinzip kann darin bestehen, Abteilungen so zusammenzufassen, dass eine *fachgebietübergreifende Betreuung* von Patienten möglich wird. Dies ist der Fall, wenn in einem *Gefäßzentrum* Angiologen, Radiologen und Gefäßchirurgen zusammenarbeiten und in einer engen Übereinstimmung Behandlungsstandards entwickeln.

Sehr schnell zeigt sich bei einer Diskussion über die Einrichtung von Zentren, dass der größte Konfliktstoff in der Steuerung solcher Zentren durch Führungskräfte liegt. Wenn akzeptiert wird, dass das oberste Prinzip einer Zentrenbildung die Optimierung der Behandlungsprozesse ist, muss dafür Verantwortung klar zugewiesen werden. Wechselt die Führungsverantwortung turnusmäßig zwischen den Chefärzten, deren Abteilungen in einem Zentrum zusammengefasst werden, erweist sich im Allgemeinen diese Führung als wenig effektiv. **Derzeit ist die Diskussion um Führungsaufgaben im Krankenhaus von der Vorstellung belastet, bei Reorganisationsprozessen ginge es darum, Chefärzte zu entmachten und das Chefarztsystem abzuschaffen.**

Die Wahrnehmung einer chefärztlichen Aufgabe bedeutet die Übernahme der medizinischen Endverantwortung für Patienten des Bereiches, den der Chefarzt leitet. Diese Endverantwortung muss eindeutig zugeordnet werden. In Zentren, die zudem noch über einen gemeinsamen Bettenpool verfügen, kann die Frage auftreten, welcher Chefarzt für die Betreuung eines bestimmten Patienten endverantwortlich ist. Es ist – über welche Einrichtung auch immer – sicherzustellen, dass eine klare Zuordnung erfolgt und so für alle Betreuer deutlich wird, in wessen Obhut sich ein Patient befindet. Wer einen Patienten in seiner Betreuung behält, obwohl im gleichen Zentrum oder im gleichen Krankenhaus durch andere Ärzte eine medizinisch bessere Behandlung angeboten wird, macht einen Fehler und kann dafür zur Rechenschaft gezogen werden. Die Zentrumsverantwortlichen werden deshalb sehr schnell sog. *Medical Boards* entwickeln, die dazu dienen, festzulegen, welcher Obhut welches Chefarztes und welcher Spezialabteilung ein Patient anvertraut werden soll.

Neben der medizinischen Verantwortung gibt es eine Verantwortung für die Organisationsstrukturen, für die Leistungs-, Ressourcen- und Wirtschaftsplanung. Bei der klassischen Krankenhausorganisation sind diese Aufgaben bisher ebenfalls dem Chefarzt zugeordnet. Bei genauer Betrachtung erweist sich allerdings, dass diese Aufgaben nur bedingt wahrgenommen werden. Die Verantwortung liegt meistens beim kaufmännischen Direktor einer Klinik, der sich von einem ärztlichen und einem Pflegedirektor beraten lässt.

Zunehmend wird heute in dieser Position ein Geschäftsführer eingesetzt, der entweder allein oder im Rahmen einer Geschäftsführung mit mehreren Personen die Endverantwortung für die Führung einer Klinik hat. Besteht die Geschäftsführung aus mehreren Personen, muss sicher gestellt werden, dass alle Führungskräfte die Verantwortung gemeinsam übernehmen, ein kaufmännischer Geschäftsführer nicht nur für die Wirtschaftsführung und ein medizinischer Geschäftsführer nicht nur für die medizinischen Prozesse zuständig ist.

Ist es in einem Krankenhaus zur Bildung von Zentren gekommen, muss deren Führungsorganisation nach ähnlichen Prinzipien aufgebaut sein. Ist das Zentrum groß genug, bietet sich an, es von einem Geschäftsführer oder *Zentrumsmanager* leiten zu lassen. Dieser muss kein Arzt sein. Der Zentrumsmanager ist gegenüber der Geschäftsführung verantwortlich. Er kann zur Steuerung seines Zentrums auf die zentral vorgehaltenen Ressourcen des Controllings oder des Qualitätsmanagements zurückgreifen, muss diese also nicht für sein Zentrum isoliert entwickeln.

Ein Zentrumsmanager kann durch einen medizinischen Zentrumsdirektor unterstützt werden. Diesem obliegt dann die Verantwortung für die medizinischen Prozesse, die abteilungsübergreifend betrachtet und entwickelt werden müssen. Ein besonderes Augenmerk ist auf Personalentwicklung und Weiterbildung zu richten. Im Allgemeinen garantieren Zentren ein größeres Weiterbildungsspektrum als kleinere Fachabteilungen.

Zentren, die aus Marketinggründen eine solche Bezeichnung erhalten, sind keine Grundlage für eine zukunftsorientierte Krankenhausorganisation. Zentrumsbildungen sind dazu da, die Mitarbeiter zu einer Zusammenarbeit zu zwingen. Reine Personalentwicklungsmaßnahmen reichen dafür nicht aus. Eine Strukturveränderung bildet eine sichere Grundlage für einen durch Personalentwicklungsmaßnahmen unterstützten Kulturwandel.

Die Zentrenbildung kann die weitere Aufsplitterung der Medizin in kleinere Fachgebiete fördern, ohne dass eine ganzheitliche Betrachtung und Behandlung eines Patienten verloren geht. Die Schaffung kleinerer Funktionseinheiten innerhalb der medizinischen Versorgung ermöglicht eine breitere Verantwortungsverteilung. Die Zahl der leitenden Ärzte wird größer. Der jeweilige leitende Arzt, dem medizinische Endverantwortung übertragen wird, muss sich aber einem Zentrumsmanagement unterwerfen.

10.2.2 Die Schwerpunktklinik

Galten die bisherigen Ausführungen für die Zentrumsbildung innerhalb eines Krankenhauses, sind für die zukünftige Betrachtung Zentrumsbildungen zwischen verschiedenen Krankenhausstandorten zu beschreiben.

Werden in einem Ballungsraum Krankenhäuser betrieben, die Fachabteilungen gleicher Spezialisierung haben, liegt es nahe, diese Fachabteilungen an einem der Krankenhausstandorte zusammen zu legen. So sind in der Vergangenheit Herzkliniken entstanden oder »Endo-Kliniken«, Zentren für endoprothetische Operationen. Die Zusammenfassung der Leistungen, z. B. in einer Herzklinik, ermöglicht die Bearbeitung höherer Fallzahlen. Die Prozesse können entsprechend organisiert werden. Sie werden preisgünstiger und medizinisch hochwertiger.

Dies hat den LBK Hamburg veranlasst, das Projekt »*Stadtkrankenhaus PLUS*« in Angriff zu nehmen. Mit der Gründung einer *LBK Herzklinik*, einer *LBK Traumaklinik*, einer *LBK Gastroklinik* und weiteren zentralen Bereichen für HNO-Heilkunde und Ophthalmologie ist dieser Umgestaltungsprozess inzwischen weit fort geschritten. Aus einer LBK-Klinik heraus, die sich nur noch an einem Standort befindet, werden, wenn dieses medizinisch vernünftig ist, Satelliten an anderen Krankenhausstandorten betrieben. Das Management dieser Satelliten erfolgt aber von der LBK-Klinik aus. Diese wird ähnlich wie die oben beschriebenen Zentren von einem Geschäftsführer geleitet. Er kann ein Arzt sein, muss aber nicht.

Bei konsequenter Weiterverfolgung einer solchen Organisation entstehen Klinikstandorte, in denen Mitarbeiter tätig sind, die aus verschiedenen LBK-Kliniken heraus gesteuert werden. Die ärztlichen und Funktionsmitarbeiter der Kardiologie werden von der *LBK Herzklinik* aus gelenkt, die der Gastroenterologie und Viszeralchirurgie aus der *LBK Gastroklinik* usw. Die jeweiligen Spezialkliniken gehören zwar räumlich und örtlich noch zu einem Klinikstandort, sind aber in der letzten Konsequenz eigenständig organisierte Einheiten, die nicht mehr einem Krankenhausdirektorium, sondern nur noch der Krankenhausholding unterstehen.

Der jeweilige Krankenhausstandort wird zunehmend zu einer Organisationseinheit, die einem Einkaufszentrum nicht unähnlich ist. Das Klinik- oder Zentrumsmanagement innerhalb des jeweiligen Krankenhausstandortes garantiert die Zusammenarbeit der verschiedenen Disziplinen. Die Verantwortung für die medizinische und ökonomische Leistungserbringung liegt in der jeweiligen LBK-Klinik z. B. der *LBK-Herzklinik*.

10.2.3 Portalkliniken

Die Krankenhausversorgung in der Bundesrepublik ist gekennzeichnet durch ein dichtes Netz von bettenführenden Kliniken. Nicht alle Standorte werden bei Veränderung der Erlösstrukturen Überlebenschancen haben. Mindestmengenregelung und ein Unterbieten der DRG-Preise durch Anbieter, die über große Leistungsmengen verfügen, werden viele kleinere Krankenhäuser in Schwierigkeiten bringen. Doch Krankenhausstandorte können überlebensfähig gemacht werden, wenn sie zu Portalen weiter entwickelt werden. Der *Notfallpatient* erreicht die Portalklinik, wo das *wesentliche diagnostische Angebot* bereitgehalten wird. Es soll eine schnelle und sichere Diagnose ermöglichen.

Kann die Erkrankung durch einen Kurzzeitaufenthalt (bis maximal 4 Tage) ausreichend behandelt werden, geschieht dies am Ort der Portalklinik. Ist eine spezielle Therapie oder eine Spezialdiagnostik nötig, wird der Patient in die jeweilige Schwerpunktklinik weiter verlegt. Da hier eine Grundidee diskutiert wird, kann auf Erfahrungen nicht zurückgegriffen werden. Ob 20%, 30% oder 40% der Patienten aus einer Portalklinik heraus in Schwerpunktkliniken verlegt werden, kann diskutiert und wird in den nächsten Jahren u. a. von der Rhönklinikum AG erprobt werden.

10.2.4 Krankenhausorganisation und Psychiatrie

Die Entwicklung der letzten 20 Jahre war in der Psychiatrie durch eine zunehmende Verkleinerung der ehemals großen *psychiatrischen Landeskrankenhäuser* im Rahmen der Regionalisierung der stationären Versorgung gekennzeichnet. In diesem Regionalisierungsprozess sind *psychiatrische Abteilungen* an allgemeinen Krankenhäusern entstanden, die über 50 bis 120 Betten verfügen. Daneben existieren aber auch weiterhin zentrale Psychiatriestandorte mit 500 und mehr Betten. Derzeit ist die Frage nach der Weiterentwicklung der psychiatrischen Versorgung zwar gestellt, aber nicht endgültig beantwortet.

Die Verweildauerverkürzung, wie sie auch in der Psychiatrie zu beobachten ist, führt zu einer Verkleinerung der heute existierenden Einheiten. Auch mit demografisch bedingten Fallzahlverlusten von jungen Patienten mit Schizophrenie ist in den nächsten Jahren zu rechnen. Für die Weiterexistenz von psychiatrischen Zentren wird angeführt, dass in ihnen Spezialbereiche zur Betreuung von Borderline-Kranken, von Migranten, von Abhängigkeitserkrankten etc. eher möglich sind und professioneller gestaltet werden können als in kleinen Einheiten.

Gegen Zentren spricht, dass psychiatrische Patienten durch möglichst geringschwellige Übergänge stationär, tagesklinisch und ambulant versorgt werden sollen. Dazu ist die Gründung von *Behandlungsteams* nötig, die beim gleichen Patienten sowohl das stationäre wie das tagesklinische und ambulante Angebot betreuen. Hierfür müssen die jeweiligen Einrichtungen wohnortnah arbeiten können. Das legt nahe, psychiatrische Kliniken oder Abteilungen zu haben, deren Einzugsbereich nicht über 300.000 Einwohner hinausgeht.

Es ist zu vermuten, dass die vollstationäre Betreuung psychiatrischer Patienten schnell rückläufig sein wird. Bei genauer Betrachtung zeigt sich, dass für einen Großteil von Patienten auch die tagesklinische Behandlung noch viel zu aufwendig organisiert ist und eine weitgehend ambulante oder aufsuchende Betreuung sinnvoller wäre.

Ähnlich wie in der somatischen Medizin sind in Zukunft psychiatrische Zentren denkbar, die eine Organisationseinheit darstellen, aus der heraus die dezentralen Standorte geführt werden. Insofern sind die beschriebenen Organisationsprinzipien der somatischen Medizin auf die Psychiatrie zu übertragen.

  Fazit

Krankenhäuser stehen am Beginn einschneidender Veränderung ihrer Organisation und der Abläufe in der Patientenbehandlung. Die Ideallösung kennt heute niemand. Diese Unsicherheit hemmt bei vielen Neuansätzen die Erarbeitung neuer Lösungswege. Dies gilt für neue Führungsmodelle und die Neuorganisation des »Medizinbetriebes«. Die bisherigen Abteilungsstrukturen auf Stationsebene weiter zu betreiben ist von Tag zu Tag weniger Erfolg versprechend. Neue Chancen eröffnet nur das Wagnis, andere, an der Patientenbehandlung orientierte interdisziplinäre Abläufe und Strukturen zu schaffen.

Literatur zu Kap. 10

Glatzer U (2003) Klinische Behandlungspfade. Der Patient im Mittelpunkt. KMA 8: 64–68
Göbel D, Lorei U (2003) Behandlungspfade anwenderfreundlich abbilden. Ein pragmatischer Ansatz zu mehr Akzeptanz. Krankenhaus Umschau 5(I): 400–403
Kaplan RS, Norton D (1997) Balanced Score Card. Schäffer-Poeschel, Stuttgart
Kaufmann P (2004) Einführung einer Kurzzeitstation. f&w 2: 145–147
Lohmann H, Bornemeier O (2002) Wettbewerb und Markenprodukte im Gesundheitswesen. Das Krankenhaus 6: 456–460
Martl I, Schuler M (2004) Die Zentrale Notaufnahme: steigert die Qualität, schafft Bürgernähe und bindet den Patienten. f&w 2: 140–141
Nahrstedt U, Rückert K (2002)Welche Vorteile hat eine Abteilung für Kurzzeitchirurgie. Chir Praxis 60: 603–610
Vogel S, Buchecker P, Seyfarth-Metzger I (2002) Patientenpfade im Krankenhaus München-Schwabing (KMS). Das Krankenhaus 10: 787–793

Die Steuerung des Leistungsprozesses im Krankenhaus

Achim Rogge

Mit Einführung des G-DRG-Systems hat sich die Aufgabe den Leistungs-prozess im Krankenhaus zu steuern erheblich kompliziert. Waren bisher Fallzahl, Belegungstage und Auslastungsgrad die zentralen Eckpunkte für die Steuerung der Leistungsseite eines Krankenhauses, wird im DRG-Sys-tem der Behandlungsfall die bestimmende Steuerungsgröße. **Das Patienten-fallmanagement wird zentraler Punkt der Leistungssteuerung im Kranken-haus und neue Aufgabe des Leistungscontrollings.**

Leistungssteuerung ist die Aufgabe der Führung eines Krankenhauses. Das Management wird bei der Umsetzung des Leistungsplans durch das Controlling unterstützt, indem dieses bisher den im Plan festgelegte Leis-tungs-, Kosten- und Erlösrahmen mit Maßnahmen zur Zielerreichung hin-terlegt (Schirmer H.) und dann aufbereitete Verlaufs- und Vergleichsdaten für alle am Leistungsprozess eines Krankenhauses beteiligten Führungskräf-te und die wichtigsten Leistungserbringer zeitnah und auf den jeweiligen Bereich fokussiert zur Verfügung stellt.

Die klassische Funktion des Controllings muss heute durch einen akti-ven Beitrag des Controllings am Aufbau und der Sicherstellung des Bele-gungsmanagements ergänzt werden.

11.1 Belegungsmanagement: »Abteilungsgrenzen überwinden – Prozessabläufe managen«

Nicht wenige der heutigen Abläufe in vielen Krankenhäusern orientieren sich weder an den Bedürfnissen der Patienten und der Mitarbeiter noch am Behandlungsprozess. Die Auswirkungen von unklaren Prozessabläufen sind:

- Längere Verweildauern
- Längere Wartezeiten von Patienten auf Untersuchungen/Eingriffe
- Unzufriedene Mitarbeiter
- Vermeidbare Kosten
- Dokumentationsdefizite
- Suboptimale Qualität.

Diese Defizite stellen mit Beginn der DRG-basierten Finanzierung der Krankenhausleistungen eine existentielle Bedrohung für die Krankenhäu-ser dar.

Das wurde im LBK Hamburg bereits im Jahr 2000 erkannt und eine Projektgruppe »Belegungsmanagement« eingesetzt. Belegungsmanagement steuert alle geplanten und ungeplanten Aufnahmen, die Bettenbelegung, Verlegungen und Entlassungen mit dem Ziel, allen Patienten zur richtigen Zeit einen adäquaten stationären Behandlungsplatz zur Verfügung zu stellen und dabei die vorhandenen Kapazitäten optimal zu nutzen. Dabei basiert die Steuerung der Patientenflüsse auf den im Leistungsplan der Fachabtei-lungen festgelegten Kennzahlen.

Die Schwerpunktthemen des Konzeptes »Belegungsmanagement« sind:

- Organisation des Belegungsmanagements
- Geregelte Verantwortlichkeiten
- Aufgaben und Kompetenzen des Belegungsmanagers
- Aufgaben eines Teampartners im Rahmen des Belegungsmanagements
- Echtzeiterfassung der Belegung

- Interdisziplinäre Belegung
- Transparente Verlegungskriterien (Regeln).

Belegungsmanagement basiert auf einer aktuellen Online-Darstellung der Bettenbelegung auf allen Stationen. In den Häusern des LBK Hamburg werden diese Prozesse durch ein zentrales EDV-System unterstützt.

Die strategische Steuerung der Bettenbelegung sowie das Konfliktmanagement unterliegen in jedem Haus des LBK Hamburg einem *Belegungsmanager.* Er ist dem Direktorium bzw. der Geschäftsführung direkt unterstellt und kommt aus dem Bereich »erfahrenes medizinisches Personal mit Managementkompetenzen«. Er steuert die Belegung der Betten unter Berücksichtigung der Kennzahlen, die im Leistungsplan der Fachabteilung durch das Controlling hinterlegt worden sind (Fallzahl, Case Mix, Fallgruppenbezogene VWD). Dem Belegungsmanager steht dabei in jeder Abteilung bzw. jedem Zentrum ein Ansprechpartner für das Belegungsmanagement zur Seite. Außerdem fördert und sichert er den notwendigen Abstimmungsprozess zwischen den Entscheidungsträgern (◨ Abb. 11.1).

Die Aufgaben eines Belegungsmanagers sind:

- Strategische Steuerung der Belegung des Krankenhauses (einschließlich der Entwicklung von Richtgrößen) in Abstimmung mit der Krankenhausleitung und den Abteilungsleitungen
- Optimierung der Prozesse des Belegungsmanagements
- Sicherung des Erreichens der Ziele des Belegungsmanagements auf Basis des Wirtschaftsplanes
- Moderation von Abteilungsübergreifenden Abstimmungsprozessen
- Konfliktmanagement und Entscheidungen bei Kapazitätsengpässen
- Controlling (u. a. Überwachung der Belegungszeiten), Berichtswesen

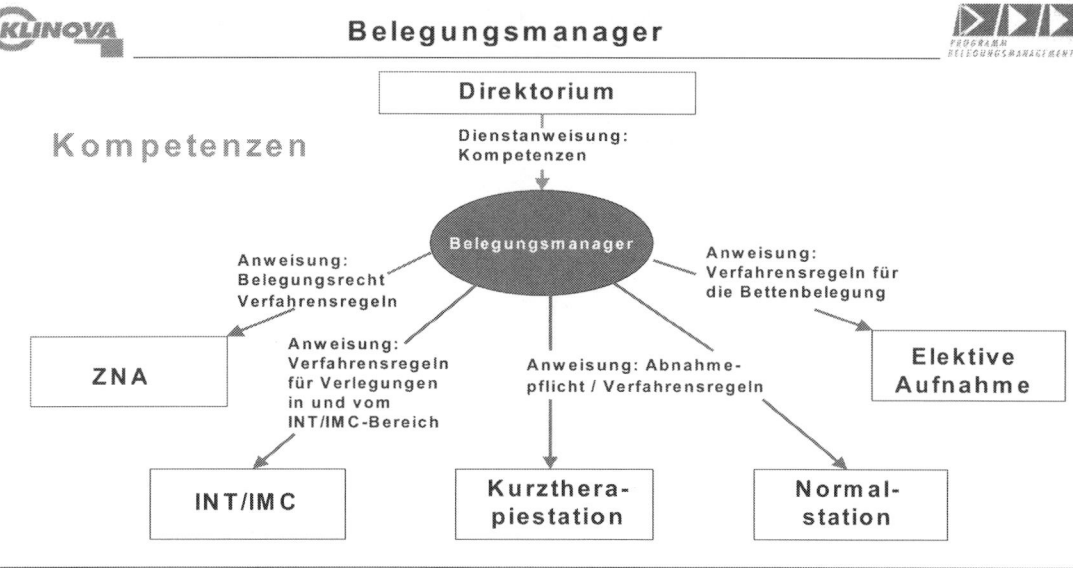

◨ **Abb. 11.1.** Kompetenzen und Aufgaben des Belegungsmanagers in den LBK Hamburg Krankenhäusern

- Zusammenarbeit mit dem OP-Manager
- Zusammenarbeit mit Belegungsmanagern der anderen Häuser des LBK Hamburg (unternehmensweite Belegungssteuerung) z. B. bei saisonalen Kapazitätsengpässen
- Förderung der Zusammenarbeit mit den Servicebetrieben des Unternehmens
- Zusammenarbeit mit niedergelassenen Ärzten
- Zusammenarbeit mit prä- und poststationären Einrichtungen
- Förderung der Qualifikation von Mitarbeitern im Rahmen des Belegungsmanagements
- Marketingaktivitäten, einschließlich Vertriebsaktivitäten
- Ggf. in Personalunion zusätzliche Aufgaben z. B. Zentrumsmanagement, Medizinisches Controlling (je nach Größe eines Hauses).

Das Belegungsmanagement wird in den Krankenhäusern der LBK Hamburg durch den Belegungsmanager verantwortet. In die tägliche Umsetzung sind Ärzte, Pflegekräfte und ggf. Teampartner verantwortlich in die Organisation des Belegungsmanagement auf Ebene ihrer Bereiche und Stationen eingebunden.

- Einbindung der Ärzte
  Die verantwortlichen Ärzte der Notaufnahme/ZNA, der Intensiv- und IMC- Stationen sowie der Normalstationen haben eine operative Verantwortung zur Erreichung einer optimalen Belegung. Diensthabende Ärzte der Notaufnahme/ZNA haben ein *Belegungsrecht*, Ärzte der Normalstationen eine *Aufnahmepflicht*. Bei der Verlegung werden die jeweilige Pflegeintensität des Patienten und der Belegungs-Mix der aufnehmenden Stationen berücksichtigt.
  Für die Verlegungen in und von Intensiv- und IMC-Stationen werden vom Belegungsmanager über die grundlegenden Regeln des Belegungsmanagements hinaus hausinterne Verfahrensregeln entwickelt. Der Zugriff auf freie Betten erfolgt nur in Absprache mit dem diensthabenden Arzt. Mit diesen belegungsverantwortlichen Ärzten trifft sich der Belegungsmanager des Krankenhauses monatlich zur Abstimmung.
- Einbindung der Krankenpflegekräfte
  Krankenpflegekräfte stufen Patienten bezüglich ihrer Pflegeintensität im Rahmen des Belegungsmanagements ein, weisen ihnen auf Station entsprechend dem Behandlungs- und Pflegebedarf sowie ihrer Wahlleistungen ein Bett zu. Zudem sind geschulte Mitarbeiter der Pflege berechtigt, Daten des Belegungsmanagements in das zentrale EDV-System einzugeben.
- Einbindung von Teampartnern
  Teampartner repräsentieren ein neues Berufsbild an der Schnittstelle Medizin, Pflege und Verwaltung und unterstützen das ärztliche und Pflegepersonal während des gesamten Behandlungsprozesses im Belegungsmanagement, indem sie u. a. mit Hilfe des EDV-Systems für Patienten den Anforderungen entsprechende Betten suchen und alle Daten des Belegungsmanagements zeitnah und in guter Qualität in das EDV-System eingeben. Nur so ist eine immer aktuelle Online-Darstellung der Bettenbelegung auf allen Stationen zu gewährleisten.

In der *Einführungsphase* eines Belegungsmanagements müssen in jedem Krankenhaus Regeln für differenzierte Bereiche des Krankenhauses bzw. des Behandlungsprozess in Abstimmung mit den Fachbereichen definiert werden und die die Ziele des Belegungsmanagements klar formuliert werden:

- Sicherung einer hohen Datenqualität einschließlich Aktualität
- Entlastung in der zentralen Notaufnahme (ZNA) und elektiven Aufnahme von Pflegekräften und Ärzten durch Mitarbeiter der Administration
- Kurzfristige Information über freie Betten
- Kurzfristige Information über Patientenbewegungen
- Konzentration administrativer Aufgaben auf einen zahlenmäßig eingeschränkten und dafür qualifizierten Mitarbeiterkreis

Um diese Ziele zu erreichen sind alle an der Behandlung beteiligten Personen und Bereiche gezwungen, sich abzustimmen und die Abteilungs- und Bereichsgrenzen für eine reibungslose Behandlung des Patienten zu überschreiten. **Die Prozesse und nicht die Abteilungen stehen damit im Vordergrund des Interesses.** Das Denken in Prozessen (anstatt in Funktionen, Abteilungen oder Berufsgruppen) über die eigenen Abteilungsgrenzen hinweg stellt einen weiteren Paradigmenwechsel im Krankenhaus dar.

Zu Beginn dieses Veränderungsprozesses bleibt es offen, in wie weit die Mitarbeiter eines Unternehmens sich in der auch zu verändernden Aufbauorganisation (Veränderung in der Hierarchie- und Abteilungsstrukturen) wieder finden und im Sinne einer Prozessorientierung arbeiten können, da jahrelang gerade diese Tugenden nicht gewünscht und nötig waren. Gerade dieses zu fördern, ist eine der Hauptaufgaben eines Belegungsmanagers, der den Gesamtüberblick über das Leistungsgeschehen haben muss. **Controlling-Kenntnisse des Belegungsmanagers sind unabdingbare Voraussetzungen zur erfolgreichen Gestaltung des Belegungsmanagements.**

11.2 Leistungscontrolling im Krankenhaus

Während sich bis vor einem Jahr das Leistungscontrolling eines Krankenhauses im Extremfall auf Fallzahlen und Belegungstage (ergänzt durch Angaben zu Fallpauschalen und Sonderentgelte) beschränken konnte, ist mit der Einführung des G-DRG-Systems eine völlig neue Situation eingetreten (Thiex-Kreye M. et al.). Neue Berichts- und Steuerungskennzahlen sind plötzlich neben alt bekannte Kennzahlen getreten:

- Krankenhausfallzahlen
- Case Mix (Summe Gewichtspunkte der Bewertungsrelationen)
- Case-Mix-Index (Durchschnitt der Bewertungsrelationen)
- DRG-Fallgruppen-bezogene Verweildauern
- Zahl nicht DRG-vergüteter Leistungen
- Behandlungsprozessorientierte Kennzahlen (präoperative Verweildauer, Verweildauer auf Kurzzeitstationen etc.).

Der Krankenhausfall ist die dominierende Leistungsgröße in der »DRG-Welt«. Jedoch ist die Fallzahlbetrachtung im DRG-System mit der Angabe des Case Mix um eine ökonomische Komponente ergänzt, die bisher nicht bekannt war. Aus dem Case Mix lässt sich durch Multiplikation mit der Basisrate sofort die Erlössituation einer Abteilung oder eines Krankenhauses ermitteln. **Der Case Mix wird für eine Abteilung und das Krankenhaus zur primären Steuerungsgröße.** Da das DRG-System primär den Krankenhausfall und nicht den Abteilungsfall abbildet, sind besonders bei sehr verlegungsaktiven Krankenhäusern Berechnungen für die Abteilungserlössituation sinnvoll und notwendig (Ramme M. et al.).

Die Zielerreichung eines Krankenhauses ist über die Erreichung des mit den Krankenkassen vereinbarten Case Mix definiert. Abweichungen vom Ziel können sich durch das Unter- oder Überschreiten der Fallzahlen bei unverändertem Case-Mix-Index oder bei Absinken des Case-Mix-Index (Zunahme von leichteren Fällen) oder Anstieg des Case-Mix-Index (Zunahme von schwereren Fällen) ergeben. In den beschriebenen Fällen setzen dann die jeweils geltenden Ausgleichsregelungen ein.

Im Alltag des Controllings wird sich die Steuerung des Leistungsgeschehens in der Diskussion mit den Leistungserbringern (Leitenden Ärzten und Pflegekräften) auf der Ebene der Basis-DRG-Fallgruppen bewegen. Hilfreich ist es, den Abteilungen sog. »Winner«- und »Looser«-DRG-Hitlisten zur Verfügung zu stellen, um ihnen schnell einen Überblick über Abweichungen auf Ebene der Basis-DRG Fallgruppen zu ermöglichen und mit ihnen Steuerungsmaßnahmen zu besprechen. Mit der parallelen Einführung des Kataloges der ambulanten Operationen und Stationsersetzenden Maßnahmen im Jahr 2004 zeigt sich, dass nicht wenige Krankenhäuser Probleme haben, ihre geplanten Fallzahlen zu erreichen.

Erst im zweiten Schritt wird man über Case Mix und Case-Mix-Index einer Abteilung diskutieren. Wird allerdings während des Berichtszeitraums eine Kostenabweichung beobachtet, geben Case Mix und Case-Mix-Index einen ersten Hinweis, ob sich das Leistungsgeschehen ändert oder ob die Kostenabweichungen auf eine Änderung in der Behandlungsrealität zurückgehen, z. B. durch Einsatz neuer teurer Prothesen etc. In dieser Situation kann es auch notwendig werden, sich über *die Homogenität bzw. Inhomogenität in einer DRG-Fallgruppe* Gedanken zu machen. Der einfachste Zugang ist die Verweildaueranalyse. Sie kann aufdecken, dass sich plötzlich z. B. eine kleine Population von besonders lange liegenden Patienten entwickelt hat. Eine Analyse von Hauptdiagnosen, Nebendiagnosen und der PCCL-Werte in einer DRG-Fallgruppe kann ergeben, dass Patienten mit bisher nicht vorhandenen Hauptdiagnosen und Komorbiditäten dem Krankenhaus zugewiesen werden.

Im Jahre 2004 beobachteten nicht wenige Krankenhäuser, dass sie ihren geplanten Case-Mix-Index unterschreiten. Prozessoptimierung im Jahr 2004 lässt deutlich kürzere Verweildauern erreichen, die häufig zur Unterschreitung der unteren Grenzverweildauer und so zur Abwertung der Bewertungsrelationen führen. Außerdem zeigen die Dekompressionen der Bewertungsrelationen zwischen 2003 und 2004 und systematische Änderungen im G-DRG-System 2004 einen negativen Einfluss auf die Höhe des Case-Mix-Index von Krankenhäusern der Grund- und Regelversorgung und der Schwerpunktversorgung.

Das Leistungscontrolling wird sich in den nächsten Jahren erstmals auch mit Prozesskennzahlen auseinandersetzen. Die Steuerung einer operativen Abteilung wird sich neben Fallzahlen und Verweildauern der einzelnen operativen DRG-Fallgruppen auch auf präoperative Verweildauern, Schnitt-Naht-Zeiten, Auslastung von OP-Sälen etc. konzentrieren. Konservative Abteilungen, die ihren Schwerpunkt auf der Diagnostik haben, werden sich mit Kennzahlen konfrontiert sehen, die aufzeigen, welchen diagnostischen Aufwand sie pro Fall in der Funktionsdiagnostik haben. Die Zeiten der »Durchuntersuchung« sind vorüber, gefragt ist ein Vorgehen, das sich bei Diagnostik und Therapie an dem Anlass orientiert, der zum stationären Aufenthalt führte. Gerade in diesen Abteilungen werden geplante Behandlungsabläufe (Behandlungsstandards siehe auch Kap. 10) für die häufigsten Behandlungsanlässe Eckpunkte des Ressourceneinsatzes definieren.

11.3 Kostencontrolling im Krankenhaus

Leistungs- und Kostencontrolling müssen Hand in Hand gehen. Jedoch macht Kostencontrolling nur dann Sinn, wenn es durch ein effektives Kostenmanagement vorbereitet und unterstützt wird. Kostenmanagement in Verbindung mit Erbringung medizinischer Leistungen meint zum einen die vorausschauende und verlässliche Planung des Aufwandes von Leistungen. So können z. B. herkömmliche Stents nicht durch beschichtete Stents durch Leistungserbringer in der Kardiologie ersetzt werden, wenn dafür nicht die notwendigen Ressourcen zur Verfügung stehen. Leistungen in einem Krankenhaus kennen jahreszeitliche Nachfrageschwankungen in der Akutmedizin und während der Woche für Leistungen der Elektivmedizin. Ein modernes Belegungsmanagement in Verbindung mit einer flexiblen Personaleinsatzplanung werden diese Schwankungen viel stärker berücksichtigen müssen, um Leerkapazitäten zu vermeiden.

Für die häufigsten Behandlungsanlässe einer Abteilung oder eines Zentrums wird in Zukunft eine auf geplante Behandlungsabläufe (Behandlungsstandards) gestützte Ressourcenplanung notwendig sein, die so genau sein muss, dass z. B. unterjährige Veränderungen hinsichtlich der Kostenauswirkungen sicher abschätzbar werden. Das Kostencontrolling konzentriert sich dann auch auf diese Behandlungsanlässe und die entsprechenden Basis-DRG-Fallgruppen. Zusätzlich werden Basis-DRG-Fallgruppen für das Kostencontrolling identifiziert, die besonders hohe Sachkosten und/oder Personalkosten auf sich vereinigen.

Die DRG-Fallgruppen für die langzeitbeatmeten Patienten eines Krankenhauses bilden die schwerstkranken Patienten eines Krankenhauses ab, müssen regelhaft einer Einzelfallprüfung unterzogen werden. Zwar repräsentieren diese Patienten maximal 0,5% der Fälle eines Akutkrankenhauses dar, ihr Ressourcenverbrauch liegt aber bei 5 bis 7% des Gesamtbudgets. Nur ein so ausgerichtetes Kostenmanagement und Kostencontrolling kann sicherstellen, dass bei Abweichungen erfolgreiche Gegenmaßnahmen zeitnah eingeleitet werden können.

11.4 Erlöscontrolling im Krankenhaus

Mit der Einführung des DRG-Systems ist zu befürchten, dass sich die Forderungsreichweite von Krankenhäusern deutlich verlängern wird, da sowohl auf Seiten der Krankenhäuser als auch auf Seiten der Krankenkassen Probleme und Unsicherheiten mit dem Abrechnungsprozess bestehen werden. Es ist voraussehbar, dass Fälle mit Kurzliegerabschlag und solche mit Langliegerzuschlag von den Krankenkassen direkt bzw. durch den MDK (Medizinischer Dienst der Krankenkassen) strittig gestellt werden. *Kurzlieger* werden zum Ziel von Fehlbelegungsprüfungen werden und dies besonders dann, wenn ein hochgewichteter A-Fall mit einem Kurzliegerabschlag abgerechnet werden soll.

Bei der Erlösgenerierung für langliegende Patienten dürfen besonders die Krankenhäuser Probleme erwarten, die einen überproportional hohen Anteil (mehr 6 bis 7%) an *Langliegern* haben. Dies kann der Fall bei einem ungünstigen Patienten-Mix sein oder wenn spezielle Fachabteilungen wie Geriatrie oder Abteilungen mit dem Schwerpunkt der Rehabilitation in einem Krankenhaus vertreten sind. Es kann erwartet werden, dass wegen der zu zahlenden Langliegerzuschläge diese Fälle vom MDK und den Krankenkassen strittig gestellt werden und vermutlich als Pflegefälle apostrophiert werden.

Die Anstrengungen des Erlöscontrollings werden sich besonders auf die *Verlegungsfälle* innerhalb des Krankenhauses konzentrieren um sicherzustellen, dass klinische Daten nicht verloren gehen, um diese in der Regel komplizierten Fälle eines Krankenhauses korrekt zur Abrechnung zu bringen. Ein zweiter Schwerpunkt des Erlöscontrollings wird die Überprüfung der langliegenden Fälle sein, um sicherzustellen, dass in jedem Fall die korrekte Hauptdiagnose und die richtigen Nebendiagnosen dokumentiert wurden, damit eine aufwandgerechte Vergütung gewährleistet ist.

11.5   Strategie-Controlling im Krankenhaus

Strategie-Controlling im Krankenhaus war bis vor kurzem mehr oder weniger unbekannt. Vorhaben und Maßnahmen der strategischen und besonders der Mittelfristplanung bedürfen eines engen Controllings, um tatsächlich sicher zu stellen, dass Änderungen der Organisation wie Einrichtung und Betreiben einer Kurzzeitstation oder der Aufbau von neuen medizinischen Angeboten in Planung und Umsetzung im Zeit- und Ergebnisplan bleiben. Ein Beispiel wäre z. B. die Einrichtung einer 24-Std.-Bereitschaft zur interventionellen Versorgung von akuten Myokardinfarkten, für die Umbaumaßnahmen und Personalschulungen notwendig sind und die das Ziel verfolgt, die Anzahl der Behandlungen akuter Myokardinfarkte pro Jahr um 15% zu steigern.

Eine strategische Planung im Krankenhaus wird nur dann erfolgreich in das operative Geschehen überführt werden können, wenn es gelingt, die Erfolgspotentiale im Planungsprozess zu identifizieren und im weiteren Verlauf die Hebung dieser Potentiale zu sichern. Bei der unsicheren Planungssituation im deutschen Gesundheitswesen gehört eine parallele repetitive *Prämissenkontrolle der strategischen Planung* ebenfalls zu den Aufgaben des Strategie Controllings.

11.6   Balanced Score Card

Die bisher vorgestellten Controllingansätze unterstützen direkt das Ziel eines Krankenhauses, ein positives Leistungsergebnis und ein positives finanzielles Ergebnis zu erreichen. In den 90er Jahren wurde ein neues Instrument, das besonders geeignet ist, die Strategieumsetzung eines Unternehmens zu unterstützen und dabei die Ergebnisse unter verschiedenen und nicht nur finanziellen Perspektiven zu messen, in der produzierenden Industrie erarbeitet.

Dieses neue Instrument heißt *Balanced Score Card* (Kaplan R.S. et al.) und lässt sich ins Deutsche frei als »ausgewogenes Beurteilungsinstrument« übersetzen. Mit ihr kann die Leistung eines Krankenhauses und einer Krankenhausabteilung als *Gleichgewicht zwischen vier ausgewogenen Perspektiven* dargestellt werden.

━ Finanzielle Perspektive:
Die finanzwirtschaftlichen Ziele dienen als Fokus für die Ziele und Kennzahlen aller anderen Score-Card-Perspektiven. In Abhängigkeit von der Situation des Unternehmens können finanzwirtschaftliche Ziele unterschiedlich sein (Umsatzmaximierung, Kapitalrendite, Marktanteilzugewinn etc.). Für viele Krankenhäuser heißt dies heute, keine finanziellen Verluste zu generieren.

━ Kundenperspektive:
Ergebniskennzahl kann hier die Kundenzufriedenheit (Patientenbefragung) und /oder Aspekte der Ergebnisqualität der Patientenbehandlung sein.

━ Interne Perspektive:
Es gilt, Qualität über Verbesserungen der Prozesse erreichen. Im Krankenhaus ist diese Perspektive durch Qualitätskennzahlen aus der EQS, Zahl der Schadensfälle und unerwünschter Ereignisse etc. zu messen.

━ Lern- und Entwicklungsperspektive (Innovationsperspektive):
Kennzahlen hierfür können Fortbildungsrate, Zahl der wissenschaftlichen Veröffentlichungen etc. sein.

Wichtig für das Verständnis der *Balanced Score Card* ist nicht ein gutes Ergebnis in einer Perspektive zu haben, sondern zu verstehen, dass ohne Qualität die Kunden nicht zufrieden sind und die finanziellen Ziele nicht erreichbar sind, aber ohne das Erreichen der finanziellen Ziele wiederum die Mitarbeiter nicht zufrieden sind und damit nicht im Unternehmen zu halten sind. Damit zwingt die *Balanced Score Card* die Verantwortlichen in einem Unternehmen, sich mit verschiedenen von einander abhängigen Ursache-Wirkungs-Zusammenhängen in der Leistungserbringung auseinanderzusetzen.

Die *Balanced Score Card* wurde in und für profit-orientierte Unternehmen der Wirtschaft in den USA entwickelt. Später wurde sie auch in Nonprofit-Organisationen eingesetzt. Seit 2 bis 3 Jahren wird die Balanced Score Card wird auch in deutschen Krankenhäusern und Krankenhausunternehmen als Mess- und Steuerungsinstrument eingesetzt (Bökelmann M. et al.). Inwieweit sie sich aus der Ebene des Gesamtkrankenhauses auch auf die Abteilungsebene hinunter durchsetzen wird, bleibt abzuwarten, da für jede der beschriebenen Perspektiven sehr *spezifische Kenngrößen* für jede Abteilung erarbeit werden müssen. Der Aufwand für eine sinnvolle und erfolgreiche Umsetzung der *Balanced Score Card* im Krankenhaus, besonders wenn sie auf Ebene der Krankenhausabteilung eingesetzt werden soll, ist hoch. Allein der personelle und sächliche Aufwand für die regelmäßige und umfassende Ermittlung der Patientenzufriedenheit ist immens.

Einfache Lösungen in der Auswahl der Kennzahlen für die Balanced Score Card wie z. B. das Heranziehen der Mortalitätsrate in einem Krankenhaus sind häufig wenig zielführend. Sollen wertvolle Schlüsse aus der Balanced Score Card gezogen werden, müssen die Kennzahlen aller vier Perspektiven regelmäßig und verlässlich neu erhoben werden.

  Fazit

> Die Steuerung des Behandlungsprozesses wird im DRG-Zeitalter anspruchsvolle Aufgabe für die Führung eines Krankenhauses. Für diese Aufgabe sind neue Controllinginstrumente und -ansätze notwendig. Bisher eingesetzte Kennzahlen sind nur noch von marginaler Bedeutung. Der Krankenhausfall wird zur einzigen Stellgröße. Kennzahlen müssen die Prozesse der kritischen Eckpunkte im Behandlungsprozess abbilden. Der Aufbau eines Medizincontrolling im Krankenhaus wird das klassische Controlling ergänzen und das Fallmanagement im Krankenhaus sicherstellen.

Literatur zu Kap. 11

Böckelmann M, Wolf G (2003) Praktische Erfahrungen mit der Balanced Score Card. Qualität zahlt sich auch ökonomisch aus. f&w 3: 264–266

Kaplan RS, Norton D (1997) Balanced Score Card. Schäffer-Poeschel, Stuttgart

Ramme M, Vetter U (2000) Die Bildung von Abteilungsbudgets auf der Basis von AP-DRG's. f&w 2: 156–159

Schirmer H (2001) Der Controller als change-agent. Krankenhaus Umschau 3: 180–181

Thiex-Kreye M, Kalbitzer M (2000) Veränderungen im Controlling bei Einführung eines DRG-Systems. Das Krankenhaus 4: 269–274

Weißflog D (2003) Die Balanced Score Card – ein geeignetes Führungsinstrument für Kliniken? Das Krankenhaus 11: 889–893

Prozesskostenrechnung im Krankenhaus – Instrument und praktische Umsetzung zur Steuerung der DRGs

Michael Greiling

12.1 Prozesskostenrechnung als Instrument zur Bewältigung neuer Anforderungen

Die Beantwortung der Frage sein, wie hoch die Fallkosten der DRGs sind und wie diese transparent und damit beeinflussbar gemacht werden können, ist für jedes Krankenhaus von höchster Bedeutung. Doch das traditionelle Management-Informationssystem liefert hier nur unzureichende Informationen, um diese komplexen »Produktionsabläufe« zu steuern.

Die Prozesskostenrechnung ist eine *Variation des traditionellen Management-Informationssystems*. Aufgrund der veränderten Rahmenbedingungen durch das neue Vergütungssystem sind Prozesskostenrechnung (PKR) und Prozessmanagement geeignete Methoden zur Bewältigung des anstehenden Wandels. Die PKR ist das einzige geeignete Instrument zur Ermittlung der prozessbezogenen Fallkosten. Jedoch ist der Ansatz in den Krankenhäusern noch nicht ausreichend umgesetzt. In diesem Kapitel werden deshalb die Vorzüge und Funktionsweise der PKR dargestellt.

«Prozesskostenrechnung verstehen wir als eine Methodik, mit deren Hilfe die Kosten der indirekten Bereiche des Unternehmens (Gemeinkostenbereiche) besser geplant und gesteuert bzw. auf das Produkt verrechnet werden können«. Es ist somit eine verursachungsgerechtere Umlage der indirekten Kosten auf die Kostenträger (DRGs) möglich. Die PKR ist eine Vollkostenrechnung. Die ◘ Abb. 12.1 zeigt, wie sie in die Elemente der traditionellen Kostenrechnung einzuordnen ist.

Um die Kostenentstehung transparenter zu machen, werden die Kostenstellen bei der PKR über Prozesse verrechnet. Die Einzelkosten werden direkt den Kostenträgern zugerechnet und die Gemeinkosten werden von der stellenorientierten in eine prozessorientierte Aufteilung überführt. Die Gesamtkosten werden verursachungsgerechter ermittelt als durch das traditionelle Rechnungswesen. Die Prozessorientierung wird durch die Kostenerhebung über Prozesse unterstützt. Die Qualität der Daten steigt hierdurch.

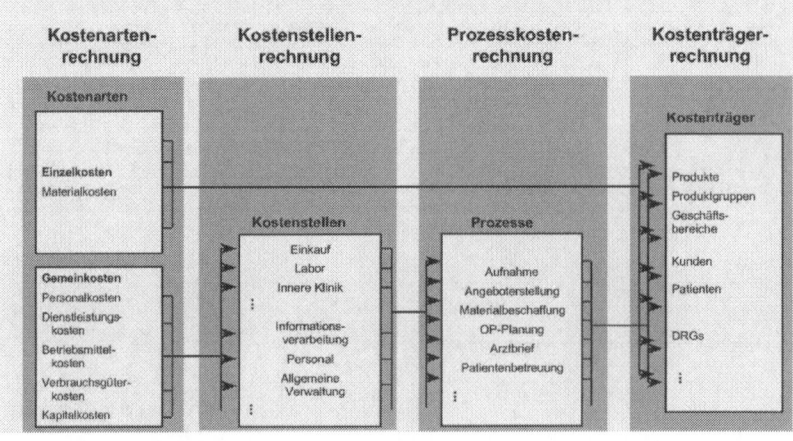

◘ **Abb. 12.1.** Einstufung Prozesskostenrechnung

Die Kosten können für die Prozesse der jeweiligen Prozesshierarchie dargestellt werden. Beide Vorgehensweisen tragen zur höheren Kostentransparenz bei.

12.2 Kalkulation einer DRG mittels Prozesskostenrechnung

12.2.1 Projektziel

Ziel des Projektes an einem Pilot-Krankenhaus der Grund- und Regelversorgung mit 380 Betten war es, ein Konzept zur Kostenkalkulation und zur Prozesssteuerung für einzelne DRGs zu entwickeln. Es wurde der Behandlungsverlauf von Patienten von der Aufnahme bis zur Entlassung verfolgt, die die Rachen- oder Gaumenmandel entfernt bekommen haben. Das Konzept bildete die Grundlage für die Einführung des Prozessmanagements.

12.2.2 Prozesshypothese

Eine Prozesshypothese muss zur Vorbereitung aufgestellt werden. Diese ermöglicht, einen ersten Überblick über die Arbeitsabläufe des Krankenhauses zu erhalten, und diente gleichzeitig auch als Grundlage für die PKR. Die Prozessbetrachtung beschränkt sich auf die Ebene der Haupt- und Teilprozesse, um die Übersichtlichkeit des Prozessmodells zu gewährleisten.

12.2.3 Datensammlung

Unter Datensammlung wird die Analyse und Aufbereitung des beim Krankenhauses vorliegenden Datenmaterials verstanden. Die Ergebnisse sollten die Entscheidungen bezüglich des weiteren Vorgehens und der Kostenumlage.

Es musste ein *Kostenstellenorganigramm* erstellt werden, welches die Kostenstellen der organisatorischen Struktur des Krankenhauses zuordnet. Hierdurch ließ sich ein Eindruck über die Kostenstellen des Pilot-Krankenhauses verschaffen (◻ Abb. 12.2). Dieses Dokument lässt sich aus einen Organigramm und einer Auflistung aller Kostenstellen erstellen. Die Kostenstellen werden nach Funktionsbereichen in dem Kostenstellenorganigramm abgebildet und sind in Kästchen mit abgerundeten Ecken wie z. B. »OP« dargestellt; auf diese Kostenstelle wird im Folgenden immer wieder beispielhaft zurückgegriffen. Sie teilen sich entweder in weitere Funktionsbereiche oder in dem Funktionsbereich zugeordnete Kostenstellen auf. Alle Kostenstellen werden so hierarchisch strukturiert.

Die Logik der bisherigen Umlage von Kostenstellen musste in einem aussagekräftigen Modell dargestellt werden *(Umlagemodell)*. Hierzu waren eine Analyse des Betriebsabrechnungsbogens (BAB), der Dokumentation der bisherigen Umlage und ausführliche Gespräche in der Buchhaltung nötig. Aus dem Umlagemodell geht hervor, ob man das vorhandene Verfahren übernehmen kann oder ob eine komplett neue Methode gestaltet werden musste. Das Umlagemodell basiert auf dem Umlageplan eines Krankenhauses.

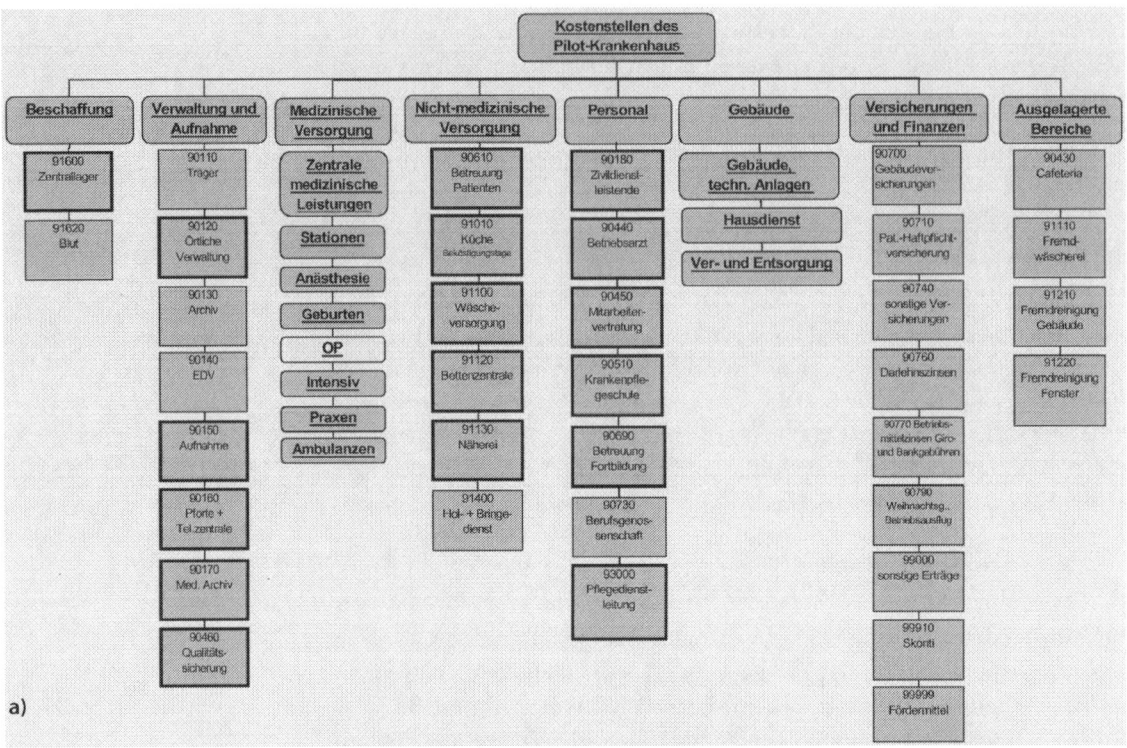

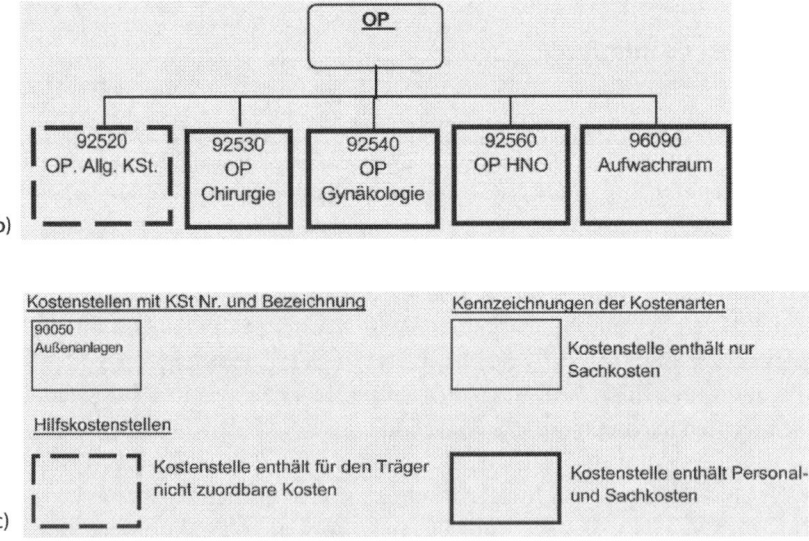

◨ **Abb. 12.2 a–c.** Kostenstellenorganigramm. a Gesamtes Krankenhaus, b daraus OP, c Legende

Die Umlage erfolgt durch die komplette Verrechnung von Anfangskostenstellen auf eine oder mehrere Endkostenstelle(n) mittels vier Verrechnungsschlüssel. Ausgeschlossen sind periodenfremde Aufwendungen, da sie keinen Bezug zum Geschäftsjahr haben. Dem Umlagemodell kann entnommen werden, auf welche Kostenstellen sich diese Verrechnungen beziehen. Die *vier Verrechnungsschlüssel* sind:

- Verbrauch: Dieser Schlüssel basiert auf bezogenen Sachleistungen der OP-Kostenstellen. Die Sachleistungen bzw. Sachkosten der drei OP-Kostenstellen entsprechen 100%. Auf jede der drei OP-Kostenstellen entfällt anteilig ein Prozentsatz der Sachkosten. Dieser Prozentsatz ist der Umlageschlüssel, nachdem die im Umlagemodell gekennzeichneten Kostenstellen verrechnet werden.
  Problem: Es ist unklar, ob sich die Personal- und Sachkosten linear zueinander verhalten.
- Berechnungstage: Für die Ermittlung des prozentualen Verteilungsschlüssels wird die Patientenverweildauer verwandt. Die sich hieraus ergebenden anteiligen Prozentsätze an der »Gesamtbelegungsdauer« der Anfangskostenstelle ist die Grundlage zur Umlage der gesamten Kosten auf die Endkostenstellen.
  Problem: Es ist nicht verursachungsgerecht, die Kosten pauschal über die durchschnittliche Verweildauer je Station umzulegen.
- Leistungsstatistik: Hier finden die erbrachten Leistungen der liefernden an die anfordernde Kostenstelle Berücksichtigung. Die Leistungen wurden durch ein »Punktsystem« bewertet, welches man dem Dokument »interne Leistungen« (Umlageplan) entnehmen kann. Die Summe der Punkte pro Anfangskostenstelle entspricht der zu verteilenden Gesamtleistung dieser Kostenstelle. Die Gesamtpunktzahl der Leistung wird auf die Endkostenstellen nach Inanspruchnahme verteilt und in Prozent umgerechnet. Dieser Prozentsatz ist Basis für die Umlage der kompletten Kosten der liefernden Kostenstellen auf die anfordernden Kostenstellen.
- Mengeneinheit 99: Verrechnung einer Anfangskostenstelle komplett auf eine Endkostenstelle.
  Problem: Es ist nicht verursachungsgerecht, die Kosten pauschal über die durchschnittliche Verweildauer je Station umzulegen.

Es war eine *Auflistung aller Kostenstellen* des Krankenhauses (Kostenstellenauflistung) anzufertigen, die den Personaleinsatz je Kostenstelle, die anfallenden Sachkosten und Personalkosten wiedergab.

Die Kostenstellenauflistung diente zur Entscheidungsfindung, wie die Kostenstellen umzulegen und aus welchen Kostenstellen dort tätige Personen zu befragen waren. Eine Möglichkeit ist, die Kostenstellenliste auf dem Kostenstellenplan und dem Mitarbeitereinsatzplan des Krankenhauses zu basieren. Die Kostenstellen des Krankenhauses können nach Kostenstellennummer, Kostenstellenbezeichnung, bisheriger Umlage, Personalkosten differenziert nach Ärzte und sonstiger Mitarbeiter, Sachkosten und Mitarbeitereinsatz der Ärzte sowie der sonstigen Mitarbeiter aufgelistet werden. Die Personalkosten und der Mitarbeitereinsatz können aufgrund des unterschiedlichen Gehalts in der Kostenstellenauflistung gesondert aufgeführt werden, da diese Kosten nicht im Personalkostenblock der Mitarbeiter verschwinden sollen. So sind die Kosten der unterschiedlichen Berufsgruppen je nach Beteiligung an dem Teilprozessen zu berücksichtigen.

Für eine spätere Umlage der Kosten im Sinne der PKR musste eine zeitliche Definition des Arbeitstages (Arbeitszeitregelung) aller Krankenhausmitarbeiter ermittelt werden. Ist die Nettojahresarbeitszeit ermittelt, wird diese als Basis angesetzt.

12.2.4 Bestimmung der Kostenverrechnung

Alle Kostenstellen können drei *Verrechnungsprinzipien* zugeordnet werden.
1) Kostenstellen werden in andere Kostenstellen umgelegt.
   Nach diesem Prinzip sollen die Kostenstellen umgelegt werden, in denen Teilprozesse ausgeführt wurden, die nicht im Aufwand je DRG variieren.
2) Kostenstellen werden über Teilprozesse auf Hauptprozesse umgelegt.
   Nach diesem Verrechnungsprinzip werden Kostenstellen umgelegt, in denen Teilprozesse ausgeführt wurden, die im Aufwand je DRG variieren. Das Kostenvolumen je zu untersuchender Kostenstelle muss eine Analyse rechtfertigen, ansonsten ist eine Umlage nach den Prinzipien 1 oder 3 in Betracht zu ziehen.
   Für die zu analysierenden Kostenstellen müssen im Sinne der PKR je DRG die auszuführenden Teilprozesse, ihre Maßgrößen (Aufwandsverursacher), die Maßgrößenmengen und den Mitarbeitereinsatz je Teilprozesse identifiziert werden. Diese Informationen werden in der Interviewphase gesammelt. Nachdem die entsprechenden Kosten der Kostenstellen auf die Teilprozesse umgelegt werden (1 und 2) können diese weiter auf die Hauptprozesse verrechnet werden.
3) Kostenstellen werden direkt auf DRGs oder Hauptprozesse umgelegt.
   Nach dem Verrechnungsprinzip 3 werden die Kostenstellen umgelegt, deren Kosten nicht je DRG variieren oder ihr geringes Kostenvolumen eine Analyse zur PKR in der Interviewphase nicht rechtfertigen. Sie werden direkt auf die DRG verrechnet oder auf Hauptprozesse umgelegt. Die Umlage erfolgt nach prozentualen Verrechnungsschlüsseln.

12.2.5 Interviewphase 1: Erhebung der Teilprozesse

Es waren Interviews mit Personen aus den Kostenstellen zu führen, die nach dem Verrechnungsprinzip 2 umzulegen sind. Ziel dieser Befragungen ist es, die Teilprozesse der einzelnen Kostenstellen und Maßgrößen der einzelnen Teilprozesse zu identifizieren.

Im Verlauf dieser Gespräche stellte sich heraus, ob die im Rahmen der ersten Einschätzung vorgenommene Einteilung beibehalten werden kann. Es können sich einige Veränderungen zur Ersteinstufung der Kostenstellen in die Verrechnungsprinzipien ergeben.

■ Das Kostenvolumen der Kostenstelle steht in keinem Verhältnis zum Analyseaufwand der Teilprozessanalyse.

Aus den Gesprächen kann sich für die Kostenstellen des Analysebereiches ein Standardprozessmodell ergeben. Das Modell führt diejenigen Teilprozesse auf, die von den einzelnen Berufsgruppen geleistet werden. Jedem Teilprozess ist eine Maßgröße zugeordnet. Die Teilprozesse lassen sich in zwei Gruppen aufteilen:

■ Aufwandsunterschiede hängen von der DRG, dem Eingriff oder dem Zustand des Patienten ab; der Teilprozess ist also *patientenabhängig*.

■ Es sind keine patientenbezogenen Aufwandsunterschiede erkennbar. Die auszuführenden Teilprozesse sind also *patientenunabhängig*.

12.2.6 Interviewphase 2: Erhebung von Zeiten und Kosten

In der zweiten Interviewphase wurden die vom Personal zur Durchführung der Teilprozesse benötigten Zeiten, die benötigten medizinischen Verbrauchsmaterialien (medizinischer Bedarf), Medikamente und Narkosegase (insgesamt alle verwendeten Sachmittel) zur Behandlung der jeweiligen DRG abgefragt, die nicht als Daten aus dem EDV-System entnommen werden konnten. Die Ärzte wurden außerdem nach erforderlichen Untersuchungen (Labor, Röntgen, EKG etc.) in den einzelnen Prozessen befragt bzw. bestätigten falls vorhanden die Angaben aus der Leistungsstatistik, die als Checkliste vorgelegt wurde

Die Zeitangaben zur Durchführung der Prozesse im OP ließen sich zum Teil dem OP- und Anästhesieprotokoll entnehmen.

12.2.7 Anlegen des Prozessmodells

Um das in der Datenerhebungs- und Interviewphase gewonnene Datenmaterial auswerten zu können, muss zuvor ein Prozessmodell angelegt werden. Es umfasst die Prozessstruktur des Krankenhauses mit Kostenarten, Ressourcen, Kostenstellen, Maßgrößen sowie Prozesse in verschiedenen Prozessebenen (Haupt- und Teilprozesse). Die Entwicklung eines Prozessmodells und das Anlegen der Modellelemente wird in folgenden sechs Schritten beschrieben.

Kostenarten klassifizieren den Verbrauch von Produktionsfaktoren innerhalb einer Unternehmung. Sie geben an, welche Kosten in welcher Höhe innerhalb einer Periode angefallen sind. Die Kostenarten werden aus der Buchhaltung des Krankenhauses übernommen.

Bei *Ressourcen* handelt es sich um Produktionsfaktoren, die während der Leistungsentstehung und Prozessdurchführung genutzt werden. Dies können z. B. Mannjahre sein. Die Ressourcen können auf der Teilprozessebene periodenbezogen oder stückbezogen erfasst werden (Auszug der Teilprozesse; ◘ siehe Abb. 12.3). Die Ressourcen setzen sich aus zugeordneten Kostenarten zusammen.

Kostenstellen sind die kleinsten organisatorischen Einheiten, für die Kosten, Ressourcenkapazitäten sowie Teilprozesse erfasst werden. Um darzustellen, wo Kosten durch den Ressourcenverzehr angefallen sind, wird ein Unternehmen vollständig in Kostenstellen unterteilt. Die Kostenstellen können aus der Kostenstellenliste des Krankenhauses übernommen werden.

Die Kostenstellen, die nach dem Verrechnungsprinzip 1 umgelegt werden sollen, werden anteilig auf die Kostenstellen der Stationen umgerechnet. Die Kostenstellen, die nach den Verrechnungsprinzipien 2 und 3 umgelegt werden sollen, sind angelegt worden. Hier wird dann untersucht wofür die Kosten angefallen sind.

Bei *Maßgrößen* und Cost Driver handelt es sich um Mengen- bzw. Bezugsgrößen, von denen die Kosten eines Prozesses abhängen. Daher bezeichnet man sie auch als Kostentreiber. Die Maßgrößen und Cost Driver werden als Bezugsgrößen für die Zuordnung auf verschiedene Prozess-Ebenen verwendet. Die Maßgrößen werden im Rahmen der Interviews ermittelt.

Prozessmodell Krankenhaus

Abk.	Geschäftsprozess ▲	Hauptprozess ⟩	TP-Nummer	Teilprozess ▽	Erläuterungen
05	Pflege				
0501	Pflege	Pflege Normalstation			
			050101	(Pf) Körperpflege	Bereitstellen und Nachbereiten von Utensilien, Waschen und Pflegen des Körpers, Bekleidungswechsel, Körperpflege, Haarpflege und Gesichtsrasur, Mundhygiene, Infektionsprophylaxe
			050102	(Pf) Ausscheidungen	Bereitstellen und Nachbereiten von Utensilien, Kontrollieren und Entleeren, Begleiten zur Toilette Unterstützen bei Ausscheidungen, Pflegen und Nachbereiten, Entleeren oder Wechseln von Katheter- oder Stomabeuteln, häufigem Erbrechen
			050103	(Pf) Ernährung	Erfassen von Essenswünschen, Beraten, Bereitstellen von Speisen und Getränken, Hilfen beim Essen und Trinken, Sondenernährung, Zubereiten oder Erwärmen der Nahrung, Nahrungsaufnahme überwachen, Abräumen des Geschirrs
			. . .	. . .	. . .
0502	Pflege	Pflege Intensivstation			
			. . .	. . .	
			050216	(IPf) Interne Verlegung	Zusammenstellen der erforderlichen Verlegungs- und Entlassungsunterlagen, Übergabebericht
			050217	(IPf) Monitoring	Überwachung von Vitalzeichen über Telemetrie, auch bei Patienten auf anderen Stationen (peripär), Überwachung der Einstellungen
			050218	(IPf) Nierenersatztherapie	Vorbereitung, Durchführung, Überwachung (CVVH, etc.)
			. . .	. . .	. . .
06	Konservative Behandlung				
0601		Konservative Behandlung			
			060101	(AA) Schmerztherapie intensiv / peripher	
			060102	(A) Stationäre und vorstationäre Beratung	Aufklärung, Beratung, Risiken, Komplikationen
			060103	(A) medikamentöse Behandlung	Intravenös oder Oral, Planung und Anordnung
			. . .	. . .	. . .

◘ Abb. 12.3. Auszug Teilprozesse

Gleichartige Tätigkeiten innerhalb einer Kostenstelle werden zu einem *Teilprozess* zusammengefasst. Die Teilprozesse lassen sich in zwei Gruppen einteilen:

- Teilprozesse zugehörig zu Kostenstellen des Verrechnungsprinzips 2, deren Aufwand je DRG variiert. Sie werden jeweils zu 100% auf Hauptprozesse verrechnet.
- Teilprozesse zugehörig zu Kostenstellen des Verrechnungsprinzips 2, deren Aufwand nicht je DRG variiert. Sie werden jeweils zu 100% auf Zuschläge umgelegt.

Zuschläge beinhalten Kosten die nicht je DRG variieren. Es können drei Gruppen von Zuschlägen gebildet werden:

- Zuschläge zugehörig zu Kostenstellen, die nur allgemeine Sachkosten beinhalten. Sie werden zu Kostenstellen übergreifenden Zuschlägen gebündelt.
- Zuschläge zugehörig zu Kostenstellen des Verrechnungsprinzips 3. Sie werden zu Kostenstellen übergreifenden Zuschlägen gebündelt.
- Zuschläge zugehörig zu Kostenstellen des Verrechnungsprinzips 3, die auf Hauptprozesse umgelegt werden. Die Umlage erfolgt nach einem Verrechnungsschlüssel.

Ein *Hauptprozess* ist ein übergeordneter Prozess, der über mehrere Kostenstellen (Organisationseinheiten) verläuft. Er entsteht aus der Zusammenfassung der Teilprozesse innerhalb der unterschiedlichen Kostenstellen. Die Hauptprozesse werden durch einen Cost Driver bestimmt.

Die einzelnen Hauptprozesse werden jeweils zu 100% der jeweiligen DRG zugeordnet. Die Zuschläge werden nach unterschiedlichen Verrechnungssätzen auf die DRG umgelegt (◘ Abb. 12.4). Die in den Interviews ermittelten prozessbezogenen Mitarbeiterkapazitäten, die Kosten des medizinischen Bedarfs, Medikamente, Narkosebedarf sowie diagnostische Einrichtungen werden in das Prozessmodell eingetragen.

12.2.8 Auswertung

Die Auswertung zeigt, welches Potential in dem erhobenen Datenmaterial stecken kann. Es wird ein *Analysepfad* erstellt und einzelne Prozesse werden top-down analysiert. Die Untersuchung hier beschränkt sich jeweils auf die Prozesse, die über den höchsten Kostenblock verfügen. Durch diese Vorgehensweise wird eine Betrachtung der Ursachen der Kostenentstehung bis in immer niedrigere Prozessebenen ermöglicht.

Die Auswertung wurde mit der Software »Prozessmanager 4« durchgeführt. Beispielhaft wurde mit einer Bruttoarbeitszeit von 38,5 Stunden pro Woche und 230 Arbeitstagen im Jahr gerechnet. Die Angaben basieren auf einer Istkostenrechnung auf Vollkostenbasis.

Im Jahr 1999 wurden 211 Fälle der DRG D11Z im Pilot-Krankenhaus behandelt. Insgesamt fielen für alle Fälle dieser DRG Kosten in Höhe von 357.836 DM an. Das ergab pro Fall der D11Z einen Kostensatz von 1696 DM entsprechend 867 €. Er setzte sich aus den Ressourcen wie in ◘ Abb. 12.5 dargestellt zusammen.

Insgesamt nahm jeder Behandlungsfall der DRG D11Z im Schnitt 20,16 Mannstunden in Anspruch. Dabei bemisst eine Mannstunde den Zeitaufwand in Stunden, die eine Person allein aufbringen müsste, um alle erforderlichen Tätigkeiten zu leisten. **Im Fall der Beispiel-DRG waren es 9% für ärztliches Personal und fast 60% für die Pflege.**

Die Behandlung der DRG D11Z setzt sich aus mehreren Hauptprozessen zusammen. Neben den Hauptprozessen wurden noch Zuschläge gebildet. Für die Hauptprozesse und Zuschläge ergaben sich folgende Kostensätze: In ◘ Abb. 12.6 sind die einzelnen Kostenblöcke prozentual aufgeführt. Kumuliert ergeben sie 100%, was dem DRG-D11Z-Kostensatz von 867 € entspricht.

Der *Hauptprozess OP* stellt mit 36% den größten Kostenblock dar. Für diesen gesamten Hauptprozess ergab sich pro Durchführung ein Kostensatz von 308 €, dies entspricht 100%. Sie teilen sich auf in diese Kostenanteile für

- OP-Vorbereitung: 9%
- Wartezeiten: 1%
- OP-Durchführung: 53%
- OP-Nachsorge: 12%
- Zuschläge auf OP: 25%
- Sterilisation: 1%.

Der *Prozess OP-Durchführung* (also der mit 53% größte Kostenblock im Hauptprozess OP) kann, wiederum auf einer tieferen Prozessebene, analy-

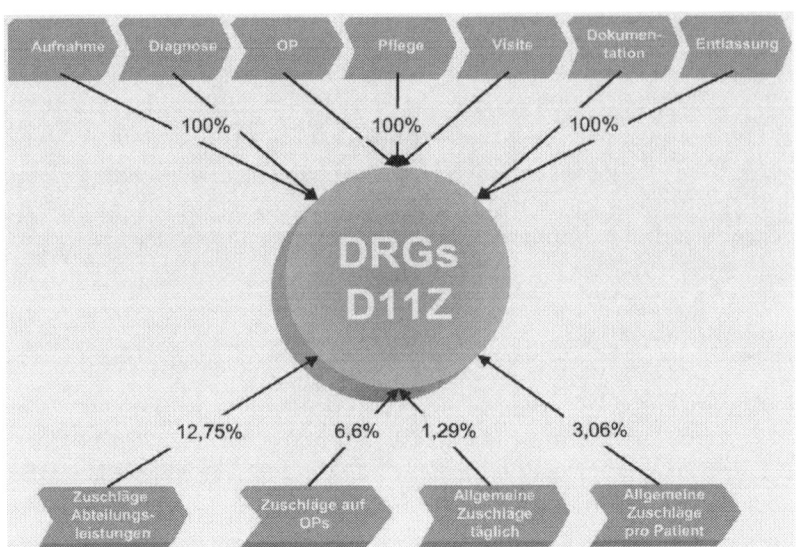

⬛ Abb. 12.4. Beispiel zur Verrechnung von Hauptprozessen und Zuschlägen

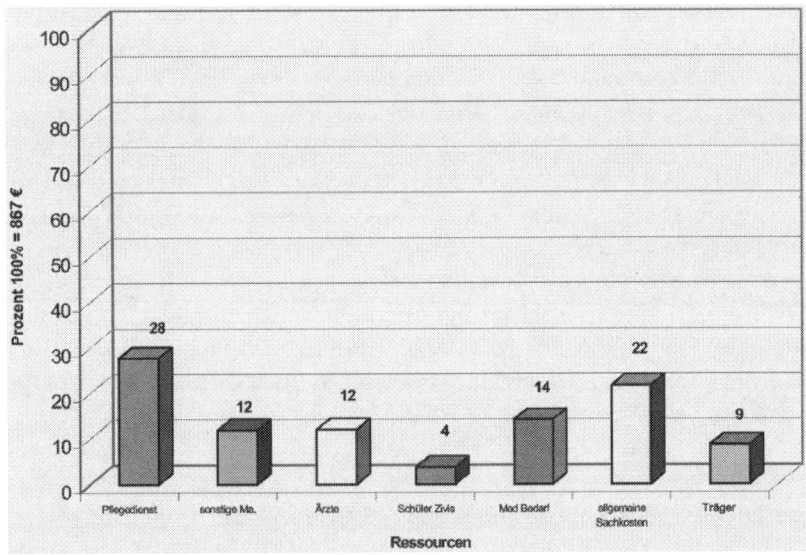

⬛ Abb. 12.5. Ressourcenverbrauch D11Z (in %)

siert werden. Sein Kostensatz zur einmaligen Prozessdurchführung betrug 162 €; dies entspricht 100%. Die Ressourcen bestanden zu zwei Dritteln aus medizinischem Bedarf, 20% waren für den ärztlichen Dienst und die restlichen 13,5% entfielen auf den Pflegedienst. Die Kosten der OP-Durchführung setzen sich aus den in ⬛ Abb. 12.7 dargestellten Teilprozessen zusammen.

Der medizinische Sachmittelbedarf und die Gasversorgung setzen sich ausschließlich aus Sachkosten und die restlichen Teilprozesse explizit aus Personalkosten zusammen. Da die Gasversorgung zur Betäubung eingesetzt wurde, war sie der Anästhesie zuzuschreiben. Die Sachkosten für den medizinischen Bedarf ließen sich zwischen dem operativen Eingriff und der Narkose aufteilen. Dem operativen Eingriff fielen 46,4% und der Narkose 53,6% dieser Kosten zu.

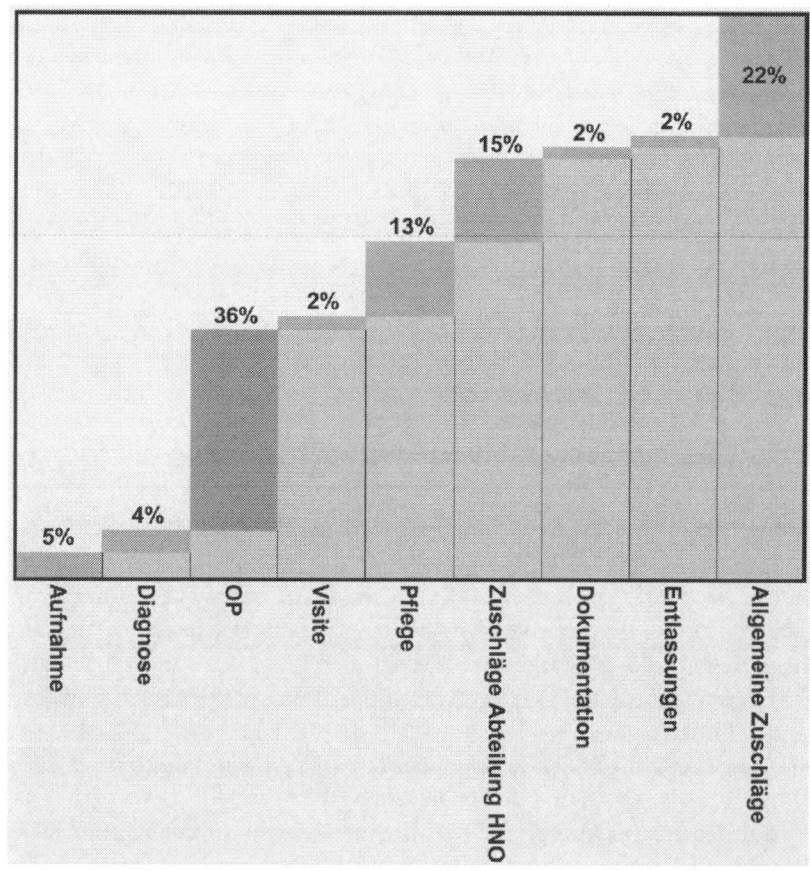

◨ **Abb. 12.6.** Kosten D11Z

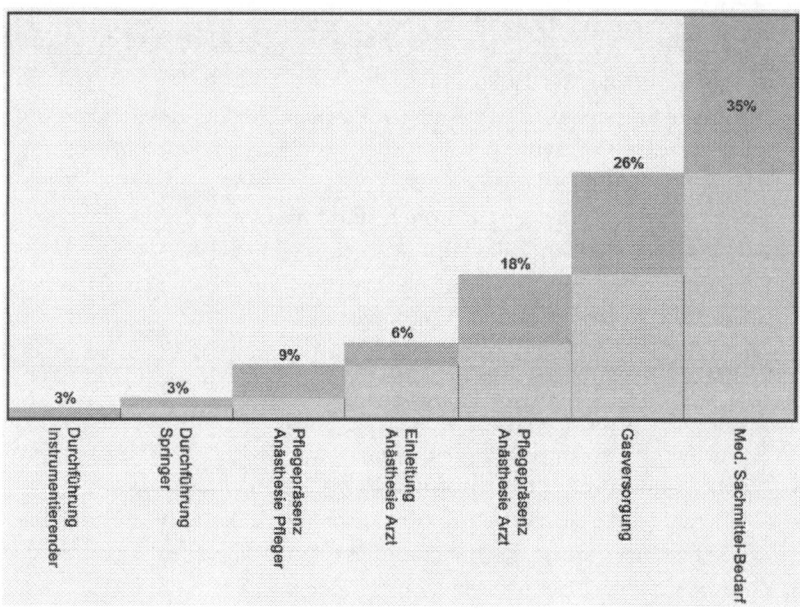

◨ **Abb. 12.7.** Kostenstruktur OP-Durchführung

Die *Zuschläge auf OPs* setzen sich aus einer Reihe von Teilprozessen zusammen, die sich nicht im Aufwand je DRG oder Patient unterscheiden ließen. Weiterhin wurden hier allgemeine Sachkosten berücksichtigt, die in den Kostenstellen anfallen, die ausschließlich OP-Leistungen erbringen. Zugrunde liegt bei 211 Fällen ein Kostensatz von 80 € pro DRG D11Z, der Mannstundensatz beträgt 1,16 Std.

Die *allgemeinen Zuschläge* setzen sich aus den allgemeinen Zuschlägen »täglich« und »pro Patient« jeweils zu 100% zusammen. Der Kostensatz beträgt 108 € bei einem Mannstundensatz von 0,84 Std. »Pro Patient« (84 €; 0,4 Mannstundensatz) galt: Die Kosten des Archivs sind mit 0,1% verschwindend gering. Fast 90% der Kosten des Zuschlags entfallen auf die Zentralverwaltung, 10% auf die Bettenzentrale.

12.3 Vorteile der Prozesskostenrechung

In dem Projekt wurde ein Behandlungsverlauf eines »DRG-D11Z-Patienten« von der Aufnahme bis zur Entlassung in 122 Teilprozessen dargestellt. Außerdem wurden die Kosten dieses Prozesses ermittelt. »Die gesamte Problematik der Zusammenarbeit der Abteilungen eines Hauses steht ... auf der Agenda eines Hauses ganz oben« (Rochell et. al.).

Zusammenfassend kann der Vorteil der Prozesskostenrechung in folgenden Punkten gesehen werden:

- Diese Methodik bildet die Schnittstelle zwischen den Projekten zur Einführung der DRGs und des Qualitätsmanagements.
- Eine Datenbasis wird geschaffen, die eine Transparenz zu Kosten, Zeiten sowie Qualität aufzeigt und somit eine Diskussionsmöglichkeit zur kontinuierlichen Verbesserung fördert.
- Der Krankenhausmanager kennt für jeden Teilprozess die aufzuwendenden Ressourcen hinsichtlich Personal und Sachmittel.
- Er erhält durch die erhobenen Zeit- und Kostendaten eine Kalkulation der zukünftigen DRG-Fallgruppen.
- Ermittelte Schwierigkeiten aus einem Problemspeicher der Teilprozesse, die abweichend zur typischen Vorgehensweise sind, können in Optimierungsworkshops bearbeitet werden.
- Es lassen sich Mengensimulationen durchführen: Wie entwickelt sich der Kostensatz bei 300 Fällen und wie bei nur 150 Fällen?
- Zudem resultiert aus den Teilprozessangaben der beteiligten Mitarbeiter/innen ein erster »Haus-Behandlungspfad«.
- Dieser Behandlungspfad bildet die Grundlage weiterer Optimierungen: Ist der medizinische Sachmittelverbrauch optimal? Ist das die beste Medikation für dieses Leistungsspektrum? Ist die verwendete Diagnostik ausreichend bzw. notwendig/sinnvoll? Sind die Zeiten für Aufnahme, OP und Entlassung auf einem guten Niveau?
- Das Krankenhaus erhält sehr pragmatisch durch die Verbesserung eine erste Standardisierung des Behandlungsablaufes ohne in wissenschaftliche und philosophische Diskussion viel Zeit und Kosten zu investieren.
- Es entsteht die Möglichkeit, prozessbezogenes Controlling zu entwickeln.
- Das Management ist dadurch in der Lage, ihr Leistungsspektrum besser zu analysieren und strategisch zu planen.

Fazit

Das anhand der DRG D11Z beschriebene Vorgehen deckt alle Kostenstellen des Krankenhauses ab und kann für beliebige Fallgruppen angewandt werden. So können nach und nach die wichtigsten bzw. erlösschwersten DRGs kalkuliert werden. Als übergeordnetes Ziel bietet sich der Ausbau zum *Prozessmanagement* an.

Parallel zur Ausdehnung des Messinstruments auf weitere DRGs sollten daher auch zusätzliche Untersuchungsbereiche wie Labor, Sonographie, Röntgenabteilung etc. erschlossen werden, um ein schärferes Bild über die Kostenstruktur des Behandlungsablaufes zu erhalten. Weiterhin lassen sich mit dieser Vorgehensweise auch die Abweichungen von einem typischen Falles berechnen. Die geschilderte Ist-Situation einer »normalen« Mandelentfernung kann durch Beispielrechnungen ergänzt werden. Gerade die Probleme einer abgesetzten OP, das Warten auf den Operateur oder das Umziehen von einem OP-Saal in einen anderen verursacht Kosten, die mit einer Ermittlung der eingesetzten Ressourcen simuliert werden können. Genau hier liegt die Möglichkeit, die Schnittstellenproblematik mit Hilfe eines Qualitätsmanagementansatzes zu verbessern.

Literatur zu Kap. 12

Rochell B, Roeder N (2000) Starthilfe DRGs. Die notwendige Vorbereitung im Krankenhaus. Sonderausgabe von »das Krankenhaus« zur MEDICA 2000

Die integrierte Versorgung und ihr Einfluss auf das Leistungsmanagement im Krankenhaus

Theo Riegel und Lutz Hoffmann

Es war die Absicht der Bundesregierung, mit dem *Gesetz zur Modernisierung der gesetzlichen Krankenversicherung (GMG)* neue Bewegungsmöglichkeiten für Leistungsanbieter und Kostenträger im Gesundheitswesen zu schaffen (Kuhlmann J.-M.). Strukturen sollten aufgebrochen, alte Gewohnheiten überwunden werden. Die Diskussion um eine integrierte Versorgung hat in Deutschland seit Jahrzehnten Tradition. In vielen Studien und Kongressen wird die Problematik grundsätzlich aufgearbeitet und Lösungsmodelle konzipiert (Becker et al.) Sie alle haben gemeinsam, über die Theorie nicht hinaus gekommen zu sein.

Im Folgenden werden in sehr vereinfachter Form die Vehikel benannt, die zur Erreichung des eigentlichen Ziels des GMG, nämlich der Absenkung der Gesundheitskosten, führen sollen:

- die Stärkung der allgemeinärztlichen Versorgung,
- die Verringerung der fachärztlichen Versorgung,
- die Stärkung der hochspezialisierten fachärztlichen Versorgung,
- die Förderung der ambulanten gegenüber der stationären Versorgung,
- Disease Management Programme,
- Medizinische Versorgungszentren,
- Direktverträge jeglicher Art.

Ob mit diesen neuen Rahmenbedingungen allerdings der Durchbruch erzielt werden kann, darf bezweifelt werden. Trotz guter Ansätze ist man wieder auf halber Strecke stehen geblieben; und somit wird sich das übliche Szenario wiederholen, die Ansätze werden sich im Klein-klein verlaufen und die Durchsetzung der Einzelinteressen sowohl auf Leistungserbringer- wie auch auf Kostenträgerseite werden eine positive Gesamtwirkung verhindern. Ein gemeinsames übergreifendes Zielkonzept existiert nicht einmal auf dem Papier. Dabei sind die grundsätzlichen Argumente für integrierte Versorgungsformen mehr als plausibel, die Vorteile liegen auf der Hand:

- Durch eine Konzentration auf den Patienten können die einzelnen Phasen der Versorgungsabläufe kontinuierlich ohne zeitliche und inhaltliche Verluste organisiert werden.
- Diagnostische oder therapeutische Erkenntnisse können durchgängig genutzt werden.
- Die Gesamtverantwortung garantiert ein Interesse auf Leistungserbringerseite an einem medizinisch und ökonomisch höchstmöglichen Optimierungsgrad.
- Letztlich erfolgt ein effizienterer Einsatz der Ressourcen bei besserer medizinischer Qualität der Versorgung.

Woran scheitert nun die Lösung aus einem Guss, die die beschriebenen Vorteile zur Geltung bringen könnte? Dazu muss man sich zunächst einmal vor Augen führen, welche Schnittstellen es bei einem »Integrierungsprozess« zu überwinden gäbe. ◘ Tabelle 13.1 konzentriert sich auf die Unterschiede der drei wichtigsten Leistungsbereiche, wohl wissend, dass die Arzneimittel, Heil- und Hilfsmittelversorgung u. a. ebenfalls in die Überlegungen einzubeziehen sind. Analysiert wird, wie die inhaltlichen, finanziellen und organisatorischen Voraussetzungen für die heute getrennten Leistungsbereiche festgelegt sind.

◻ Tabelle 13.1. Organisation der sektoralen Leistungsbereiche und ihre Vertragspartner			
	Ambulante Versorgung	**Stationäre Versorgung**	**Stat. Rehabilitation**
Kapazitätsplanung	Standesvertretungen KV/Kostenträger	Krankenhausplanung der Länder	Kassenverbände
Vorhaltungsfinanzierung	Private Mittel	Steuermittel	Nutzungsentgelte
Vergütungsumfang	Ärztliche Leistung	Komplettvergütung	Komplettvergütung
Vergütungssystem	Einzelleistung	Fallpreise/Pflegesätze	Pflegesätze
Vertragsform	Kollektivvertrag	Kontrahierungszwang	Versorgungsvertrag
Vertragspartner Zulasssung	KV – Kostenträger	Krankenhausgesellschaft – Krankenhausplanung – Kostenträger	Klinikträger – Kostenträger
Vertragspartner Vergütung	KV – Kostenträger	Krankenhaus – Kostenträger	Klinikträger – Kostenträger

Diese unterschiedlichen Rahmenbedingungen diktieren heute die inhaltlich-medizinische Organisation der Behandlungsabläufe für die Patienten. Da die Wechselwirkungen der einzelnen Vertrags-, Finanzierungs- oder Vergütungsformen und auch der jeweiligen zuständigen Steuerungsebenen höchst unterschiedlich sind, lässt sich erahnen, dass Modifikationen an einzelnen Stellschrauben in der Sache nichts bringen können, sondern lediglich eine neue Qualität der Probleme erzeugen. Die isolierten und unkoordinierten Abläufe der Behandlungsprozesse haben sich nicht durch medizinische Zwänge ergeben, sondern durch die auf Trennung ausgerichteten organisatorischen und finanziellen Rahmenbedingungen. Will man also etwas verändern, müssen genau diese Rahmenbedingungen geändert werden.

Eines der theoretisch definierten Ziele lautet, die bisherigen Organisationsstrukturen der Medizin aufzubrechen. Durch *selektive Verträge* soll ein Wettbewerb entfacht werden, der aus sich Qualität, Wirtschaftlichkeit und abgestimmte Behandlungsabläufe befördert. Eines der Hauptprobleme des derzeitigen Systems liegt in Über- und Doppelkapazitäten. Wenn also der Wettbewerb nicht einer übergeordneten Zielsetzung untergeordnet wird, kann der ökonomische, letztlich aber auch der qualitative Effekt nicht nutzbringend zur Geltung kommen. Die selbst von Ärzteorganisationen beklagte doppelte Facharztstruktur mit ebenfalls doppelt besetzten Folgediensten und räumlich/sächlichen Strukturen wird neu belebt. *Integrierte Versorgungsformen* schaffen kein zusätzlich zu behandelndes Patientenklientel, sondern sollen – im Gegenteil – heute unkoordiniert ablaufende Versorgungsprozesse straffen. Dies kann unter dem Strich nur eine Bereinigung und nicht eine Aufstockung der heutigen Versorgungsstrukturen bedeuten.

Mit einem Abzug von bis zu 1% von den Gesamtvergütungen der Kassenärztlichen Vereinigungen KV bzw. von den Rechnungen für Krankenhausleistungen soll eine Anschubfinanzierung der integrierten Versorgung in den Jahren 2004 bis 2006 gewährleistet werden. Bei den Krankenhäusern soll damit der »Mehr-Aufwand« finanziert werden, der über die jeweiligen

Gesamtbeträge, also das Budget, hinausgeht. Damit wird quasi per Gesetz suggeriert, dass die integrierte Versorgung additiv zum Standardangebot der Kliniken hinzukommt. Für Verträge, die bis 31.12.2006 geschlossen werden, gilt der Grundsatz der Beitragssatzstabilität nicht.

Entsprechend offensiv gehen die Krankenhäuser und deren Standesvertreter mit dem Instrument um. Es wird als Chance gesehen, in einem sich verschärfenden Wettbewerb und dem unter DRG-Bedingungen enger werdenden Finanzrahmen zusätzliche Profilierungs-, insbesondere aber Einnahmequellen zu schaffen. Dabei steht naturgemäß das Einzelinteresse und kein Gesamtkontext im Mittelpunkt. Es geht in erster Linie nicht um die Optimierung unkoordinierter Behandlungsabläufe, sondern um zusätzliche Leistungsangebote, die aber, bei Lichte betrachtet, quantitativ eher zu vernachlässigen sind, wohl aber extrem hohen Akquisitions- und Durchführungsaufwand bedeuten.

Die »umsetzungstechnischen« Hindernisse werden ebenfalls ihre verhindernde Wirkung haben. Von den Protagonisten der integrierten Versorgung werden diese gerne ignoriert oder als unwesentlich abgetan. In Wirklichkeit steckt auch dieser Bereich voller Tücken. Sinnvolle und Ziel gerichtete integrierte Versorgungsprogramme haben ihren Preis, sie sollten von Kostenträgerseite auch durchaus attraktiv vergütet werden, um für die Leistungserbringer interessant zu sein. Dies kann allerdings nicht durch generelle einprozentige Budgetabzüge sinnvoll realisiert werden, sondern nur durch Bereinigung der originären Leistungsstrukturen und Klinikbudgets im stationären Bereich. Dies ist allerdings in der Vergangenheit bereits gescheitert. Nicht zuletzt deshalb ist der Gesetzgeber jetzt auf das Verfahren des Rechnungsabzugs übergegangen. Aber auch dieses Verfahren wird schwierig. Die nicht beteiligten Kassen werden in den Budgetverhandlungen argumentieren, dass Anteile der integrierten Versorgungsprogramme anderer Kassen im Budget enthalten sind und auf Budgetbereinigungen, sprich Absenkungen, drängen. Die Probleme, die jeweiligen Finanzumfänge für Regionen zu berechnen, in denen die Verträge für Versicherte von einzelnen Kassen wirken, sind ebenfalls nicht zu unterschätzen. Streitigkeiten zwischen Kliniken, KV und Kassen bei den Abzügen (bis zu 1%) sind zu erwarten.

> **Die Voraussetzungen für sinnvolle Modelle zur integrierten Versorgung sind also längst noch nicht geschaffen. Eigentlich kann das Modell erst funktionieren, wenn allgemein die Unterschiede in Vertrags- und Vergütungsform abgeschafft und auch gleiche Bedingungen bei der Vorhaltefinanzierung in allen Leistungsbereichen geschaffen sind. Dazu werden aber weder die Politik noch die sonstigen Beteiligten die Kraft aufbringen.**

Trotzdem wird es kurzfristig zu integrierten Vertrags- und damit Versorgungsformen kommen. Es wird dabei zu sondieren sein, welche Angebote von Leistungserbringerseite lediglich der Ausweitung des Angebots dienen oder welche für die Patientenversorgung qualitative, evtl. für die Kostenträger sogar ökonomische Vorteile bieten. An diese Programme müssen daher entsprechende Anforderungen gestellt werden, die Effizienzsteigerung der Leistungsprozesse muss deutlich werden. Nachweise der Qualitätsverbesserung müssen über die Teilnahme an QS-Programmen erbracht werden, ebenso eine nachvollziehbare Kosten-Nutzen-Analyse. Auch der Patient muss für sich den Vorteil erkennen können.

Die derzeitigen gesetzlichen Regelungen sind auf einen Zeitraum bis 2006 ausgerichtet. Ob allerdings die Ergebnisse dann so transparent sind, dass man aus den Erfahrungen auch Konsequenzen für dann fest zulegende Folgeregelungen ziehen kann, ist zweifelhaft. Bei der Schaffung einer zentralen Registrierungsstelle für die einzelnen Verträge zur integrierten Versorgung zeigten sich einige Beteiligte bereits sehr zurückhaltend in der Dokumentationsbereitschaft. Diese zentrale Registrierungsstelle ist zwischenzeitlich bei der Bundesgeschäftsstelle für die externe Qualitätssicherung im Krankenhaus in Düsseldorf eingerichtet worden. Dort werden alle Verträge registriert, damit KV und Krankenhäuser überprüfen können, ob die von Kassen vorgenommene Kürzung von bis 1% an Budget oder Rechnung berechtigt ist.

13.1 Disease Management

Disease Management ist als Begriff in den USA vor gut 25 Jahren im Rahmen der Einführung von Managed Care geprägt worden. **Unter Disease Management versteht man ein Vorgehen, die Behandlung und Betreuung von Patienten mit klar definierten Erkrankungen zu steuern.** Disease Management meint heute verbindliche Behandlungs- und Betreuungsprozesse über ganze Krankheitsverläufe und institutionelle Grenzen hinweg (Greulich A. et al.).

Für ein in Sektoren aufgeteiltes deutsches Gesundheitssystem und seine Akteure ist es eine Herausforderung zu erkennen, dass Disease Management nicht auf einzelne Krankheitsepisoden zielt, sondern *Lebenszyklen von Gesundheitsstörungen* im Fokus hat (z. B. 5 Jahre Behandlung und Betreuung einer Patientin mit Mammakarzinom). Disease Management ist in einem weiteren Ansatz neu für Deutschland. Patienten sollen idealerweise in die Weiterentwicklung von Behandlungs- und Betreuungskonzepten mit einbezogen werden. Disease Management Programme bedeuten aber in letzter Konsequenz eine differenzierte Einschränkung der Entscheidungsfreiheit aller am Behandlungsprozess beteiligter Personen – also Behandler **und** Patient. (Abholz H.H. et al.)

In der Diskussion um Disease Management Programme muss eine Abgrenzung dieser Begriffe erfolgen:
- Case Management meint Koordination von Versorgungsleistungen individueller Patienten. Es wird in Deutschland derzeit von Krankenkassen sehr stark zur Betreuung kostenintensiver Patienten eingesetzt, auch um Krankenhausaufenthalte zu verkürzen.
- *Care Management* hingegen meint Organisation und/oder Steuerung der Gesundheitsversorgung einer bestimmten Population oder Region.
- *Demand Management* ist in Deutschland relativ unbekannt und zielt auf eine Nachfragesteuerung besonders im Bereich der Gesundheitsförderung und Prävention.
- *Managed Care* ist der übergeordnete Begriff sämtlicher Methoden, Instrumente und Strukturen zur Steuerung der ganzheitlichen und integrierten Gesundheitsversorgung eines Patienten.

13.1.1 Disease Management Programme in Deutschland

Disease Management Programme (DMPs) sollen für bestimmte Gruppe von Erkrankten eine Verbesserung der Versorgung ihres Krankheitsbildes ermöglichen. DMPs setzen auf eine strukturierte Versorgung und Versorger-Zuständigkeiten. Inhaltlich werden DMPs als die praktische Ausformulierung evidenz-basierter Medizin verstanden. Sie sind aber in der Durchführung nicht als Leitlinien zu betrachten, sondern stellen administrativ zu nutzende Regelwerke dar, von denen nicht ohne mögliche Sanktionen abgewichen werden kann.

DMPs sind in Deutschland seit 2002 Teil der Sozialgesetzgebung (§ 137 f SGB V) und werden durch die *Risikostrukturausgleichsverordnung (RSAV)* gestützt. Zurzeit werden folgende DMPs eingeführt:

- DMP Diabetes mellitus
- DMP Koronare Herzkrankheit
- DMP Mammakarzinom.

Die ersten beiden Programme liegen in Organisation und Durchführung fast ausschließlich im niedergelassenen Bereich. Krankenhäuser können aber im Rahmen der fachärztlich-ambulanten Versorgung in das DMP Diabetes mellitus einbezogen werden. Hingegen haben die Krankenhäuser bei der Durchführung und Organisation des DMP Mammakarzinom eine führende Rolle, die mit Voraussetzung für die Akkreditierung eines DMP Mammakarzinom auf regionaler Ebene durch das Bundesversicherungsamt ist.

Das DMP Mammakarzinom, wie andere DMPs, stellt eine Vereinbarung zwischen den Krankenkassen und den Leistungserbringern, Krankenhäusern, niedergelassenen Frauenärzten und Patientinnen dar. Krankenhäuser, die bestimmte Forderungen zur Strukturqualität erfüllen, übernehmen eine koordinierende Funktion (*Koordinationskrankenhaus*) für weitere Krankenhäuser (*Kooperationskrankenhaus*) und teilnehmende niedergelassene Frauenärzte (*DMP-Vertragsarzt*).

Im Rahmen des DMP Mammakarzinom entsteht aus der engen Zusammenarbeit und bei Vorliegen der strukturellen Anforderungen der Leistungserbringer ein Brustkompetenzzentrum mit verteilten Aufgaben:

- Aufgaben des Koordinationskrankenhauses:
  - Koordination übergreifender Fragestellungen zum DMP innerhalb des Brustkompetenzzentrum
  - Ansprechpartner der Krankenkassen
  - Durchführung von regelmäßigen Tumorkonferenzen und Qualitätszirkeln.
- Aufgaben von Koordinations- und Kooperationskrankenhäusern:
  - Benennung eines Krankenhausfacharztes und seines Vertreters als DMP-Krankenhausarzt
  - Beachtung der Qualitätsziele
  - Sicherstellung der sektorübergreifenden Zusammenarbeit mit DMP-Vertragsärzten
  - Inanspruchnahme assoziierter Vertragsärzte
  - Information, Einschreibung und Dokumentation von Patientinnen mit Mammakarzinom

- Erinnerung der Patientinnen an Nachuntersuchungstermine.
- Aufgaben des niedergelassenen DMP-Arztes:
  - Ansprechpartner für Patientinnen mit Mammakarzinom im Niedergelassenenbereich
  - Beachtung der Qualitätsziele
  - Information, Einschreibung und Dokumentation von Patientinnen mit Mammakarzinom
  - Einweisung der Patientin in Koordinations- oder Kooperationskrankenhaus
  - Erinnerung der Patientinnen an Nachuntersuchungstermine.

Alle patientenbezogenen Daten der Patientinnen aus Krankenhäusern und dem niedergelassenen Bereich werden in einer Datenstelle auf Länderebene zur Auswertung des Behandlungserfolges und Kontrolle der Leistungserbringung zusammengeführt. **Zur Evaluation der Behandlungsergebnisse des DMP Mammakarzinom wird ein unabhängiges Institut beauftragt.** Die Beziehungen der Krankenhäuser und niedergelassenen Ärzte in einem DMP werden durch Teilnahmevereinbarungen der Vertragsparteien untereinander geregelt. Die Teilnahme am DMP Mammakarzinom sollte den beteiligten Krankenkassen, Krankenhäusern, Vertragsärzten und Patientinnen Vorteile bringen:

- Krankenkassen profitieren von Risikostrukturausgleich, wenn sie möglichst viele Patientinnen in das Programm einschreiben.
- Koordinations- und Kooperationskrankenhäuser können durch Mehrbehandlung Mehreinnahmen erzielen.
- Vertragsärzte haben stärkere Partner in Krankenkassen.

Erstmals sind strukturprägende Qualitätskriterien wie Mindestfallzahlen für die operative Behandlung und eine Chemotherapie des Mammakarzinoms in die Behandlungsrealität eingeführt und qualitätssichernde Maßnahmen für Krankenhäuser und Vertragsärzte festgeschrieben wurden.

Fragen nach dem zukünftigen Erfolg dieser Programme sind zu stellen. Offen ist auch die Frage, ob die Patientinnen mit Mammakarzinom sich in der erhofften Zahl in das Disease Management Programm einschreiben. Reicht es als vernünftigen Grund für eine Patientin aus sich zu diesem Behandlungsprogramm zu entschließen, nur weil ihre Kasse ihr dies empfiehlt? Einen ersten Hinweis auf die Akzeptanz bei den Patientinnen werden wir erhalten, wenn die Nachregistrierung von Patientinnen abgeschlossen ist, die in den zurückliegenden fünf Jahren an einem Mammakarzinom erkrankt waren und zur Nachbeobachtung ebenfalls in das DMP Mammakarzinom aufgenommen werden können.

In für Krankenkassen finanziell sehr schwierigen Zeiten war der *Aspekt Risikostrukturausgleich* der treibende Faktor zur Unterstützung des DMP Mammakarzinom, während Krankenhäuser durch die Möglichkeit, Mehreinnahmen zu erzielen, für eine Teilnahme motiviert wurden. Inzwischen ist bei allen Beteiligten eine gewisse Ernüchterung eingetreten. Der finanzielle Aufwand der Einschreibung in ein DMP und die erforderliche Dokumentation führen zuerst zu steigenden Kosten. die die kurzfristig zu erzielenden Kosteneinsparungen deutlich übersteigen. Würden sich nur 30% aller Patienten mit Diabetes mellitus in das DMP Diabetes mellitus einschreiben, so fielen bei jährlichen administrativen Kosten von 150 € pro Patient Mehrkosten von über 200 Mio. € an (Gerst T.). Der Kostenaspekt des DMP Diabetes mellitus wird auch vor dem Hintergrund inhaltlicher Probleme kritisch gesehen, fehlen ihm klare Vorgaben zur Intensität der Betreuung unterschiedlicher Patientengruppen sowie Vorgaben zum Einsatz des kostengünstigsten diagnostischen und therapeutischen Vorgehens (Abholz H.H. et al.).

13.2 Medizinische Versorgungszentren

Zur Gründung eines medizinischen Versorgungszentrums sind *mindestens zwei Kassenärzte* nötig. Der Gesetzgeber hat sich vorgestellt, dass in einem solchen Zentrum Ärzte unterschiedlicher Fachgebiete zusammen arbeiten, deren Zulassung nicht von der Zustimmung der regionalen KV abhängig ist. Er wollte auf diesem Weg betriebliche Strukturen schaffen, die am Ende die Prinzipien der Einzelabrechnungen auflösen. Er wollte die Möglichkeit geben, dass solche Versorgungszentren sich Krankenhäusern annähern und dass Fachärzte aus Krankenhäusern in Versorgungszentren mitarbeiten. Deren Tätigkeit sollte insgesamt die Vorhaltung von Fachärzten im Krankenhaus und in der ambulanten Versorgung verringern. Versorgungszentren sollten in hohem Maß Direktverträge mit den Krankenkassen über die Leistungserbringung abschließen, was umso leichter gehen würde, wenn über nennenswerte Fallmengen Verträge geschlossen würden.

Die derzeitige Situation ist absolut unübersichtlich. Der Gesetzgeber und die betroffenen Selbstverwaltungsgremien haben sehr unterschiedliche Vorstellungen darüber, wie das Gesetz ausgelegt wird und wie es bekämpft bzw. durchgesetzt werden kann. Da jede KV eines Bundeslandes zudem noch ihre eigene Vorstellung entwickelt, werden wir auf diesem Gebiet eine Fülle von Prozessen zu erwarten haben.

13.3 Integrationsverträge (integrierte Versorgung)

Ursprünglich waren damit Verträge gemeint, die sicherstellen sollten, dass *sektorübergreifende Leistungen* vereinbart, erbracht und finanziert werden. Die Politik hat versprochen, das Maß der Doppeluntersuchungen zu verringern und für eine höhere Qualität der Patientenbetreuung zu sorgen, wenn zwischen den verschiedenen Leistungserbringern sektorübergreifend Vereinbarungen getroffen werden. Das ist nur **nicht die Wirklichkeit** der derzeitigen Vertragsabschlüsse. Das folgende Beispiel verdeutlicht dies.

Es wird die Indikation zur Operation einer Hüftendoprothese gestellt. Der Krankenhausaufenthalt wird mit 12 Tagen veranschlagt. Anschließend geht der Patient in eine stationäre Rehabilitation, die 21 Tage dauert. Daran schließt sich eine ambulante orthopädische und krankengymnastische Betreuung über unbestimmbare Zeit an. Jeder einzelne Sektor der Leistungserbringung, nämlich Krankenhaus, Rehabilitationsklinik und ambulanter Bereich wird versuchen, eine Erlösoptimierung hinzukriegen – jeder für sich. Keiner braucht dem Anderen etwas wegzunehmen. Wenn der Integrationsvertrag einen Sinn macht, dann den, die Kosten der einzelnen Sektoren zu bestimmen, sie zu addieren und dann den Preis für die Gesamtleistung abzusenken.

Wenn das System vernünftig funktionieren würde, könnte man erwarten, dass eine Krankenkasse einen bestimmten Preis für eine Behandlung anbietet, mit dem die akute Phase, die Rehabilitationsphase und die ambulante Nachbetreuung für einen Zeitraum von sechs Monaten finanziert werden. Die Akutklinik würde den Pauschalbetrag in Empfang nehmen und Teile davon an die Rehabilitationsklinik und die ambulante Nachbetreuung weiterleiten. Die Gesamterlöse wären zwar abgesenkt, aber es gibt vielfältige Möglichkeiten, mit diesen abgesenkten Preisen aus zu kommen. Der Gesamtaufwand wäre mit Sicherheit geringer, die Aufenthalte in der Akut- und der Rehabilitationsklinik kürzer.

Eine Angelegenheit, die Krankenhäuser in diesem Zusammenhang in ganz hohem Maße interessiert, ist die der *Mengenkomponente*. Im Rahmen der Budgetverhandlungen legen Krankenhäuser mit Krankenkassen Leistungsmengen fest. Es nützt ihnen also gar nichts, die Leistungsmenge zu steigern. Sie erhalten keine Mehrerlöse. Im Falle eines Integrationsvertrages lässt sich diese Budgetgrenze durchbrechen. Das ist ein wichtiger Anreiz (Hildebrandt H. et al.). Enge vertragliche Beziehungen zwischen dem Krankenhaus und einer speziellen Einrichtung, z. B. einer Rehabilitationsklinik, sowie einer oder ganz weniger ambulanter Einrichtungen garantieren eine bessere Patientenüberleitung und eine engere Zusammenarbeit. In diesem System können alle Beteiligten profitieren, auch wenn am Ende die Gesamterlöse verringert sind. Allerdings gewinnen nur die, denen es gelingt, über Mengensteigerungen ihre Erlösverluste wieder abzufangen. Dabei geraten in den Kliniken, aber auch in den Rehabilitationseinrichtungen, die Prozesse in den Focus der Betrachtung. Je schlanker man diese gestalten kann, desto eher wird man mit den abgesenkten Preisen auskommen.

In solchen Vertragsabschlüssen steckt allerdings auch eine **Gefahr**. Das Überangebot an Leistungen auf dem Markt führt im Rahmen des Wettbewerbs zu weiteren Preissenkungen und damit zum Ausscheiden einer Reihe von Leistungsanbietern. Dieser Prozess läuft langsam an. Er muss aber in die eben skizzierte Richtung führen, dabei stellen sich zwei weitere Fragen:

1. Wo sind Anreize und Möglichkeiten zum Abschluss von Integrationsverträgen für niedergelassene Ärzte?

   Krankenkassen wollen die Gesamtkosten der Behandlung einer bestimmten Krankheitsentität, man kann moderner auch den Begriff »Produktes« nehmen, absenken. Wenn man als niedergelassener Arzt mit einer Klinik, die viele Kolonkarzinome behandelt, Verbindung aufnimmt und ihr die adjuvante Chemotherapie aller Patienten anbietet, anschließend zusammen zu einer Krankenkasse geht, eröffnet sich die Möglichkeit, einen solchen Produktvertrag, der ein Integrationsvertrag ist, abzuschließen. Es muss aber das Ziel erreicht werden, insgesamt zu einem geringeren Preis anzubieten. Nun kann man derzeitig sicher sein, dass die Krankenkasse den Preis der ambulanten Behandlung gar nicht kennt.

   Allerdings haben die Krankenkassen derzeit kein hohes Interesse an dem Abschluss eines solchen Integrationsvertrages. Die adjuvante Chemotherapie des Kolonkarzinoms wird aus dem Budget der KV bezahlt. Warum sollte sie also jetzt zu ihren eigenen Lasten aus einem anderen neu gebildeten Budgettopf diese Leistungen bezahlen?

2. Welche Bedeutung haben diese Verträge derzeit und welche könnten sie in der Zukunft haben?

Die Frage ob es sich dabei um Verträge handelt, die die Sektorgrenzen überwinden sollen und insgesamt zu Systemveränderungen beitragen, stellt sich erst gar nicht. In einem Gutachten, dass allerdings schon im Jahre 2002 erstellt worden ist, hat das Beratungsunternehmen Roland Berger prognostiziert, dass die meisten Integrationsverträge mit einer Anbietergruppe geschlossen werden; also einer Klinik, die gleichzeitig über einen Rehabilitationsteil verfügt oder mit Anbietern im ambulanten Bereich, die gleichzeitig über einen Bereich ambulantes Operieren verfügen. Verträge, die Leistungen oder Produkte umfassen, die weiterhin in zwei Sektoren erbracht werden, die aber enger miteinander verknüpft werden, blieben nach Roland Berger die Ausnahme. Leistungen, die innerhalb der integrierten Versorgung finanziert werden, würden im Jahr 2020 nicht mehr als 20% betragen, lautet die Prognose.

Seit Beginn des Jahres 2004 sind eine Fülle »kleiner« Integrationsverträge geschlossen worden. Klein heißt, dass ihnen sehr kleine Fallmengen zugrunde liegen. Wir befinden uns also in einem Übungsfeld.

13.4   Direktverträge

Der erste Klinikkonzern, der einen Direktvertrag mit zwei verschiedenen Krankenkassen geschlossen hat, war der LBK Hamburg. Es ging darum, für die beiden Eingriffe TUR-Prostata und TUR-Blase einen Festpreis außerhalb des DRG-Systems zu vereinbaren. Darüber hinaus wurde in die Vereinbarung ein *Qualitätsversprechen* aufgenommen: Der Patient wird spätestens am Tag nach der Aufnahme operiert, er sollte ein Zwei-Bett-Zimmer erhalten und der Krankenhausaufenthalt dauert maximal 5 Tage (H. Lohmann et al.).

Es gibt eine Gewährleistung, d. h. der Patient wird ohne Anrechnung von Mehrkosten weiter behandelt. Wenn die vereinbarten Leistungsmengen überschritten werden, erhält die Krankenkasse einen günstigeren Preis. Die Leistungen werden oberhalb einer bestimmten Menge außerhalb des Krankenhausbudgets finanziert. Die Mengengrenzen wurden nicht überschritten. Die Krankenkassen, mit denen Verträge abgeschlossen worden waren, hatten gar nicht genug Patienten für den LBK Hamburg.

Wenn konkurrierende Anbieter auf dem Markt antreten, werden diese die Preise unterbieten, da hilft auch kein DRG-System. Derjenige mit den besten Prozessen, der günstigsten Infrastruktur und den größten Leistungszahlen kann den besten Preis anbieten. Damit bleiben (zumindest in Metropolen) die kleinen Häuser auf der Strecke. Vielleicht ist das auch richtig. Am einfachsten wäre es für Kliniken, wenn die Einweiser als betriebliche Strukturen organisiert wären, z. B. zehn Urologen, die eine Praxisgemeinschaft bilden. Dann wäre darüber zu reden, welchen Vorteil die Praxisgemeinschaft davon hätte, ihre Patienten nur in eine bestimmte urologische Abteilung zu schicken. In der Ophthalmologie hat es solche Hilfen schon gegeben: Krankenhäuser haben an Einweiser Kopfgeld bezahlt, um Patienten für Kataraktoperationen zu bekommen. Dieses ist nicht unbedingt verboten, zumindest jedoch anrüchig.

In diesem Zusammenhang ist noch einmal auf die medizinischen Versorgungszentren zurückzukommen: Wenn Ärzte beginnen, sich zu Betriebsgemeinschaften zusammen zu schließen, also wenn sie eine gemeinsame betriebliche Organisation finden, bündeln sie Mengen. Sie sind von diesem Moment an in der Lage, mit einer Klinik einen Vertrag zu schließen, der relevant ist, weil es sich um den Austausch größerer Fallzahlen handelt. **Erst wenn ein größerer Fallzahlaustausch zwischen Kliniken und so organisierten niedergelassenen Ärzten stattfindet, lohnt es sich finanziell für beide, Vereinbarungen zu treffen und die Zusammenarbeit kommt den Patienten zu gute.** Sie muss aber auch eine wirkliche Zusammenarbeit sein, in die beide Partner investieren. Unter »investieren« ist die Bereitschaft zu verstehen, Mittel aufzuwenden, z. B. für gemeinsame Software etc.

  Fazit

> Im Jahr eins der Einführung der ersten deutschen Disease Management Programme ist es noch schwierig, die Auswirkungen auf das Leistungsmanagement im Krankenhaus abzuschätzen. Der hohe administrative Aufwand und die jetzt erkennbaren widerstrebenden Interessen der beteiligten Vertragspartner lassen es nicht erwarten, dass DMPs sehr schnell flächendeckend eingeführt werden. Dies gilt auch für das DMP Mammakarzinom. Die Vorstellung, dass die DMPs Diabetes mellitus und koronare Herzkrankheit schnell zur erhofften Senkung der Krankenhaushäufigkeit dieser in den späten Stadien ihrer Erkrankung häufig multimorbiden Krankengruppen führen werden, ist wenig realistisch.
>
> Weitere neue Angebote der integrierten Versorgung wie Integrationsverträge und Direktverträge stehen in den nächsten Jahren auf dem Prüfstand. Medizinische Versorgungszentren können Vehikel sein, die Sektorengrenzen aufzuweichen.

Literatur zu Kap. 13

Abholz HH, Berger M (2002) DMP's: Ziele, Aufgaben und Nutzen am Beispiel des »DMP Diabetes« der KBV. Die BKK 3: 90–96

Becker J, Hensgen R (2000) Integrierte Versorgung – Innovation oder Rückbesinnung auf historische Wurzeln? Das Krankenhaus 4: 275–280

Gerst T (2003) Disease Management Programme. Noch immer in der Warteschleife. Deutsches Ärzteblatt, 44: C 2216–C2217

Hildebrandt H, Hesselmann H (2003) Integrierte Versorgung – die Politik macht Ernst und die Krankenhäuser müssen rasch handeln. f&w 5: 437–441

Greulich A., Berchtold P, Löffel N (Hrsg) (2000) Disease Management. Patient und Prozess im Mittelpunkt. Deckers, Heidelberg

Lohmann H, Bornemeier O (2002) Wettbewerb und Markenprodukte im Gesundheitswesen. Das Krankenhaus 6: 456–460

Kuhlmann JM (2004) Neue Versorgungsmöglichkeiten für Krankenhäuser durch das GMG. Das Krankenhaus 1: 13–18

Leistungsmanagement und Ergebnisqualität

Marco Tergau

Die Einführung des G-DRG-Systems wird zu einem verstärkten Wettbewerb um Patienten unter den Krankenhäusern führen. Scheiden in den Jahren der Konvergenzphase der DRG-Einführung und danach unwirtschaftlich geführte Krankenhäuser aus dem Wettbewerb aus, wird es zu einem zunehmenden Qualitätswettbewerb unter den verbliebenen Marktteilnehmern kommen. Aufgabe der Führung eines Krankenhauses ist es deshalb, im Rahmen des Leistungsmanagements neben Planung, Gestaltung und Steuerung von Leistungen auch *Ergebnisqualitätsziele* für die Krankenhausleistungen zu definieren und deren Messung und Darstellung gegenüber dem Patienten und den Kostenträgern zum Gegenstand des Handelns zu machen.

14.1   Qualität im Krankenhaus

Schon vor der Verabschiedung des Fallpauschalengesetzes (FPG) und des Gesetzes zur Modernisierung der gesetzlichen Krankenversicherung (GMG) hatte sich in Deutschland eine verstärkte Diskussion um die Qualität von Krankenhausleistungen entwickelt. In den letzten Jahren hat sich die Qualitätsdiskussion auch zu einer gesundheitsökonomischen Diskussion über die Kosten-Nutzen-Relation bei den Aufwendungen für Krankenhausleistungen in verschiedenen Ländern erweitert. Schenkt man den Analysen Glauben, befindet sich Deutschland dabei im Vergleich zu anderen europäischen Nationen eher auf den unteren Rängen wieder.

Mit der Einführung von Fallpauschalen und Sonderentgelten wurde Mitte der 90er Jahre die *externe Qualitätssicherung (EQS)* von so genannten *Tracerdiagnosen* eingeführt. Krankenhäuser und Ärzte haben die Ergebnisse der EQS in den Jahren seit ihrer Einführung jedoch kaum zur internen und externen Ergebnisqualitätsdiskussion genutzt. Dies mag auch daran gelegen haben, dass außerhalb von Expertenkreisen kaum ausreichend vergleichende Information zur Verfügung stand.

Erstmals 2002 sind vom Bundeskuratorium Qualitätssicherung (BQS) die Daten der EQS aus allen Bundesländern veröffentlicht worden und vergleichend kommentiert worden (Mohr V. et al. 2002). Im Bericht 2003 findet sich erstmals auch der Versuch, Qualitätsziele für einzelne Operationen und Prozeduren zu definieren (Mohr V. et al. 2003; ◘ Tabelle 14.1).

Die Daten der externen Qualitätssicherung werden im zunehmenden Wettbewerb um Patienten an Bedeutung und Beachtung gewinnen. Leis-

◘ **Tabelle 14.1.** Beispiel von Qualitätsziele bei Operationen und Prozeduren wie sie von der BQS in ihrem Jahresbericht 2003 formuliert wurden

Operation oder Prozedur	Qualitätsziel
Cholezystektomie	möglichst selten fragliche Indikation
Knieendoprothese	selten Wundhämatom/Nachblutung
Hysterektomie bei benignen Erkrankungen	Möglichst wenige Patientinnen mit einem Alter <35 Jahren
Schrittmacherimplantation	ausreichend hohe intrakardiale Signalamplitude

tungsfähige Kliniken und Klinikunternehmen werden die EQS-Daten zur Außendarstellung nutzen (Blum K. et al.) Außerdem schreibt das Fallpauschalengesetz vor, dass Krankenhäuser ab 2005 regelhaft alle 2 Jahre einen Qualitätsbericht erstellen müssen, in dem die EQS-Daten zu veröffentlichen sind (▶ s. a. Kap. 14.6).

14.2   Methoden zur Messung von Qualität im Krankenhaus

Messung von Qualität im Krankenhaus kann sich auf die von Donabedian definierte *Trias von Struktur-, Prozess- und Ergebnisqualität* beziehen. Die Verflechtung der Inhalte dieser Begriffe liegt auf der Hand und es ist evident, dass Struktur- und Prozessqualität das Ergebnis beeinflussen. Die Ergebnisqualität ihrerseits erlaubt indirekt Rückschlüsse auf die Struktur- und Prozessqualität einer komplexen Organisation, wie sie ein Krankenhaus darstellt.

Nachdem lange Zeit im Qualitätsmanagement von Krankenhäusern der Prozessqualität eine zentrale Rolle zugewiesen wurde, erleben wir in den letzten zwei bis drei Jahren einen Umschwung. Für Patienten und Leistungserbringer ist in erster Linie die Ergebnisqualität der medizinischen Behandlung von Bedeutung. Die Messung von Ergebnisqualität ist abhängig von der Identifikation von sachgerechten Ergebnisindikatoren. Die korrekte Beurteilung der Messergebnisse ist wiederum abhängig von der Risikoadjustierung der gewählten Indikatoren. So ist z. B. der Indikator Mortalität nach einer Operation oder im Verlaufe einer Erkrankung stark abhängig vom Alter, Geschlecht und der Komorbidität und Krankheitsschwere der Patienten. Aussagen zur Ergebnisqualität eines Krankenhauses oder Vergleiche der Ergebnisqualität zwischen Krankenhäusern müssen also diese Risikoadjustierung beinhalten. Ohne sie sind Aussagen weder glaubwürdig noch zulässig. In der Literatur stehen eine Reihe von Scoringsystemen zur Verfügung, mit denen der Krankheitsschweregrad von heterogenen Patientengruppen auf seine Vergleichbarkeit geprüft werden kann (Nashef S.A.M. et al., Teisberg N. et al.).

Die Forschung der letzten Jahre hat sich auf die Identifizierung und Evaluation von *krankheitsspezifischen Indikatoren* konzentriert. Die JCAHO (Joint Commission on Accreditation of Healthcare Organizations) hat für den Herzinfarkt, die Herzinsuffizienz, die Lungenentzündung, für verschiedene chirurgische Eingriffe und die Schwangerschaft und Geburt nach jahrelangen Vorarbeiten solche Indikatoren (*Core Measures*) definiert.

Krankheitsspezifische Indikatoren zu erheben ist nicht problemfrei, da Informationen zu den einzelnen Indikatoren aus den Patientenakten oder durch spezielle Untersuchung des Patienten erhoben werden müssen und nicht wie Daten für Patientenklassifikationssysteme aus dem Krankenhausinformationssystem zur Verfügung stehen. Eine EDV-gestützte Erhebung von Daten für krankheitsspezifische Indikatoren kann nur über eine an den Anforderungen der Indikatoren ausgerichtete und entwickelte elektronische Krankenakte erfolgen.

In ◘ Tabelle 14.2 ist für die Herzinsuffizienz dargestellt, welche Indikatoren zur Beurteilung der Behandlungsqualität bei einem Patienten mit Herzinsuffizienz erhoben werden müssen. Kann ein Krankenhaus zeigen,

◘ Tabelle 14.2. Krankheitsspezifische Indikatoren für die Behandlung von Patienten mit Herzinsuffizienz

Indikatornummer	Indikatorbezeichnung
HF-1	Entlassgespräch mit Information zur Herzinsuffizienz
HF-2	Messung der linksventrikulären Funktion
HF-3	Einsatz eines ACE-Hemmers zur Therapie des linksventrikulären Versagens
HF-4	Beratung das Rauchen aufzugeben

dass es den Inhalt aller vier Indikatoren abgearbeitet hat, steht dies für das Erreichen einer hohen Behandlungsqualität. In Deutschland sind diese Indikatoren erstmals in einem wissenschaftlichen Projekt der behandlungsbegleitenden Ergebnismessung durch das wissenschaftliche Institut der AOK (WIdO) und der Ludwig-Maximilians-Universität München eingesetzt worden (Schneeweiss S. et al.). Wenn man es realistisch betrachtet, ist eine breite Auseinandersetzung mit krankheitsspezifischen Ergebnisindikatoren in Deutschland und ihre Einführung in den klinischen Alltag zwar notwendig, aber derzeit noch nicht zu erwarten.

Auch die Fortentwicklung des Systems von krankheitsspezifischen Indikatoren ist eher skeptisch zu beurteilen. Allein die Erarbeitung von krankheitsspezifischen Indikatoren durch die JCAHO für fünf Erkrankungen bzw. Krankheitsgruppen nahm mehrere Jahre in Anspruch. Um den klinischen Alltag nur in etwa abzudecken, wären sicher über 100 Indikatoren notwendig. Die kontinuierliche Pflege der eingeführten Indikatoren wäre extrem aufwändig, denn wie das Beispiel Herzinsuffizienz zeigt, sind die Indikatoren stark an der diagnostischen und therapeutischen Realität ausgerichtet; diese passt sich aber dem medizinischen Fortschritt in immer kürzeren Zeitabständen an.

14.3   Mindestmengen und Ergebnisqualität

Die Einsicht, dass hervorragende Qualität bei komplizierten Behandlungen gerade von der Anzahl der regelhaft durchgeführten operativen Behandlungen oder diagnostischen und therapeutischen Prozeduren pro Arzt und Krankenhaus abhängig ist, ist in der angelsächsischen Literatur heute nicht mehr strittig (Dudley A. et al., Begg C.B. et al.).Dagegen ist die Meinung unter deutschen Ärzten gespalten. Vernehmbare Stimmen in der deutschen Ärzteschaft lehnen Mindestfallzahlen für Krankenhäuser ab (Gerardts M. et al.) oder fordern noch weitere Studien, die auf die spezielle Situation in Deutschland näher eingehen (Grandjour A. et al.). Die Einführung eines deutschen *Mindestmengenkataloges* war im Fallpauschalengesetz für das Jahr 2004 festgeschrieben worden. Der Auftrag an die Selbstverwaltung hieß, einen Katalog planbarer Leistungen, bei denen die Qualität des Behandlungsergebnisses in besonderem Maße von der Menge der erbrachten Leistungen abhängig ist, zu erstellen.

Mit der Mindestmengenvereinbarung der Selbstverwaltung für das Jahr 2004 ist ein erster Schritt auf dem schwierigen Gebiet der Mindestmengen gegangen worden. Insgesamt wurden fünf Krankenhausleistungen nach Kriterien der evidenz-basierten Medizin ausgewählt, bei denen Studien den Zusammenhang zwischen Fallzahl und Ergebnisqualität aufzeigen konnten (◘ Tabelle 14.3). Auf den ersten Blick sehen die Zahlen relativ niedrig aus. Trotzdem muss die Frage gestellt werden, ob unser virtuelles Krankenhaus bei Ausschöpfung seines Einzugsgebietes von 100.000 Einwohnern die geforderten Mindestmengen bei Stammzelltransplantationen, Ösophagus- und Pankreasoperationen erreichen kann.

In Deutschland werden derzeit pro Jahr etwa 3500 Stammzelltransplantationen (autolog und allogen) hauptsächlich zur Therapie von Leukämien und Lymphomen durchgeführt. Bezogen auf das Einzugsgebiet unseres virtuellen Krankenhauses wären dies vier bis fünf Stammzelltransplantationen. Damit müsste die hämatologische Abteilung unseres virtuellen Krankenhauses ihr Einzugsgebiet verdreifachen, um die im Mindestmengenkatalog geforderten 12 Stammzelltransplantationen erreichen zu können. Die Leistungszahlen der einzelnen hämatologischen Abteilungen in der Bundesrepublik zeigen, dass nicht alle Abteilungen die Mindestmenge von 12 Stammzelltransplantationen erreichen (www.drst.de).

Komplexe Eingriffe an Ösophagus und Pankreas werden bei Karzinomen von Speiseröhre und Bauchspeicheldrüse notwendig. Jährlich treten in Deutschland etwa 4000 Karzinome an der Speiseröhre und 10.500 Karzinome an der Bauchspeicheldrüse neu auf. Unser virtuelles Krankenhaus würde aus seinem Einzugsgebiet etwa 5 Patienten mit Ösophaguskarzinom und 13 Patienten mit Pankreaskarzinom zu behandeln haben und würde so die Mindestmengenregelung für diese onkochirurgischen Eingriffe erfüllen können. Betrachtet man die geforderte Mindestmenge von 20 Nierentransplantationen etwas näher wird klar, dass ähnlich wie bei den Stammzelltransplantationen eine Reihe der Kliniken, die in Deutschland Nieren transplantieren, diese Fallzahl heute nicht erreichen und damit ab 2004 keine Transplantationen mehr erbringen dürften. Die Umsetzung der Mindestmengenvereinbarung muss von den Krankenhäusern in ihrem Qualitätsbericht dargestellt werden (▶ s. a. Kap. 14.6). Vergleicht man die bisher in der internationalen Literatur verfügbaren Daten mit dem geringen Umfang des Kataloges, der

---

◘ **Tabelle** 14.3. Mindestmengenkatalog für das Jahr 2004

Art der Krankenhausleistung	Mindestmenge pro Krankenhaus/Arzt und Jahr
Lebertransplantation	10/-
Nierentransplantation	20/-
Komplexe Eingriffe am Ösophagus	5/5
Komplexe Eingriffe am Pankreas	5/5
Stammzelltransplantation	12+/-2

gerade einmal fünf komplexe Leistungen umfasst, darf man gespannt sein wie dieser Katalog in den nächsten Jahren weiterentwickelt wird. 2005 ist eine Fort- und Weiterschreibung wegen unüberbrückbarer Meinungsunterschiede zwischen den Selbstverwaltungspartnern nicht erfolgt!

Inhaltliche Grundlagen seiner Weiterentwicklung sind der aktuelle Wissenstand aus der Literatur, Expertisen der Fachgesellschaften und Ergebnisse, die sich aus der externen vergleichenden Qualitätssicherung (EQS) in Deutschland ableiten lassen. Mit Inkrafttreten des Gesetzes zur Modernisierung der gesetzlichen Krankenversicherung (GMG) am 1.1.2004 ist die Weiterentwicklung und Regelungskompetenz auf den *Gemeinsamen Bundesausschuss* gemäß § 91 SGB V übergegangen. Dieser Gemeinsame Bundesausschuss übernimmt die Aufgaben der bisherigen Bundesausschüsse, des Ausschusses Krankenhaus und des Koordinierungsausschusses und gibt zusätzlich die Anforderungen für die Qualitätssicherung im ambulanten und stationären Bereich vor und wird damit in Zukunft das zentrale Organ für Qualitätssicherung in der Medizin sein. Wichtig ist, dass sich im Gemeinsamen Bundesausschuss nicht nur Kostenträger und Leistungserbringer (also die Organe der Selbstverwaltung) gegenübersitzen, sondern auch unparteiische Mitglieder (Sachverständige) beteiligt sind. Zur Wahrnehmung seiner Aufgaben gründet der Gemeinsame Bundesausschuss ein »*Institut für Qualität und Wirtschaftlichkeit im Gesundheitswesen*«, das dem Gemeinsamen Bundesausschuss Bewertungen und Empfehlungen zum Stand der Wissenschaft und zur Qualität und Wirtschaftlichkeit von Leistungen im niedergelassenen Bereich und im Krankenhaus liefert.

Begonnen haben die Überlegungen zu Mindestfallzahlen in den USA im Staat New York. Hier haben schon vor mehr als 10 Jahren Untersuchungen in der Herzchirurgie gezeigt, dass Chirurgen und Abteilungen für Herzchirurgie mit hohen Fallzahlen bessere Ergebnisse in der Bypass-Chirurgie – gemessen an der intra- und postoperativen Mortalität – hatten als solche Chirurgen oder Abteilungen, die nur wenige Bypass-Operationen durchführten. Weitere Untersuchungen zeigten später, dass dieselbe Abhängigkeit zwischen Fallzahl und Mortalität bei großen Karzinomoperationen, Angioplastien an den Herzkranzgefäßen und der Behandlung des Herzinfarktes zu finden war (Begg C.B. et al., Jollis J. et al., Thiemen D.R. et al.).

In Konsequenz dieser Erkenntnisse hat sich in den USA eine Gruppe von großen Nachfragern nach Gesundheitsleistungen (Firmen, die für ihre Mitarbeiter bei Versicherungsunternehmen eine Krankenversicherung abschließen) unter dem Namen der *Leapfrog-Initiative* zusammen geschlossen, um über Definition von Standards Impulse zur Qualitätsverbesserung in der US-amerikanischen Medizin zu setzen (Milstein A. et al.). Die Leapfrog-Initiative hat mit einem wissenschaftlichen Institut einen Katalog von operativen und nichtoperativen Leistungen mit Definition von Mindestfallzahlen erarbeitet (Birkmeyer J.D. et al.). Dieser Katalog soll Grundlage für die Einweisungsentscheidung eines Patienten in ein Krankenhaus sein (◘ Tabelle 14.4).

Der Katalog der Leapfrog-Initiative und der deutsche Mindestmengenkatalog 2004 überlappen nur bei der Chirurgie des Speiseröhrenkarzinoms. Die geforderten Fallzahlen sind nahezu deckungsgleich. Weitere Empfehlungen zu Mindestmengen kommen aus europäischen Ländern. In Finnland sind nur Krankenhäuser, die mehr als 200 Hüftendoprothesen im Jahr

> ◩ **Tabelle** 14.4. Auszug aus dem Katalog der Mindestfallzahlen, die von der Leapfrog-Initiative bei Einweisungsentscheidungen von Patienten berücksichtigt werden sollten

Art der Krankenhausleistung	Mindestmenge pro Krankenhaus und Jahr
Bypass-Chirurgie an den Herzkranzgefäßen	500
Angioplastie an den Herzkranzgefäßen	400
Endarterektomie der Halsschlagader	100
Operation von Aortenaneurysmen	30
Operation von Speiseröhrenkrebs	7

implantieren zur Versorgung zugelassen. Die Europäische Fachgesellschaft für Senologie (Brustheilkunde) empfiehlt Patientinnen mit Brustkrebs sich an Krankenhäusern behandeln zu lassen, an denen der einzelne Operateur mindestens 50 Brustkrebsoperationen und das Krankenhaus in Summe mindestens 150 Operationen pro Jahr durchführt. (Perry N.M. et al.). Diese Forderung ist auch als Strukturqualitätsmerkmal in das Disease Management Programm für das Mammakarzinom eingegangen (▶ s. a. Kap. 6).

Die Schwellenwerte für Mindestmengen bei den einzelnen Eingriffen basieren weitestgehend auf der Beobachtung, dass die Mortalität bei höheren Fallzahlen geringer ist als bei niedrigen Fallzahlen. Schwellenwerte werden in der Regel aus dem Vergleich der Ergebnisse von Kliniken mit sehr niedrigen und sehr hohen Fallzahlen und dem erkennbar unterschiedlichen Behandlungsergebnis abgeleitet. Systematische Studien zur Festlegung von Schwellenwerten fehlen. Komplikationen wurden bisher wegen methodischer Probleme nicht zur Festlegung von Schwellenwerten verwandt. Unklar bleibt auch in vielen dieser Studien, ob der beobachtete positive Effekt großer Fallzahlen auf das ärztliche Behandlungsvolumen allein oder das Gesamtbehandlungsvolumen des Krankenhauses zurückzuführen ist und damit auch die Qualifikation der Pflege, die Güte einer Intensivstation, die Qualität der Ausstattung eines Krankenhauses mit Medizintechnik etc. abbildet.

Eine große amerikanische Studie von J.D. Birkmeyer und Kollegen aus dem Jahre 2002, die auch von der deutschen chirurgischen Öffentlichkeit sehr positiv aufgenommen wurde, hat gezeigt, dass bei großen Krebsoperationen am Magen und Dickdarm, an der Speiseröhre, der Bauchspeicheldrüse und der Niere, aber auch für Operationen an den Herzklappen, den Herzkranzgefäßen, der großen Körperschlagader, der Halsschlagader und den Beinarterien hohe Fallzahlen in einem Krankenhaus mit einer niedrigeren Mortalität einhergehen. Dabei nahm die Sterblichkeit bei den meisten Eingriffen mit Zunahme der Eingriffszahl kontinuierlich ab. Je komplexer der Eingriff war, desto ausgeprägter war der Einfluss der Menge. In dieser Studie wurden die Daten von mehr als 2,5 Mio. Medicare-Versicherten (Versicherung der amerikanischen Rentner) untersucht. Studien mit diesen Untersuchungszahlen können auch die Frage beantworten, welcher Vorteil für die Patienten eingetreten wäre, wären alle Patienten aus Krankenhäusern mit sehr niedriger Fallzahl und vergleichbar höherer Sterblichkeit in Krankenhäusern mit sehr hoher Fallzahl behandelt worden. Nach dieser Rechnung hätten in den USA 314 Todesfälle pro Jahr nach einer Bypass-Operation an den Herzkranzgefäßen vermieden werden können.

In einer zweiten Studie in 2003 konnte derselbe Autor die Frage beantworten, ob die hohe Fallzahl pro Arzt oder die hohe Fallzahl eines Krankenhauses für die besseren Ergebnisse verantwortlich ist: Es zeigte sich eindeutig, dass auch in Krankenhäusern mit hohen Fallzahlen bei den meisten operativen Eingriffen die Zahl der operativen Eingriffe des Operateurs für die beobachtete Senkung der Mortalität verantwortlich war und **nicht** die Gesamtzahl der Operationen des Krankenhauses (Birkmeyer J.D. et al.). Das gute Ergebnis war also von der individuellen Leistung des Operateurs abhängig. Nur bei einigen wenigen Eingriffen, z. B. der Lungenresektion, war der Einfluss der Fallzahl auf die Senkung der Mortalität höher als die Fallzahl des Operateurs; d. h. hier waren institutionelle Faktoren wie Intensivmedizin, Atemgymnastik, Investitionen in medizinische Geräte etc. wichtiger als die individuelle Leistung des Operateurs.

In Deutschland erreichen auch in Ballungsgebieten **nur wenige** Krankenhäuser bei den genannten Erkrankungen die Mindestfallzahlen, die in der Literatur als eine Voraussetzung bekannt sind, beste Ergebnisse zu erreichen.

14.4   Wo und in welchen Fachgebieten werden Mindestfallzahlen im LBK Hamburg mit welchem Ergebnis schon heute erreicht?

Nur ein regionales Unternehmen wie der LBK Hamburg ist heute in der Lage, schnell Strukturen zu schaffen, in denen hohe Qualität für den Patienten geboten wird und es ist in der Lage, trotz eines nicht selten höheren Ressourcenaufwandes auch bei gegenläufigen Skaleneffekten die Leistungen für den Patienten zu wettbewerbsfähigen Preisen anzubieten.

Der in 2002 begonnene Konzentrationsprozess im LBK Hamburg unter dem Namen »Stadtkrankenhaus PLUS« mit Schaffung von LBK-Kliniken, die die Leistungserbringer unter den Krankenhäusern vernetzen, stellt heute sicher, dass hohe Fallzahlen besonders in der Diagnostik und Behandlung schwer erkrankter Patienten erreicht werden (▶ s. a. Kap. 9).

- So behandeln die *LBK Herzklinik* und die unter ihrem Dach zusammengeschlossenen vier kardiologischen Abteilungen sowie die Herzchirurgie im AK St. Georg mehr als 3000 Patienten mit akuten Herzinfarkten. Für ihre Akuttherapie werden rund um die Uhr durch Spezialteams mehr als 1300 Herzkatheteruntersuchungen, Ballondilatationen und Stenteinlagen in die verschlossenen oder verengten Herzkranzgefäße und wenn nötig kardiochirurgische Eingriffe durchgeführt. Mit ihrem Leistungsangebot erreicht die *LBK Herzklinik* alle heute und in Zukunft geforderten Mindestfallzahlen.

- In der *LBK Gastroklinik* werden an ihrem Schwerpunkt im AK Altona mehr als 300 Dickdarmoperationen und mehr als 20 Operationen an der Speiseröhre durchgeführt. Auch diese Fallzahlen liegen deutlich im »High-volume-Bereich«, der aus der Literatur bekannt ist.

■ Am *Brustzentrum* im AK Barmbek werden schon heute mehr als 200 Brustkrebsoperationen und an den urologischen Zentren am AK Barmbek und am AK Harburg mehr als 150 radikale Prostataoperationen und mehr als 50 Harnblasenentfernungen wegen Krebserkrankungen durchgeführt und kritische Mindestfallzahlen bei weitem überschritten.

■ In der Unfallchirurgie erreicht das *LBK Traumaklinik* im AK St. Georg mit der Versorgung von mehr als 50 polytraumatisierten Patienten schon seit Jahren Fallzahlen, die international für die Versorgung von Schwerstverletzten gefordert werden.

In ◘ Tabelle 14.5 werden die Fallzahlen und Mortalität von Abteilungen des LBK Hamburg von verschiedenen kardiovaskulären und onkochirurgischen Eingriffen im Vergleich zu sog. »High volume Hospitals« aus der Publikation von J.D. Birkmeyer aus dem Jahr 2002 verglichen. Für den LBK Hamburg wurden wie in der Vergleichsgruppe nur Patienten mit einem Lebensalter über 65 Jahre ausgewertet. Die Geschlechtsverteilung war in beiden Gruppen nahezu identisch. Die Tabelle beweist, dass Schwerpunktabteilungen im LBK Hamburg heute schon Fallzahlen bei den über 65-jährigen Patienten erreichen, die vergleichbar sind mit amerikanischen »High volume Hospitals«. Gemessen an der peri- und postoperativen Mortalität sind auch bei Berücksichtigung eines etwas höheren mittleren Alters in der amerikanischen Vergleichsgruppe die Ergebnisse nahezu identisch. **Das Beispiel zeigt, dass Ergebnisse aus der Literatur durchaus herangezogen wer-**

◘ Tabelle 14.5. Vergleich der Fallzahlen und Mortalität von Hamburger LBK-Krankenhäusern (Auswertung DRG-Daten 2002) und »High volume Hospitals« aus der Medicare-Untersuchung (J.D. Birkmeyer et al.) Patienten

Eingriffsart	Fallzahl	Mortalität (%)	Alter >75 Jahre (%)	Fallzahl	Mortalität (%)	Alter >75 Jahre (%)
	LBK Hamburg			»High volume Hospital«		
Bypass-OP Koronarien	872	2,9	30	>550	5,1	35
Aortenklappenersatz	154	4,6	47	>120	8,7	45
Mitralklappenersatz	22	1,8	32	>120	13,4	43
Kolektomie	108	4,6	54	>85	5,0	56
Gastrektomie	25	4,0	37	>14	10,4	40
Ösophagektomie	4	0	46	>8	11,4	23
Pankreatektomie	8	0	30	>6	7,2	49
Nephrektomie	44	0	37	>20	2,4	43
Zystektomie	34	2,9	32	>6	4,0	43
Lobektomie	136	3,7	29	>28	5,0	34

den können, um die Leistungsfähigkeit und Ergebnisqualität der eigenen Klinik zu beurteilen.

14.5   Klinisches Risikomanagement und Ergebnisqualität

Bezogen auf die Anzahl der behandelten Patientinnen und Patienten liegt der Anteil der Heilwesenschäden im Promille-Bereich. Dennoch wird die Qualitätsdiskussion zunehmend durch medienwirksame Medizinskandale sensibilisiert. Eine *strukturierte Fehlerprävention* vermeidet Behandlungsfehler, erspart dem Patienten Leid, den behandelnden Ärzten und Pflegekräften Schuldgefühle und Instanzenwege sowie dem Krankenhaus Finanzmittel, die an anderer Stelle in der Gesundheitswirtschaft sinnvoller eingesetzt werden können. (Gausmann P.).

Lernen aus »near misses«, insbesondere in den Bereichen Aufklärung, Dokumentation, Organisation und Behandlung, ist der Kernansatz eines strukturierten klinischen Risiko-Management. Die Früherkennung von möglichen Gefahrenquellen und deren Vermeidung auf der Basis von konkreten als Heilwesenschäden angemeldeten Sachverhalten führt zu einer Fehlervermeidung (Kohn L.T. et al.).

Im LBK Hamburg begegnet man, initiiert durch den Internen Versicherungsfond, unter externer Begleitung potentieller Schäden bereits im Vorfeld ihrer Entstehung. Risikomanagement ist somit eine Voraussetzung eine hohe Ergebnisqualität erreichen und sicherstellen zu können (Beyer-Rehfeld A.).

14.6   Qualitätsbericht

Die Erstellung eines strukturierten Qualitätsberichtes ist nach § 137 Abs. 1 Satz 3 Nr. 6 SGB V erstmals im Jahr 2005 für das Jahr 2004 verbindlich. Der Gesetzgeber fordert hiermit die Darstellung der Qualität der in nach § 108 zugelassenen Krankenhäusern erbrachten Leistungen. Die Veröffentlichung erfolgt alle zwei Jahre im Internet, um eine kumulierte institutionelle Vergleichbarkeit zu schaffen.

Der strukturierte Qualitätsbericht stellt Art und Anzahl der Leistungen sowie deren Qualität für Patienten, Ärzte und Kostenträger flächendeckend öffentlich dar. Er gliedert sich in einen Basisteil und in einen Systemteil. Im *Basisteil* sind Struktur- und Leistungsdaten allgemeiner Art, fachabteilungsbezogen und -übergreifend anzugeben. Des Weiteren ist die Teilnahme an den verpflichtenden Qualitätssicherungsmaßnahmen auf Basis des SGB V darzustellen. Im Systemteil berichtet das Krankenhaus über Grundsätze und Ziele seiner Qualitätspolitik, den Aufbau des Qualitätsmanagements und ausgewählte Qualitätsprojekte. Das Krankenhaus kann hier auch über Ergebnisse aus der externen vergleichenden Qualitätssicherung berichten. Gegenüber dem Basisteil ist die Darstellung im Systemteil formal weniger standardisiert, jedoch ebenfalls verbindlich.

Den inhaltlichen Schwerpunkt dieses Qualitätsberichtes legen die Selbstverwaltungspartner trotz ausführlicher Diskussion ausschließlich auf Struktur- und Prozessdaten. Die fehlende Einbeziehung von Daten der Ergebnisqualität der erbrachten Leistung lässt unberücksichtigt, dass die Beurteilung der Qualität medizinischer Versorgung endgültig nur möglich ist über die

Erfassung der Ergebnisqualität, d. h. des Ausmaßes, zu dem die angestrebten Gesundheitsziele tatsächlich erreicht wurden.

Jenseits der gesetzlichen Verpflichtung zum Erstellen des Qualitätsberichts werden Chancen für die Krankenhäuser eröffnet, ihr Leistungsspektrum und die vielfältigen Qualitätsaktivitäten transparent darzulegen. Die Möglichkeit, in dem Qualitätsbericht über entsprechende Links auf weitergehende Informationen des Krankenhauses hinzuweisen, ist ausdrücklich vorgesehen. Die Abgrenzung zu etablierten Berichtsformen wie zum Geschäftsbericht, zum Risiko-/Schadenbericht und zu dem im Rahmen eines Zertifizierungsverfahrens zu erstellenden Berichten bleibt jedoch offen.

  Fazit

> Bei vergleichbaren Preisen von Flensburg bis Berchtesgaden wird Qualität zu dem entscheidenden Wettbewerbsfaktor unter deutschen Krankenhäusern. Die bisher in der deutschen Krankenhauslandschaft eher zurückhaltend geführte Qualitätsdiskussion wird durch die Notwendigkeit, regelhaft einen Qualitätsbericht erstellen zu müssen, formalisiert und gleichzeitig öffentlich gemacht. Kriterien für eine gute Ergebnisqualität wird die Diskussion der nächsten Jahre schnell definieren, die ersten Anstrengungen auf dem Gebiet der externen Qualitätssicherung weisen den Weg. Leistungsmanagement wird ohne Einbeziehung von Ergebnisqualitätszielen nicht zum Erfolg führen. Allerdings wird das Krankenhaus dauerhaft Erfolg haben, in dem jede Führungskraft ihre persönliche Zuständigkeit und Verantwortung für die Ergebnisqualität des Handelns tatsächlich annimmt und täglich lebt.

Literatur zu Kap. 14

Begg CB, Cramer LD, Hostains WJ, Breuman MF (1998) Impact on hospital volume on operative mortality for major cancer surgery. JAMA 280: 1747–1751

Beyer-Rehfeld A (2003) Risk Management wird zum Muss. krankenhaus umschau 6: 473–474

Birkmeyer JD, Siewers AE, Finlayson E, Stukel T, Lucas FL, Batista I, Welch G, Wennberg D (2002) Hospital volume and surgical mortality in the United States. NEJM 346: 1128–1137

Birkmeyer JD, Stukel T, Siewers AE, Goodney PP, Wennberg DE, Lucas FL (2003) Surgeon volume and operative mortality in the United States. NEJM 349: 2117–2127

Blum K, Offermann M (2003) Auf dem Weg zum gläsernen Krankenhaus. krankenhaus umschau 7, S. 620–623

Dudley A, Johansen K, Brand R, Rennie DJ, Milstein A (2001) Selective referral to high-volume hospitals. JAMA 283: 1159–1166

Gausmann P (2003) Risk Management aus der Sicht eines Krankenhausversicherers. Abstract 10. Krankenhaus-Controller-Tag, Berlin

Jollis J, Peterson E, Nelson C, Stafford J, Delong E, Muhlbaier L, Mark D (1997) Relationship between physician and hospital coronary angioplasty volume and outcome in elderly patients. Circulation 95: 2485–2491

Kohn LT, Corrigan JM, Donaldson ML (2000) To err is human: building a safer health system. Institute of Medicine, Committee on quality of health care in America. National academy press, Washington DC

Milstein A, Galvin RS, Delbanco SF, Salber P, Buck CR (2000) Improving the safety of health care: the Leapfrog Initiative. Effective Clinical Practice 3: 313–316

Mohr V, Brechtel T, Döbler K, Fischer B (Hrsg) (2002) Qualität sichtbar machen. BQS Qualitätsreport 2001, Düsseldorf

Mohr V, Bauer J, Döbler K, Fischer B, Woldenga C (Hrsg) (2003) Qualität messbar machen. BQS Qualitätsreport 2002, Düsseldorf

Nashef SAM, Roques F, Michel P, Gauducheau E, Lemeshow S, Salammon R (1999) European system for cardiac operative ris k evaluation (EuroSCORE). Eur J Cardio-thoracic Surg 16: 9–13

Perry NM (2001) Quality assurance in the diagnosis of breast cancer. Eur JCancer 37: 159–172

Schneeweiss S, Eichenlaub A, Schellschmidt H, Wildner M (2003) Qualitätsmodell Krankenhaus, Bonn

Teisberg P, Hansen FH, Hotvedt R, Ingebrigtsen T, Kvalvk AG, Lund E, Myrhe HO, Skjeldestad FE, Vatten L, Norderhaug I (2001) Hospital volume and quality of health outcome. SMM REPORT (Sintef Unimed) 2

Thiemen DR, Coresh J, Oetgen WJ, Powe NR (1999) The association between hospital volume and survival after acute myocardial infarction in elderly patients, NEJM 340: 1640–1648

14

Zusammenfassung und Ausblick

Lutz Hoffmann

Für die Weiterentwicklung der Gesundheitsversorgung und damit auch des Leistungsangebotes von Krankenhäusern und Anbietern ambulanter Medizin sind *Visionen* zu entwickeln.

Sowohl in Metropolen wie auch in ländlichen Regionen wird es auf dem Krankenhausektor einen zunehmenden Konzentrationsprozess geben. Er ist medizinisch sinnvoll, weil an einem Leistungsstandort höhere Fallmengen bearbeitet werden, was sich im Allgemeinen auf die Qualität der Versorgung auswirkt. Die Patienten werden längere Wege zurücklegen müssen. Die Leistungserbringer, die an solchen Konzentrationsprozessen interessiert sind, müssen das Kostenproblem des Transportes in ihre Leistungen einkalkulieren.

- Wächst das Krankenhaus oder wächst die ambulante Versorgung?
  Das Krankenhaus wird wahrscheinlich **nicht** wachsen. Die Zahl der stationären Behandlungen wird trotz steigenden Lebensalters der Patienten nicht anwachsen. Wie wird vermutlich der stationäre Sektor reagieren? Wenn er intelligent reagiert, leitet er einen Schrumpfungsprozess ein, bevor er noch den letzten Groschen an eine viel zu hohe Ressourcenvorhaltung verloren hat. Gleichzeitig sinken die Verweildauern drastisch, so dass eben eine Menge Ressourcen zur Verfügung stehen, die man anders nutzen kann. Es gibt freie Eingriffsräume, freie OP-Säle, freie Stationen, z. T. an Krankenhausstandorten mit guter Verkehrsanbindung. Krankenhäuser haben auch qualifiziertes Personal, in der Pflege wie im ärztlichen Bereich.
- Warum sollten die Krankenhäuser das alles nicht auf dem Markt der ambulanten Leistungserbringung einsetzen?
  Nun erlauben die derzeitigen Regelungen ein Eindringen in diesen Markt gar nicht oder nur schwer. Es ist zunächst auch gar nicht zu sehen, dass sich dieses in absehbarer Zeit ändert, obwohl große Hoffnung auf das GMG und seine Möglichkeiten gesetzt wird. Alle die vorgestellten Vertragssysteme führen nicht dazu, dass Krankenhäuser im großen Umfang in den ambulanten Markt eindringen. Die niedergelassenen Ärzte müssen sich darauf einrichten, beweglich zu sein, weil es auf die Dauer in einem System mit begrenzten finanziellen Ressourcen so nicht weiter gehen kann.

Niedergelassene Ärzte können Verträge mit einem Krankenhaus schließen. Sie müssen nur ihre Patienten mitbringen und mit dem Krankenhaus zusammen eine *gemeinsame Firma* gründen. In sie bringt jeder das ein, was er zurzeit hat. Die Miete wird günstig sein, günstiger wahrscheinlich als der Preis, den sie an Ihren derzeitigen Vermieter entrichten. Nun haben Sie aber möglicherweise zuviel investiert. Sie haben nicht genug abgeschrieben. Sie sind nicht flexibel, das ist ihr derzeitiges Schicksal.

Nach aktuellen Berechnungen werden die Krankenhäuser in den nächsten Jahren zwischen 20 und 25% der Fälle verlieren, weil diese ambulant behandelt werden können. Die Krankenhäuser wollen den niedergelassenen Ärzten diese Leistungen nicht schenken. Warum sollten die beiden Sektoren der Gesundheitsversorgung nicht zusammen arbeiten? Wenn sie clever und erfolgreich sind, schaffen sie es, den Anderen, die in der gleichen Stadt die gleichen Leistungen anbieten, einen Wettbewerb zu liefern, weil sie attraktiv für die Patienten sind und sich Mühe geben, eine hohe Qualität zuhaben. Ein gemeinsam gegründeter Betrieb hat nichts mehr mit dem alten Krankenhaus zu tun.

Er ist ein eigener Leistungsbereich, der sich in ein Krankenhaus einmietet und dort je nach Bedürfnissen die eine oder andere Leistung einkauft, z. B. Laborleistungen, Röntgenleistungen oder dergleichen. Wenn diese Leistungen nun keine ausreichende Qualität haben, wird dieser Betrieb mit einem anderen Leistungsanbieter abschließen. Das wäre völlig normal. Das, was jetzt erscheint, ist schemenhaft die Struktur eines Einkaufszentrums.

Das Krankenhaus der Zukunft ist eine Immobilie. In dieser Immobilie werden für die Akutversorgung die Bereiche Innere Medizin und Chirurgie angeboten. Darüber hinaus gibt es Leistungsanbieter, die in Eigenverantwortung medizinische Fachgebiete vertreten und dafür Patienten gewinnen müssen, ohne dass ein Versorgungsauftrag definiert ist.

Möglicherweise verpflichtet der Gesetzgeber Betreiber von Gesundheitszentren in einer Region dazu, bestimmte Aufgaben wie die Not- und Unfallversorgung oder Prävention und Vorsorgemedizin zu erfüllen. Darüber hinaus betreiben Ärztegruppen ihr Geschäft auf ihre eigene Verantwortung. Ob es sich um ambulante oder um stationäre Versorgung handelt ist vollkommen egal. Diejenigen, die stationäre Behandlungen durchführen, kaufen sich darüber hinaus Betten und dazugehöriges Krankenpflege- bzw. Servicepersonal ein.

Folgendes ist vorstellbar: Ein Krankenhaus wird in einem Teil noch traditionell geführt, weil dort die Akutmedizin stattfindet. Im anderen Teil ist es aber wie ein Einkaufszentrum organisiert, in welches der Zentrumsmanager medizinische Fachgebiete einkauft, die entweder nur die Miete bezahlen können oder – was bedeutsamer ist – die Attraktivität des Gesamtcenters erhöhen, so dass dieses dauerhaft floriert.

Das Ganze geht keineswegs am Interesse des Patienten vorbei. Der Wettbewerb um die bessere Qualität wird eine immer größere Rolle spielen. Die Patienten laufen weg, wenn sie feststellen, dass die *Qualität* – was auch immer dies sein mag – nicht stimmt. Sie laufen auch den Krankenhäusern weg. Erfolg haben heißt neben einem günstigen Preis eine ordentliche medizinische Qualität anzubieten.

Der letzte Teil der Vision lautet: Es ist davon auszugehen, dass Krankenkassen die Rolle von Einkäufern spielen könnten. Sie kaufen bei den besten Anbietern stationäre Leistungen, Rehabilitationsleistungen, ambulante Leistungen oder dergleichen in bestimmten Mengen ein. Patienten kommen zu ihnen und lassen sich ähnlich wie in einem Reisebüro vermitteln. Dabei kauft natürlich eine Krankenkasse nicht in einem Krankenhaus, sondern in verschiedenen Häusern ein und nicht in einer Rehabilitationsklinik, sondern in verschiedenen Kliniken. Es gibt die 4-Sterne-Leistung, die der Kunde dann bekommt, wenn er eine kräftige Zuzahlung leistet. Und es gibt das »Fielmann-Produkt« ohne Zuzahlung. Auch dieses hat die Kasse auf Lager. Es wäre naheliegend, wenn Krankenkassen ihr Geschäft so betreiben würden. Ich zweifle daran, dass sie es tun. Auf der anderen Seite ist nicht daran zu zweifeln, dass es im Rahmen von Konzentrationsprozessen auf der Seite der Klinikbetreiber, auf der Seite der Krankenkassen, auf der Seite von Investoren im Medizinsektor Anbieter gibt, die genau diesen Weg gehen. Vielleicht befinden wir uns mit dieser Vision im Jahr 2020. Dann sollte die Vorausschau hier enden.

 Schlussbetrachtung

Die Einzelpraxis und das Krankenhaus als »Gemischtwarenladen« werden im kleinen Umfang überleben. Belegarztsysteme werden weiterentwickelt. Wird das schnell gehen oder wird die Systemerhaltung langfristig möglich sein?

Vor etwa zwei Jahren hat die Bertelsmann-Stiftung bei der Firma IGES ein Gutachten in Auftrag gegeben, in dem es darum gehen sollte, die Entwicklung der medizinischen Strukturen bis zum Jahre 2012 zu beschreiben. Die Gutachter haben drei verschiedene Szenarien aufgemacht. Dabei haben sie sich im Wesentlichen an den Finanzierungsmöglichkeiten des Gesundheitssystems orientiert und weniger an der Entwicklung des medizinischen Fortschritts und der wettbewerblichen Veränderungen der Leistungsanbieter. Wenn man davon ausgeht, dass die entscheidende Triebfeder für Veränderungen immer noch das Geld ist und dieses im System weiterhin so transportiert und verwaltet wird wie im Augenblick, nämlich in Budgetsystemen, dann ist es sehr wahrscheinlich, dass das Szenario 3 dieses Gutachtens Realität wird. In diesem heißt es kurz gefasst: Die Regierung macht eine Reform nach der anderen. Aber keiner macht mit. Im Jahr 2006 sind Neuwahlen, eine andere Regierungskoalition macht einen neuen Reformversuch. Er ist wiederum halbherzig, weil er, wie das GMG, einen faulen Kompromiss zugrunde legt. Nach zwei Jahren, im Jahr 2008, verlieren die Abgeordneten des Bundestages mehrheitlich die Geduld. Sie bilden in dieser Angelegenheit eine große Koalition und diese beschließt, das gesamte Selbstverwaltungssystem abzuschaffen und eine alleinige staatliche Steuerung einzuführen. Das ist nicht unbedingt lebensbedrohlich, denn auch in diesem System kann man irgendwie weiterleben, andere EU-Staaten sind dafür Beispiel. **Aber: Es gibt intelligentere Lösungen.**

Stichwortverzeichnis

FSC
www.fsc.org
MIX
Papier | Fördert
gute Waldnutzung
FSC® C083411

Zeitfracht Medien GmbH
Ferdinand-Jühlke-Straße 7
99095 Erfurt, Deutschland
produktsicherheit@kolibri360.de